"纪念白求恩"系列图书编委会

援华抗战的674个日夜

马国庆　著

人民文学出版社

图书在版编目(CIP)数据

白求恩援华抗战的674个日夜/马国庆著. —北京:人民文学出版社,2015
(2022.8重印)
ISBN 978-7-02-010962-3

Ⅰ.①白… Ⅱ.①马… Ⅲ.①白求恩,N.(1890～1939)—人物研究
Ⅳ.①K837.116.2

中国版本图书馆 CIP 数据核字(2015)第 106156 号

责任编辑　王　薇
装帧设计　柳　泉
责任校对　李　雪
责任印制　王重艺

出版发行　人民文学出版社
社　　址　北京市朝内大街 166 号
邮政编码　100705

印　　刷　三河市鑫金马印装有限公司
经　　销　全国新华书店等

字　　数　311 千字
开　　本　710 毫米×1000 毫米　1/16
印　　张　22.5　插页2
印　　数　13001—15000
版　　次　2015 年 8 月北京第 1 版
印　　次　2022 年 8 月第 9 次印刷

书　　号　978-7-02-010962-3
定　　价　45.00 元

如有印装质量问题,请与本社图书销售中心调换。电话:01065233595

加拿大白求恩故居

1911秋冬,白求恩(左四)在苏必利尔湖附近做伐木工人时留影

1936年10月，白求恩奔赴西班牙参加反法西斯斗争

白求恩在延安城墙上

白求恩在延安街头绘制抗日宣传画

1938年5月,白求恩(左)、布朗(右)与120师贺龙师长在山西岚县

1938年5月2日，白求恩从延安出发，赴晋察冀前线

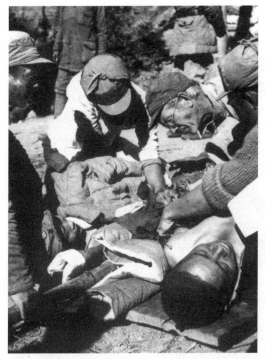

1938年8月,白求恩在冀西巡回医疗,检查救治伤员,并为重伤员献血

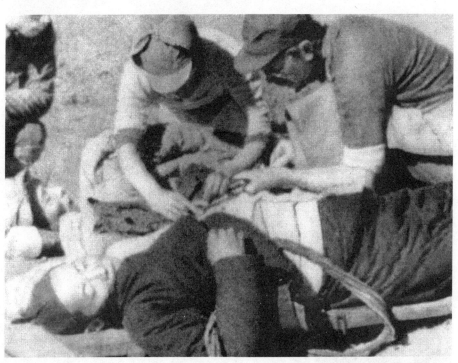

白求恩为伤员进行伤情检查

白求恩为伤员做手术

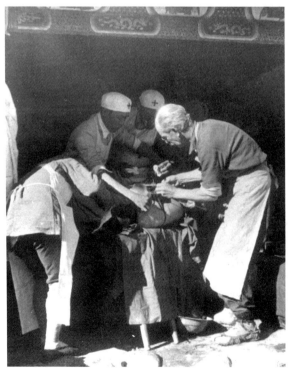

1939年10月24日,白求恩在
河北省涞源县孙家庄村外小
庙为伤员做手术

王震与白求恩在一起

白求恩与林迈可

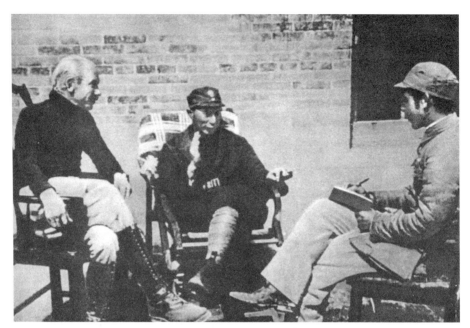

聂荣臻与白求恩在一起

白求恩在模范医院开幕式上讲演

白求恩卫生学校

松岩口模范医院旧址

白求恩的军事医学著作

八路军医生为日本战俘看病(白求恩摄)

白求恩设计制作并命名为"卢沟桥"的医药器材箱

1939年7月,白求恩冒着酷暑编写《游击战中师野战医院的组织和技术》

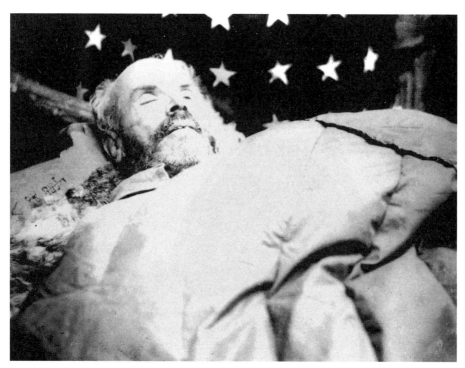

白求恩遗容

白求恩逝世于此小屋

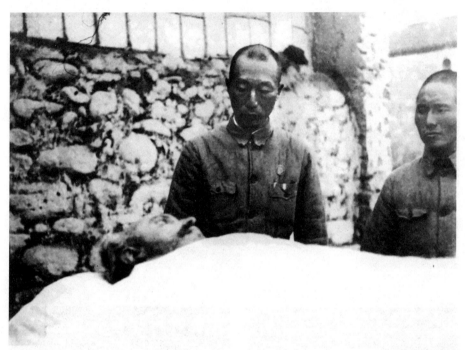

　　1939年11月17日,晋察冀军区聂荣臻司令员、军区卫生部叶青山部长在河北省唐县于家寨村向白求恩遗体告别

白求恩陵墓及墓四周题词

目 录

引　言

亨利·诺尔曼·白求恩。

一个富有传奇色彩的历史人物，他参加过两次世界大战，是奔走于东西方两大战场——西班牙战场与中国战场的战地医生。

一个最具世界影响力的加拿大人。他在加拿大、西班牙、中国都留下深刻的历史印记。他在欧洲与北美，在亚洲与大洋洲，甚至在遥远的非洲都有着久远的影响。

20 世纪 30 年代，他在北美曾是一个光环笼罩、名噪一时的科学家、发明家、社会活动家、国际志愿者和演说家。除此之外，他还是一名出色的政治家、思想家、文学艺术家、画家、摄影家、诗人、新闻记者、军人、公益慈善事业发起人和组织者……凡是他感兴趣的事情都会投身其中，坚持到底，并干出一番事业。

然而，在他去世后的三十多年时间里，他在加拿大几乎销声匿迹，默默无闻。个中原因既简单又复杂。

在大洋彼岸的中国，人们把他视为英雄。一个被中国人民长久纪念、永远缅怀的英雄，特别是中华人民共和国成立后，这种纪念和缅怀几乎上升为一种国家情感和公民自觉。在中国人民心中，他是国际社会支援中国抗战的先驱者，是最早投身中国战场的外国友人。由于他的呼吁和身体力行，大批医务工作者投身中国战场；他是敌后战场救死扶伤的组织者和践行者，冒着危险在前线抢救伤员，拯救了数以千计的战士生命；他是推进八路军医疗卫生工作现代化和正规化的开拓者，他创办了野战医院和卫生学校，为晋察冀军民留下了一支永远不走的合格医疗队；他是新中国卫生事业的奠基者，由他创建的医疗体系和教育模式，由他培养的医学人才和管理人才，奠定了新中国卫生事业的基础。更为重要的是，他以毕生的职业追求和矢志不移的信仰坚守，为后人、为世界留下了弥足珍贵的白求恩精神。这种精神如此崇高、如此忘我,以致被今人视为道德高地的一面旗帜。这种精神如此真实,如此感人,它让世人相信,一个立誓为人类福祉做些事情,并为此奋不顾身的人会成就怎样的人生境界。这种精神的生发历经苦难,如地火炼狱、凤凰涅槃。以致会使后人产生宗教般的情感。当一个人不惜耗尽生命为理想献身的时候,他需要一个祭坛来奉献自己,并会在欢愉的烈火中获得重生。白求恩在中国找到了属于自己的祭坛。

大江东去,时过境迁。随着历史尘烟的消散,人们回眸远望,一幅清晰的历史全景图呈现眼前,在隆隆炮声中,一个国际主义战士从西班牙返回北美大陆,他呼吁奔走,他演讲募捐,他不远万里,援华抗战。追寻他的足迹,从温哥华、香港、武汉、西安、延安到晋察冀,我们会发现一个真情率性、无私奉献的白求恩,还会铭记那段具有世界意义的中国抗战……

第一章　温哥华
　　　　从这里奔赴远东战场

一、白求恩其人

诺尔曼·白求恩,1890 年 3 月 3 日出生于加拿大安大略省省城多伦多以北 150 公里的小镇格雷文赫斯特。此地邻近许多水深清澈的大湖,四周的石山遍生松树。这也是白求恩一生中最觉得自在的自然环境。

白求恩这个姓氏源自古罗马帝国位于高卢的一个叫白图尼亚的地区。他的首位领主叫罗伯特,也是这一地区阿拉斯教堂的保护人。白求恩家族 16 世纪中叶从法国北部迁居到苏格兰,18 世纪 70 年代初,又从苏格兰移居到英国殖民地北卡罗来纳,这片疆域就是后来的加拿大。

白求恩家族素有行医、传道和教书的传统,由此延续了尽职敬业的献身精神。白求恩的祖父是多伦多市一名杰出的外科医生,他不流于世俗,有着强烈的质疑精神,成为白求恩童年崇拜的偶像。父亲毕业于加拿大诺尔斯神学院,是长老会的牧师,母亲也是一位虔诚的基督徒和传教士,他们为家里的 3 个孩子树立了高尚的道德标准。他们虔诚地信奉宗教教义,牢记《圣经·新约》中的诫谕:"像爱护你自己那样对待别人。"他们恪守的另一个信条是:"如果路遇长者或有难者请你扶他走一里路,你就应该扶他走二里路。"贯穿白求恩一生的这种乐善好施、自我牺牲精神,显然承袭了他双亲舍己为人的传统。白求恩曾回忆道:"母亲给了我一个传道家的性格,父亲给了我一股要行动、要干的热劲儿"。[①] 由于父亲的职业需要,白求恩一家不断搬迁,直到 1896 年才在多伦多定居下来。

白求恩从小对医生职业怀有浓厚兴趣,曾把祖父留下的一个刻有姓名的外科医生的铜牌钉在自己卧室门上。中学毕业后,白求恩于 1909 年10 月考入多伦多大学,学习生物物理学和生物化学。1911 年秋至 1912年春,白求恩来到苏必利尔湖附近的边疆学院(原加拿大阅读营联合会的分支机构)当伐木工人兼文化教员。这份工作解决了他的学费和生活费用,同时满足了他热爱大自然、乐于帮助别人的愿望。很快,他和工友们建立了信任关系。一张照片中,他站在中间,周围是比他年长的工人。他双手叉腰,帽檐儿朝上,一副自信的样子。回到大学后,他受到各种新思潮的影响和熏陶,开始接受被基督教视为亵渎圣明的达尔文进化论。母亲发现后,在他的教科书里夹些宗教小册子,白求恩则把《物种起源》偷偷塞到母亲的枕头下,以这种方式表达对基督教的怀疑。

1914 年 7 月,第一次世界大战爆发,这正是白求恩获得医学博士的前一年。他作为多伦多市第八个报名者应征入伍。怀着一腔报国热情的他在英国接受短期训练后,随加拿大第一师战地救护团前往法国前线,担任担架员。1915 年 4 月 29 日,在比利时北部城镇伊普尔的第二场战役中,弹片击中了白求恩的左腿。几天后,他被送往英国的一家医院接受治疗。1915 年 11 月,伤愈后的白求恩回到加拿大多伦多大学继续完成他的学业。1917 年春末,已经获得学位的白求恩再次参军,在英国皇家海军服役,任伦敦查塔姆医院上尉军医。在他效力于皇家海军最早的航空母舰之一珀伽索斯号期间,他治愈了全船一半以上患上西班牙流感的官兵。1919 年 2 月退伍后,他来到伦敦大奥尔蒙德街儿童医院,做了半年住院实习医生。

1920 年 2 月,白求恩第三次参军,后来被派往驻法国的加拿大航空队任上尉军医,专门研究产生飞行眩晕的原因。回忆这段血与火的历史,白求恩充满困惑,他在给一个朋友的信中说:"这场屠杀已经开始使我感到震骇了。我已经开始怀疑这是不是值得。在医疗队里,我看不到战争的光荣,只看到战争的破坏。"

一战结束后,白求恩在英国一直待到 20 世纪 20 年代初。其间,他读完了内科学、外科学,并于 1922 年 1 月在英国参加了皇家外科学会会员的考试,于 2 月成为该学会会员。在伦敦和爱丁堡进修期间,他经常接触美术馆和芭蕾舞,并且深深为其古老的文明和现代社交生活所吸引。正是在这种社交圈子里他结识了弗朗西斯·坎贝尔·彭尼小姐,这是一个很有魅力的女孩。白求恩被弗朗西斯雍容华贵的气质所吸引,更为其坚贞的爱所感动,1923 年 8 月 13 日,两人结为夫妻。接下来的 6 个月里,两人周游了意大利、瑞士、法国和奥地利,并在所到国家进行了短期的外科学习。1924年初返回加拿大后不久,白求恩到美国明尼苏达州的梅奥诊所进修神经外科,并于当年10月抵达世界汽车工业的心脏,"轰鸣之都"底特律。在医生协会好几个大夫推荐下,他获准在一家重要医院做手术,并正式挂牌行医。1926年,被聘为底特律医学院医药学讲师。很快,白求恩的经济状况出现好转。弗朗西斯和他搬入一套豪华寓所,家里挂满了大量画作。他们还清了欠债,还购置了一辆汽车。

正当白求恩事业有成,信心满满的时候,病魔无情袭来。1926年夏天,他患上可怕的肺结核,这种病在20世纪20年代如同今天的癌症一样可怕。他长期憧憬的外科医生的名誉、地位因肺疾发作归于破灭。两年来在底特律取得的医学成就看起来不过是梦一场。为了不拖累年轻的妻子,他坚持与妻子分手,并支付给她25000美金。在特鲁多疗养院"静养"期间,白求恩一度绝望并自暴自弃,他拒绝医生禁止他吸烟的要求,并不遵守医院作息制度。后来,他在图书馆查到一种新的治疗方法。这种疗法是用针管经胸部肋间往胸腔注入气体,但不能触及肺部,这样肺组织向内压缩,保持稳定不动而得以复张。双肺呈周期性交替静止状态,可使病灶康复并不蔓延到其他部位,这一技术被称作人工气胸疗法。白求恩决定中断"静养",要求医生对他实施"人工气胸疗法"。当医生犹豫不决时,他撩开衣服说:"我欢迎并接受风险"。[2]他通过亲身实验,为当时的肺结核患者找到了用外科手术治疗治愈肺疾的方法。这是他为人类健康事业做出的一大贡献。

治愈肺结核,对白求恩的精神世界产生巨大冲击。经过长久的思考,白求恩认为自己自私地发财和成名,放弃了帮助他人的责任,其后果就是给他带来苦难。既然我已经逃脱死亡,就应当做一些对社会有益的事情。他对一位病友说:"我已经37岁了,我要为人类做些更重要的事,而且在我死亡之前就要完成。"[3]

1927年12月10日,病愈出院的白求恩拒绝金钱的诱惑,全心致力于结核病感染问题的研究。第二年返回加拿大蒙特利尔后,他到维多利亚皇家医院工作,并成为加拿大肺结核领域的领航者,著名胸外科专家阿奇博尔德的助手。说起导师对他的严格训练和在手术操作方面的严格要求,他始终记忆犹新。基本功方面的过硬本领,使他对人体结构,甚至某些重要器官的结构熟悉得几乎闭上眼睛也能准确摸到具体部位。一年多后,他与弗朗西斯复婚,不过到1935年5月,两人再次分手。

白求恩的医学才华在蒙特利尔大放异彩。在手术质量、学术论文、发明医疗器械等方面声誉日隆。他当选为美国胸外科学会的五人理事会理事,担任加拿大联邦和地方政府卫生部门的顾问,成为具有世界影响力的医学专家。

1935年8月,白求恩应邀参加在苏联列宁格勒举行的国际生理学大会。在这里,他看到肺结核的预防和治疗成效十分明显,肺结核的死亡率只有沙俄时代的五分之一。这使白求恩感到震惊,他说:"外科医生在手术台上治疗的只是肺结核在人体上产生的严重后果,可是治疗不了产生肺结核的原因。"他深刻意识到社会制度对改变医疗现状的重要性。与加拿大的医疗制度相比,苏联的医疗体制要优越得多。从苏联返回加拿大后,白求恩开始接近共产党组织,参加他们的报告会和马克思主义研究小组的活动。在蒙特利尔市"苏联之友协会"举办的集会上,他发表了盛赞苏联社会化医疗制度的演说,同年10月,他加入了加拿大共产党。

之前,白求恩曾经用一个多月的时间考虑过坚守共产主义信仰可能带来的后果。他目睹过他的父亲为了坚守基督教信仰而不愿向世俗妥协所经受的长期失业的窘境,也知道加拿大共产党一些领导人因组织政治活动入狱的情况,但他决心已定,愿意为之冒险。白求恩入党后的第一个重大行动是发起成立蒙特利尔保卫人民健康委员会。成立这个委员会的初衷是试图研究和解决大萧条给加拿大医生和病人带来的恶果——病人得不到有效治疗,医生赚不到体面的薪水。虽然白求恩很快提出建立"公费医疗制度"的构想,但最终还是接受了大多数人的意见,把目标限制在敦促政府引入医疗保险方面。

然而医疗社会化始终是他的"加拿大梦想"。1936年2月,在美国田纳西召开的麻醉师行业会议上,白求恩发表演讲,他认为,医生应当像军官那样,根据能力和资历获得薪水,而不是依靠医疗收费来维持生计。"没错,我们永远赚不到大钱,但从业人员也不应该期冀通过本行业发家致富。"同年4月17日,白求恩在蒙特利尔外科学会上再次发声,呼吁"从医疗事业中清除私利"。他说,在现行制度下,医疗现象可以概括为"医学发达,却健康不足"。他呼吁"政府应该把保护公众健康看作自己对公民应尽的首要义务和职责。实行社会化医疗,就是解决这个问题的有效途径。社会化医疗意味着保健变成公共事业,就像邮电局、陆军、海军、司法机关和学校一样"。④白求恩的这些思想深刻影响了加拿大和世界许多国家后来的医疗制度改革。令人遗憾的是,他的这些远见卓识大大超越了他所处的时代,在他的有生之年,是不可能实现的。他和志同道合的朋友无不备受嘲讽……正如后来有人评价他:"白求恩噢,他是下一个世纪的人。"

白求恩的第二个行动,是奔赴西班牙战场,他在这里创造了战争史上的医学奇迹,用流动输血技术来抗击制造流血的法西斯战争……

二、从西班牙重返北美大陆

从1936年10月24日白求恩从魁北克城搭船奔赴西班牙,到1937年6月7日返回北美大陆,白求恩在西班牙战斗生活了8个月。他成为世界上第一个将血库带到战场的医生,并和输血队的医生护士以及马德里三所医院的同行为数千名伤员提供血浆,他本人参加了700多次输血手术,拯救了500多名濒临死亡的前线战士和国际志愿者的生命。在欢送他回国的简单仪式上,西班牙军队医务局的代表、政府官员和输血队的代表都赞扬了白求恩的战地输血技术,使伤员死亡率大为降低,有的战区降低了75%之多。⑤此外,他拯救马拉加难民和向世界揭露法西斯暴行的努力,也得到西班牙政府和民众的称赞。但是白求恩为什么在事业如日中天的时候返回北美大陆,并且最终未能如愿返回西班牙战场呢?随着大量档案的解密和相关史料的发掘,这一秘密终于被揭开了。

首先是严峻的战场形势使西班牙政府对"第五纵队"保持高度警惕,白求恩因此受到监视和怀疑。白求恩抵达西班牙时,佛朗哥军队已经占领了马德里西南部30公里处的最后几个据点,对共和军形成包围之势。

率领着外籍军团的莫拉将军在新闻发布会上宣布,只要佛朗哥将军下达总攻命令,几天之内就能拿下马德里。当一位记者问莫拉将军,他的四个纵队谁先攻入马德里时,他诡异地回答,除了他的正规军外,马德里还有他的"第五纵队"。⑥也就是说,在马德里潜伏着一支从事破坏和暗杀的力量。要知道,当时马德里监狱已经关押了近万名法西斯分子。这个消息令共和军高度警惕,一切进入马德里的外国人,都受到严密监视,白求恩在格兰维亚酒店感受到了这种紧张气氛。当他和两名记者聊天时,发现一个民兵模样的人紧盯着自己,通过翻译,白求恩明白了他的装束和胡子被怀疑是法西斯分子,而后警察又来检查他的证件。白求恩赶紧回到房间刮掉胡须,并为此留下了一张照片。此后,白求恩的许多行为,例如在地图上做标注,和外国记者接触,甚至一些文件丢失、一些物品失窃等,都被怀疑是间谍行为。尽管这些"证据"后来被证明根本站不住脚,但由于共和军清除"第五纵队"的扩大化,白求恩还是成为牺牲品。⑦

其次是西班牙政府对外国援助组织的管理变化,使白求恩在实际上失去对战地输血队的支配。随着西班牙战事的发展,涌入马德里的外国志愿者和各种救援组织越来越多。1937 年 4 月 8 日,官方正式宣布所有驻西班牙的外国机构必须由战争部(军务部)统一管制。一切医院、战地救护队、输血组织都要结束在共和军势力范围内的高度自治状态,由军队卫生组织接管。一开始,白求恩拒不接受官方的决定,他认为,如果输血机构没有他的组织和掌控,就会沦为又一家官僚卫生机关。后来,白求恩和他的同事又试图说服军队医务局,得到的回答是输血队如果想继续开展工作,加拿大的经济援助就不能中断。这意味着白求恩一手创建的输血组织,现在必须依靠他回国募捐资金才能维持下去。白求恩断然拒绝这个提议,他说,如果我不再负责输血工作,将会加入国际纵队,当一名医生。他在给军队卫生组织负责人的信中写道:"鉴于由我在 1937 年 1 月创立的西班牙—加拿大输血机构正高效并井井有条地运转及该机构是军队卫生组织组成部分的事实,我很清楚自己在西班牙作为该机构负责人的职责已自然终止。我确信共和国军队所有服务机构都应由西班牙人民掌握,所以提交我作为机构负责人的辞职申请。"⑧

但是西班牙—加拿大输血研究所的索伦森、塞斯和梅等加拿大人坚持认为,尽管加拿大人不再掌管输血组织,但这项工作应当继续下去,这不但是马德里战场所需,而且是加拿大人民支援西班牙的象征。三人坚持认为,白求恩是回国募集资金确保输血工作运行下去的不二人选,加拿大援助西班牙民主委员会同意了他们的意见。白求恩最终答应返回北美从事宣传活动,并带上宣传片《西班牙的心脏》,旨在让更多的民众支援西班牙人民的正义战争。

　　最后是白求恩的处事风格和性格缺陷,使他和同事们相处困难,导致他最终不能重返西班牙。工作中白求恩说干就干,不能容忍拖沓的性格,难免会和西班牙同事发生冲突。当他发现有的医生对承诺的事情没有热情,却对工资、级别、军衔、职位斤斤计较,还有的要求聘用自己的妻子和其他亲属,白求恩愈发没有耐心,指责他们是"资产阶级的懒人"。白求恩在给加拿大援助西班牙民主委员会的电文中说:"与我们一起工作的西班牙医生似乎没有能力担负自觉工作的责任。因此,所有小事我不得不亲力亲为……这里已从一个快乐的三人小组变成了一个大规模的组织。"⑨随着矛盾的加深,一些西班牙医生质疑白求恩领导输血组织的能力,理由是他不是血液专家。更有的医生挑明态度,我们不愿接受一个外国人的指挥。激起西班牙人更大不满的是一个瑞典女人卡莎·露丝曼加入到输血组织。她是瑞典的第一个国际志愿者。在前线做过护士,给报纸撰稿,为西班牙组织募捐。在白求恩默许下,她在一段时间执掌输血机构的工作,而西班牙医生拒绝听命她的指挥,认定她是白求恩的情妇。

　　与同事的不合最终蔓延到加拿大同胞身上。一位是泰德·阿兰,他是《手术刀就是武器》的作者之一;另一位是亨利·索伦森,一位出身于哥本哈根的加拿大人,在西班牙给白求恩当翻译,是输血组织与西班牙的联络人。两人对卡莎非常反感,他们告诉白求恩,要么卡莎走人,要么我们离开。两人尤其不能容忍的是,白求恩擅自以他们三个人的名义向加拿大援助西班牙民主委员会发电报,要求从马德里撤走所有的加拿大人,而并没有提及共和军医务局希望加拿大继续在经济上支持马德里的输血机构,并帮助他们在巴伦西亚筹建输血中心的诉求。得知真相的加拿大援助西班牙民主委员会决定继续支持输血机构的工作,并敦促白求恩返回北美。因为宣传与筹款工作非常紧急。6月2日,白求恩和另外两人从瑟堡出发,开始了五天的航程。他想到自己被迫离开西班牙,而同事们却还留在输血机构,心中烦闷不已。但他清楚,正是自己的行为导致了这个结局。好在白求恩善于安抚自己,既然已经这样,还是多考虑考虑宣传和演讲的事情,毕竟自己在马德里前线创下了奇迹,有很多话要说。

三、"我要唤醒酣睡的人们"

1937年6月7日,白求恩抵达纽约。当天下午,他召开新闻发布会,回答与西班牙有关的各种问题。他强调,西班牙战争是民主与法西斯的较量,我们很难理解为什么西方国家胆小怯懦,坐视不管。当被问到输血研究所的下一步任务时,他明确回答,完成这次巡回募捐演讲任务后,他就会重返马德里,显然,他无法相信自己已经被排除在输血组织之外。

6月14日晚,白求恩回到多伦多。援助西班牙民主委员会为他准备了盛大欢迎会,《号角日报》的头版聚焦在白求恩和欢迎他的人群上。醒目的口号是:"让我们准备迎接当代加拿大的一位伟人吧。"白求恩登上敞篷汽车沿街缓行。沿途等待的数千人在乐队的伴奏下整齐地向他欢呼,再往后是两公里多长的游行队伍。曾经对西班牙内战持中立立场的红十字会也派出12名年轻护士助兴。白求恩接受她们的献花并一一吻了那排秀美的女孩子。

在三次热烈的掌声之后,白求恩面对5000多名听众,握着右拳敬礼,发表了返回加拿大的首次演讲,他告诉听众,握紧的拳头代表共和军的礼节,在西班牙,所有反法西斯的人士都使用这个手势,用以对抗德国法西斯的举手礼。听众发出呐喊,举起右拳致礼。白求恩在演讲中,感谢所有为输血中心捐款的加拿大同胞,称赞马德里前线的西班牙斗士和国际志愿者的牺牲精神,并代表千百名伤员向加拿大人民致敬。他呼吁必须在世界范围内建立联合战线,才能扑灭法西斯点燃的野火。演讲大获成功。一位自由撰稿人评价道:"白求恩的名字总有一天会载入史册,不是因为他将来可能做什么,而是他已经完成了一个壮举……他不忍看着人们像苍蝇一样死在法西斯恶魔的车轮下……他辞去工作(辞去的不是一份工作),加入了最人道、最崇高的远征之一。这种开拓过去从未由一个从医者领头,而这次创造了先例……"⑩

6月17日下午,白求恩带着影片《西班牙的心脏》前往蒙特利尔。当他乘坐的列车驶进车站时,气氛和多伦多一样热烈。支持者把白求恩举起来坐在两个人的肩膀上,穿过欢呼的人群走向一辆挂着横幅的汽车,白求恩的激情再一次被点燃。当晚白求恩翻着各大报纸,发现重要版面都是关于他的报道和图片,白求恩暗下决心,要用自己的经历"去唤醒酣睡的人们"。第二天晚上,白求恩来到皇室山竞技场时,军乐团开始演奏西班牙共和军的歌曲《禁止通行》,近万人爆发出山呼海啸般的欢呼。他望着台下的听众感慨万千,因为就在七个月之前,官方曾禁止援助西班牙民主委员会在这里集会,而今官方不仅不再干预,还派出警察维持秩序。

白求恩从小就不惧在大众面前讲话,多伦多演讲的成功,使他发现自己的演讲潜质还有继续发掘的空间。他靠近麦克风讲话,神情庄重,嗓音低沉,听众很喜欢这种质朴的风格。他讲到输血队在弹雨如飞的前线奔向伤员,讲到紧急输血后重伤员面色逐渐红润,讲到空袭后自己抱着孩子的尸首走出瓦砾,还有一排排国际志愿者永久栖身的墓地……听众情绪随着他的演讲起伏。并不断举起右手,高呼口号"禁止通行"。这次演讲,现场募集了2000美元。那天晚上和白求恩见面的一个医生回忆:"白求恩看上去像个苦行者。如果换一套装束,一定会有人把他当作修道士或牧师。听他讲话的人会感受到他的真诚,他对信仰的虔诚让他发出的呼吁更加有力量。"⑪

在随后的七个月里,白求恩的数百场演讲遍布加拿大、美国的30多个城市和许多小镇。有五六万听众耳闻了他的演讲。他在一封信中说:"在第二次的两个多月的巡讲之旅中,我的听众有三万多人。"他的演讲为西班牙共和军募集到数万美元,也激励着许多加拿大志愿者加入到麦肯齐—帕皮诺营国际纵队。

当然,白求恩的演讲也留下少许遗憾。首先是他的演讲有时脱离主题。他频繁提到要在西班牙为孤儿创建"儿童村"的计划，并说需要100万美元的支持，这对于处于大萧条时期的加拿大民众来说，无疑是难以承受的压力。要知道，在萨德布里的一次700人参加的集会上，白求恩仅仅募集到22.4加元的善款。

其次是违反演讲纪律。无论是援助西班牙委员会还是加共领导，都要求白求恩对自己所属党派避而不谈。因为在所有不同政治倾向的民众中同情共产主义的毕竟是少数。一开始白求恩告诉听众："我不是共产党员，我只是反对法西斯。"但是白求恩如同父亲一样，是一个有信仰并敢于公开自己信仰的人。7月20日，白求恩在西部城市温尼伯的一次宴会上，开诚布公地坦言："我很荣幸成为一名共产主义战士……他们叫我红色战士，因为我救了500个生命。"他说，我的信仰发生转变来自两年前的苏联之行，莫斯科市民的生活和健康状态显然要优于伦敦贫民窟的民众，"我并不关心这种制度叫什么名称，但在苏联那里我看到了期盼已久的东西。"[12]8月1日，他在温哥华的奥芬大剧院为3000多名观众播放了纪录片《西班牙的心脏》，接着发表了演讲，在提问环节，他再次表明自己的信仰："我很荣幸加入了共产党。"并且毫不客气地批评那些麻木不仁、毫无怜悯之心的听众。由于白求恩的坦率或者疏忽有时在演讲中难免伤害一些族群的感情。在多伦多联合教会组织的演讲中，他把矛头指向刚刚加冕的乔治六世国王，刺痛了很多来自英国本土的民众，遭到媒体的许多批评。

最后是破釜沉舟的行动，使他与西班牙彻底绝缘。白求恩一边演讲一边关注西班牙的战局，7月初，佛朗哥发动了对马德里的新一轮攻势，白求恩思战心切，打电报告诉在西班牙的同事，只要演讲结束，他就重返马德里，到国际纵队当一名外科医生。7月22日，西班牙的同事塞斯·索伦森回电："我们已经身处前线，研究所工作顺利，这次保卫战中使用了四百瓶血液。听说你的演讲大获成功，真是太棒了。"同事们的赞扬并不能安慰他那颗躁动的心。他告诉援助西班牙民主委员会的领导，《西班牙的心脏》是一部有震撼力的片子，无论是加拿大人还是美国人，看了之后都会踊跃捐款，而放映这部片子是谁都能胜任的工作，而我要重返马德里。接着他铺开一张马德里的地图,像指挥官一样在上面指指点点,一面分析战局,一面坚定地表示:"这里有你们,你们都可以走出去募集资金……但我要回去。"加共领导和援助西班牙民主委员会的领导说服不了白求恩,只得正告他这是党的决定,违反党的命令要受到处罚,也会损害他的形象,白求恩这才勉强答应继续他的募捐之旅。他不知道,是加共和西班牙政府军研究后,决定让他不再返回西班牙的。

白求恩的失落感还来自残酷现实的冷漠。他对西班牙内战的立场冒犯了天主教势力,他们说服报纸和电台不要传播白求恩的演讲。自从他公开宣布自己的共产主义信仰后,许多医院不再欢迎他。他关于医疗社会化的言论,也令许多医疗机构恼火。一次演讲结束后,他去圣心医院看望过去的老同事。首先是院长拒绝见他,一群护士甚至见到他望风而逃,他们仍然相信上帝并不站在白求恩一边。在蒙特利尔给他温暖的除了几个朋友外,就是他的前妻弗朗西斯。看到白求恩疲惫不堪的样子,弗朗西斯说服他随自己去山里休息几天,援助西班牙民主委员会也同意他休息两个星期。白求恩在这段时间得到了很好的休息调整,也开始考虑接下来的演讲如何准备。尽管白求恩经常为一种情绪所困扰,这就是不断自责:"我这一辈子,从未做到最好。"但无论如何,他的演讲之旅是成功的,他唤醒了更多的民众认清法西斯的危害,并投身到正义事业中去。

四、筹组加美援华医疗队

1937 年 7 月 7 日,日本法西斯在北京卢沟桥向中国守军挑衅,抗日战争全面爆发。远在大洋彼岸的白求恩通过《号角日报》了解到日本侵华战争的真相,一方面他为自己不幸言中世界大战将拉开帷幕的预言感到释然,另一方面他想到,既然西班牙的大门对自己关闭,那么到中国战场建立一支输血队是完全可能的。8 月 12 日,他在加拿大援助西班牙民主委员会一位领导人的家中提到这个想法。后来,他又和加共领导人蒂姆·巴克取得联系,建议派一支医疗队帮助中共领导的八路军,并自告奋勇地说:"中国对医生的需要比西班牙更迫切,而我的经验拿到中国会有极大价值。"⑬加拿大秘密警察的线人获得这一情报,并很快汇报给警察总部。

中国成为白求恩新的关注点,他不但在演讲中增加了支持中国抗战的内容,指出"章鱼状的垄断资本主义已经四处伸出触手,日本侵略中国就是一例",而且深入阅读了很多关于中国的书籍。他在给朋友的一封信中谈道:"你要明白我为什么要到中国去,请读一读埃德加·斯诺的《西行漫记》……艾格妮丝·史沫特莱的《红军在长征》和贝特兰的《中国的第一幕:西安事变》。"此时,中国有一位爱国者在行动。他叫陶行知,是一位杰出的教育家。1936 年 7 月,为争取世界友好国家和华侨支持抗战,他自筹经费,先后在欧美和亚洲 28 个国家和地区进行演讲募捐。1937 年 7 月 30 日,他应邀参加美国洛杉矶医疗局举行的欢迎西班牙之友的晚宴,巧遇白求恩。他向白求恩介绍了"七七事变"后中国的抗战形势,呼吁更多的外国医生到中国去。白求恩毫不犹豫地回答:"如果中国需要医疗队,我愿意到中国去。"

不久,加共决定向中国派出医疗队。因为没有资金,加共领导人巴克向美共总书记白劳德提出援助请求。1937 年 10 月 10 日,两党决定组成联合医疗队援助中国。巴克邀请白求恩加入医疗队,并问他有什么要求,白求恩一片赤诚,他说:"我只有一个条件,如果我回不来,你们要让世界知道白求恩是以一个共产党员的身份牺牲的。"可见,白求恩把共产党员这一身份看得很重很重。1939 年 11 月 12 日凌晨,在中国唐县的黄石口村,当他预感自己不久于人世时,他让警卫员何自新取出他带来的一面美国国旗,挂在靠头的墙上,他要让世界知道,自己是美共和加共派到中国来的共产党员,是一名国际主义战士。后来,白求恩这张去世后的遗照已为世人所熟悉。

组建加美医疗队的工作要在美国纽约完成,但对这份工作的艰巨性白求恩并没有思想准备。

首先是筹措经费越来越难。白求恩发现,美国人关注的焦点仍然是西班牙而不是中国。在加拿大筹措的款项,已经全部投入到西班牙战场。加共总书记巴克告诉他,加拿大共产党给援华医疗队所能提供的帮助只有美好的祝福了。美共则认为，筹款最有效的办法是把白求恩引荐给一些同情中国抗战的富人，发挥他的演讲天赋说服对方捐款。果然，由于白求恩的介入，纽约一些家境富裕的知识分子、商人、医生、舞蹈家和知名演员慷慨解囊，他筹到一笔可观的善款。

其次是组建医疗队困难重重。白求恩向刚从西班牙返回加拿大的三个同事发出邀请，但遭到拒绝。又向与他熟悉的美国医生米德发出邀请，同样未能说服对方。在一次邀请医界同事出席的晚餐会上，白求恩绘声绘色地描述了日军的残暴和中国军民的反抗，深情表达了自己前往中国的愿望。他甚至邀请在座的前美国胸外科学会主席、76 岁的利连索尔加盟医疗队。他俯下身子对他说："我们需要你，或许你会牺牲在中国，但是，还有什么比牺牲在中国更高尚的事情呢？"利连索尔苦笑着谢绝了他的邀请。⑭美国共产党也向好多医生发出邀请，大家都说去中国意味着送死。美共推荐了一位年轻的医生弗拉德，他是一位共产党员，最终被白求恩的热忱所打动，和他一起着手筹建医疗队。但是弗拉德的妻子坚决反对他追随白求恩去中国，在她眼里，白求恩是个要抢走她丈夫的"情敌"。后来弗拉德告诉白求恩，他的护照申请遭到拒绝，恐怕无法去中国了。接替他的是帕森斯医生，美国人，而且他将是医疗队的负责人。白求恩了解到帕森斯曾在纽芬兰一家医院当过医疗主任和外科主任，因为酗酒成性，被劝离职，在纽约金斯顿开了一家私人诊所。白求恩原来认为，他有西班牙战场的经验，应当是负责人的第一人选。尽管这样，他仍然告诉弗拉德说，到了中国，找不到威士忌，帕森斯自然不再酗酒。

一个好消息来自加拿大，虽然加共无法提供经济援助，但却帮助白求恩找到一位护士，她就是后来中国人民熟知的琼·尤恩。尤恩的父亲叫汤姆·麦克尤恩，是加拿大共产党的创始人之一。尤恩本人并不是出于政治信仰，而是出于人道主义和对中国人民的友好感情才加入医疗队的。她毕业于多伦多的一所护理学校，后来到中国山东一所教会医院工作了四年，1937 年 6 月才返回加拿大，当时她已在多伦多一家医院找好了工作。当加共组织部部长山姆·卡尔邀请她加入援华医疗队时，她欣然从命。⑮虽然这份工作没有薪水，但她的生活开销无需个人负担。1937 年

12月初,她来到曼哈顿,接受了一位心理医生的测试,证明她完全可以适应艰苦的生活。这位心理医生哪里知道,她在山东的四年时间,不知吃了多少苦。到纽约后,她用几天时间帮助白求恩筹备物资,然后返回多伦多待命。责任感使白求恩在做好筹款和购置医疗设备的同时,抓紧时间学习新技术补充新知识。他找到哥伦比亚大学胸外科专家路易斯·戴维森(他曾是白求恩在特鲁多疗养院的病友),请教普通外科的最新知识,学习在开刀和缝合方面的最新技术。后者给了白求恩很大帮助。

美共总书记白劳德是加美援华医疗队成行的主要推动者。20世纪20年代他曾在共产国际工作过,对最新的国际动态非常了解。他的好友贾菲是一名成功的商人,又是美国对华友好协会《今日中国》杂志的编辑。1937年6月,贾菲刚刚历尽艰险从延安回来,他采访了毛泽东和其他领导人,了解到陷入困境的八路军急需有经验的医务人员。为了把公众的视线聚焦到中国,白劳德和贾菲发起成立了美国援华会,并和另一个美共外围组织美国和平与民主同盟会联合起来,加快援华医疗队的筹组工作,其中"同盟会"的多德做出了重要贡献,并成为与加美援华医疗队的联络人。根据贾菲带回的信息,白求恩和弗拉德按照一个小型医院的标准进行配备。随着捐款的涌入,他们开始拜访供应商,讨价还价地购买医疗设备和药品,手术刀和重要外科器械,各种医用材料、麻醉药、便携式X光机,注射器和针头,2000片磺胺类药片……为了适应中国北方的严寒气候,他们还需购买保暖内衣、睡袋、暖水袋、煤油灯和少量炊具。白求恩甚至回到加拿大为自己购买了一双伐木工人穿的红色高筒靴。看着购置的东西越来越多,白求恩的精神状态也好了许多。近年来,他厌倦了西方腐朽的生活方式,想要逃避它,他说,"没有人比我更清楚欢乐、刺激、郊游……的诱惑。我知道我自己的弱点。但是对我来说,那些日子是一去不复返了。我决不再受它们的诱惑。"⑯他相信,在一个艰苦的战争环境中,他会用自己的外科技术为反抗法西斯做出新的贡献,坚信中国能够成就他的人生目标。在白求恩一再敦促下,美国援华会终于下令,要医疗队整装待发。

五、航行在太平洋上

如愿以偿奔赴中国,让白求恩在精神上放松了许多。但离别总是伤感的,特别是到了他这个年龄再去闯荡陌生的战争环境,无疑是自断生路。但这正是白求恩不同于常人的地方,他对弗朗西斯说:"我现在的人生轨迹看似有些离经叛道。但只要我认定它,就会坚定地走下去。"[17]他的同事也曾戏谑他像骡子一样固执。另一位同事把他描述成"一个加拿大的甘地",是一个意志坚定不容易说服的人。临行前他和弗朗西斯的告别有些沮丧,白求恩认定自己一事无成,没钱、没工作,简直一无所有,除非他离开加拿大。弗朗西斯后来说,白求恩把中国之行视为他人生的最后一搏,他希望摆脱西班牙的失意。其实我们更应当把他奔赴中国战场看成是他实现诺言的最后机会,那就是要为人类福祉做些事情,他相信自己一定不辱使命。

1938年1月8日,三个性格各异的医生、护士组成的援华医疗队来到温哥华港,登上了"亚洲皇后"号邮轮。登船前的两个小插曲预示着他们的合作将充满风险。作为援华医疗队负责人的帕森斯,认为白求恩在多伦多购买的敷料超出100美元的预算,并小题大做地写信向援华会的贾菲报告,这使白求恩大为不满。这时,心情不爽倚在栏边的白求恩看到尤恩踏上甲板,两个苏格兰风笛手正在她身后演奏小夜曲,尤恩说这是她的两个朋友,是专门为自己送行的。原本以为白求恩会有示好的表示,谁知他却轻蔑地称她的朋友的装扮看起来像个野蛮人,白求恩的粗鲁让尤恩非常生气。

"亚洲皇后"号豪华而舒适,有几百名工作人员贴心服务,而乘客仅有90人。经历过一场精神"炼狱"的白求恩开始对酒吧、舞厅、沙狐球、电影院、游泳池保持距离。他一边抽烟一边静静观察同船的乘客。他看到美国几名退役的飞行员在品酒言欢,他们强壮而潇洒,深得女士们的青睐。他们此行是以旅行者的身份到中国,实际上是要加入陈纳德在中国创建的"飞虎队"。另一个是文静的英籍学者叫林迈可,他出生于新加坡,毕业于牛津大学贝利奥尔学院,准备前往北京燕京大学任教。林迈可对白求恩的经历很感兴趣,对他从西班牙战场转赴中国战场抗击日本法西斯的勇敢精神尤其钦佩。白求恩也对林迈可的博学多才印象深刻,似乎在所有话题上,两人都有共同语言。谁都没有料到,林迈可由此和白求恩结缘,不但两次到晋察冀根据地看望白求恩,帮助他解决困难,甚至给他修手表,给了他很多精神慰藉,而且用照相机拍摄了白求恩很多工作照和生活照。

轮船驶离柏拉德湾,很快进入乔治亚海峡。白求恩沉浸在要在中国实现人生价值的激动中,西班牙痛苦的一页已经翻过,他要给加拿大援助西班牙民主委员会前执行委员诺尔曼·李写信,信中,白求恩又恢复了往日的热情与信心。他写道:

亲爱的诺尔曼:

加美赴中国医疗队已经上路了!他们是:

医生,查尔斯·帕森斯[美国],

护士,琼·尤恩[加拿大],

医生,诺尔曼·白求恩。

以及一个装备齐全的小型医院。所有这些都是靠私人资助的——而且在我们到达中国后四周内,从美国和加拿大会有大批的人也到这里来。

A.A.麦克利德会告诉你相关的细节。随信附上艾格妮丝·史沫特莱的信,从中可以看出那里是多么迫切地需要我们——其程度超过了西班牙。

我保证做一个更好的记者!

祝所有人健康!

诺尔曼

1938 年 1 月

于"亚洲皇后"号上

从信中可以看出,白求恩精神振奋,一扫往日的阴霾。他对成为援华医疗队的一员深感自豪,对医疗队的前景充满乐观,对在需要他们胜过西班牙的中国战场建立功勋信心满满。在给朋友玛丽安·斯科特的信中写道:"我现在特别高兴,特别快乐,比我离开西班牙之后的任何时候都快乐。"在另一封给友人的信中,白求恩写道:"即日去中国,这是我离开西班牙以来,最愉快的时刻。"⑱

白求恩最牵挂的是前妻弗朗西斯。离开纽约前,他们和美国援华会签订了一份合同,帕森斯和白求恩每月的薪水是100美元,支付给他们的家庭成员。白求恩要求每个月把这100美元寄给弗朗西斯,而美国援华会也兑现了他们的承诺。

1938年4月1日,美国援华会主席奥利弗·哈斯维尔写信告诉白求恩,委员会已交给弗朗西斯200美元。"看起来她生活非常窘迫,要求把200美元立即送来。"白求恩离开加拿大时对她的状况非常担心,不得不从自己微薄的收入中为她提供钱款,他写道:

我亲爱的弗朗西斯:

我愿意为你做我能做到的一切,为了公平,为了我曾经对你的爱。我只是给了你应得的东西。除了这些,请勿认为还有些其他的意思。

现在已不是我还有资格给你建议的时候,但我还是请求你离开蒙特利尔吧。

我对你现在以及将来的状况都十分担忧,逃离你现在的生活吧,不然那些可怕的人将毁掉我曾在你身上爱过的一切。

再见。

> 白
> 1938年1月8日
> 于"亚洲皇后"号上⑲

与沉浸在兴奋和美好回忆时的愉悦心情不同,帕森斯、白求恩、尤恩之间,在性格上仍然不能融为一体。他们不在一起进餐,很少交谈。帕森斯几乎天天酗酒,白求恩和尤恩总算见识了他的丑态。在餐厅和酒吧,帕森斯常常和船上的工程师、无线话务员和能够抓着的任何一名乘客推杯换盏,酩酊大醉,经常因为滋事而被强行赶出来。白求恩想起在得知帕森斯参加医疗队后,他和弗拉德曾去拜访他。虽然已是早上九点半,但帕森斯仍然喝得不省人事。现在,帕森斯恶习不改,就是到了中国,也难免不生乱子。最让白求恩不能接受的是,帕森斯不但负责向美国援华会汇报日常工作,还管理着经费。只是因为他是医疗队中唯一的美国公民。白求恩怀疑,帕森斯喝酒的钱来自医疗队的经费,如果酗酒后丢失钱款和各种信函证件,他们的中国之行就要泡汤。白求恩和尤恩要求把钱分装在三个人身上,信函由尤恩保管,帕森斯断然拒绝,说自己才是负责人。白求恩要求他说明医疗队的财务状况,帕森斯仍然一口回绝。白求恩找到尤恩,希望她和他一起,向美国援华会汇报帕森斯的表现,尤恩考虑很久,决定支持白求恩的意见,不过,那已是抵达上海的前夕。

六、在日本目睹军国主义狂热

"亚洲皇后"号的终点是中国香港,然后再次起航到法属殖民地越南。中途要停靠在日本的横滨、神户、长崎。1938年1月19日,白求恩第一次踏上横滨的土地,看到了战时的日本比他想象得还要狂热,还要好战和凶残。

在横滨,他买了几份日本官方控制的英文报纸《日本时报》,看到头版报道的都是日军在中国战场攻占上海、攻占南京节节胜利的消息,这时"南京大屠杀"刚刚结束没有几天,还有新兵出征的送别仪式、公众卷入战争的狂热图片。有一篇名为"母子育成策"的报道在宣传刚刚颁布的母子保护法,公开打出"努力繁殖,努力生育"的口号,要求日本女性积极与出征的士兵举行婚礼,"做军国之妻、军国之母"。还有一则报道是一批战死士兵的骨灰像神一样送进神社享受祭祀,醒目的标题是"光荣回到靖国神社"。白求恩终于明白日军为何这般凶残,被军国主义毒害的士兵就像注满"爱国"空气的压力锅,他们会将所有的残酷发泄到中国人和一切他们视为敌人的人的身上。在横滨街头，一些日本人在张贴大东亚共荣圈的海报和号召"献铜献铁"的宣传画。横滨的唐人街离码头不远，却看不到几个中国人。白求恩本能地感觉到中日之间的剑拔弩张。实际上，日军挑起卢沟桥事件，向中国守军发起全面进攻后，中国政府就在日本发起"华侨总撤退行动"，绝大多数中国留学生和部分侨民在中国使领馆协助下回国。日本随即发起检举中国间谍活动。到1937年底，在横滨拘捕华侨326人。日本还强迫华侨社团通电归附汉奸政权，举行献金运动，对不从者则关押迫害，一个华侨仅仅因为拒挂五色旗，被判刑入狱。[20]白求恩在回忆这段经历时写道："日本不可能消灭一个民族，更何况是一个占人类四分之一人口的中国。就算中国战斗10年到15年，粮食依然充足，而日本却做不到。"[21]

在神户，白求恩发现几艘驶自美国、加拿大、英国的商船在港口停泊，卸下生铁、棉花、汽车还有飞机零配件，这使他既失望又愤怒。[22]他清楚记得，1937年日本发动全面侵华战争后，美国商人继续与日本进行贸易，美国杜邦公司与日本三井化学联合企业经过谈判，将氨炸药配方以90万美元的价格卖给日本，消息披露后，受到舆论强烈谴责，被指是"在从人性的痛苦中获取利益"。1937年9月，美国军舰"帕奈"号在中国海域被日本击沉，美国在华建立的医院和学校也遭到日机轰炸。美国各阶层掀起声势浩大的抵制日货行动，并成立了"抗议日本侵略抵制委员会"、"美国和平与民主联盟援华理事会"，一时间商店橱窗贴上抵制日货的海报、汽车贴上停止对日贸易的口号。然而，到1937年底，美国向日本出口的物资仍然超过其他国家的总和。其中石油、机械、铁屑、铜、飞机、钢铁半成品、汽车占日本进口的53.65%—95.18%不等。1937年8月29日，美国"反对战争反对法西斯主义联盟"上书美国国务卿赫尔，要求改变美国的观望政策。接着美国劳工联盟领袖发表演说："日本终将晓得，即使一个非常和平的民族能备受驱迫，但最后他们总要转变而起来保卫自己"，"我们帮助日本侵略中国，实际上是给美国种下祸根"。不久，世界著名科学家爱因斯坦、哲学家罗素、教育家杜威、作家罗曼·罗兰等在美国联合发表宣言书，吁请世界各国抵制日货，不与其合作，直到日本放弃侵略。

白求恩深受美国人民主持正义、反对日本侵华战争的鼓舞,在波士顿、纽约、费城、底特律的演讲中,白求恩毫不迟疑地问道:"我们想知道,美国还想用多长时间用军事物资支持日本侵略?为了中国人民,我们必须对日本实行'道德禁运'。如果我们继续与那个背信弃义的侵略者打交道,这个世界就可能找不到任何一块安全的地方。"㉓

在加拿大,同样掀起反对日本侵华的群众运动。1937年7月,中日战争全面爆发之初,加拿大和平民主同盟(白求恩参加的加美医疗队就是以这个组织的名义援华抗战的)就和美国和平民主同盟联合发出"对日禁运、抵制日货和医疗援华"三项和平倡议。白求恩在演讲途中给一位朋友写信,他说:"今天我在换乘火车的时候买了几份报纸,从报上得知,几百名加拿大人为了阻止温哥华码头堆积如山的废铁运往日本,冒着严寒组织纠察线,已经坚持了两个月之久,为了抵制日本的生丝进口,全国妇女儿童发起,'不穿丝袜'运动。真是好极了。"然而,在日本神户的深水港码头,白求恩却发现,"禁运"仍然是空谈。㉔他告诉尤恩:"两个月前,正直的加拿大人反对装运废铁到日本,他们的示威游行遭到警察驱散。没有一个政府官员向示威者保证,加拿大的物资不会拿去制造武器用来杀害中国人。""这使我想起英国的一句外交辞令:正义永远在利益之下。"

在日本长崎,白求恩更强烈感受到日本军国主义狂热。码头上集结着整装待发的军人,大炮、装甲车等重型武器正在装船,欢送出征的人群举着花花绿绿的纸旗,还有肩背婴儿的妇女拭泪遥望,也许她的丈夫最终会"光荣归宿靖国神社"。《日本时报》仍然在鼓吹日本是万国之本,叫嚣"太阳照耀的地方都属于日本",都是日本的生命线,"日本是亚洲盟主,日本民族要解放全世界"。看着一队队全副武装的日本军人踏上侵略中国的战场,白求恩后来感慨这个东方岛国的强大:"仅仅50年前,它还是一个落后的国家,而今由于大量采用西方技术,使它变成一个世界强国。然而由于技术掌握在金融资本独裁者的手里,使它走向侵略扩张之路。日本不但是中国之敌,亚洲之敌,还会成为美国之敌,它是全世界的

公敌"。㉕

　　白求恩后来了解到，日本敢于侵略中国，是它战争实力迅速扩张和野心膨胀的结果。那里日本人口已经超过七千万，殖民地人口八千万，可动员人口超过一亿多。朝鲜、俄国库页岛已并入日本版图，中国东三省已经沦陷。而中国可动员人口不过两亿，国力贫弱、军事落后，因此，抗日战争注定是一场艰苦卓绝的持久战。

注释：

① ［加拿大］泰德·阿兰、塞德奈·戈登：《手术刀就是武器》，生活·读书·新知三联书店，1979 年版，第 25 页。

② ［加拿大］罗德里克·斯图尔特、赫苏斯·麦哈德：《白求恩在西班牙》，人民出版社，2014 年版，第 6 页。

③ 栗龙池：《这就是白求恩》，中国文史出版社，2012 年版，第 5 页。

④ 同上，第 8 页。

⑤ 同①，第 189 页。

⑥ 同②，第 176 页。

⑦ 同②，第 230 页。

⑧ 同②，第 143 页。

⑨ 同②，第 131 页。

⑩ 同②，第 166 页。

⑪ ［加拿大］罗德里克·斯图尔特：《不死鸟——诺尔曼·白求恩的一生》，中国青年出版社，2013 年版，第 243 页。

⑫ 同上，第 250 页。

⑬ 同上，第 273 页。

⑭ 同上，第 266 页。

⑮ 宋家珩主编：《加拿大人在中国》，东方出版社，1998 年版，第 93 页。

⑯ 同①第 198 页。

⑰ 同⑪，第 263 页。

⑱ ［加拿大］拉瑞·汉纳特编著：《一个富有激情的政治活动家》，齐鲁书社，2005 年版，第 260 页。

⑲ 同上，第 262 页。

⑳　《日本军人凶残缘何而起》,中外历史论坛"历史内幕",2012 年 8 月 12 日。

㉑　同①,第 197 页。

㉒　同①,第 198 页。

㉓　同①,第 197 页。

㉔　同①,第 198 页。

㉕　同⑱,第 374 页。

第二章　香　港
初识保卫中国同盟

一、沦陷中的上海

1938 年 1 月 24 日,"亚洲皇后号"抵达上海。

此时的上海已完全落入日本人的魔掌中,黄浦江上停泊着十多艘日本军舰,陆军则在沿岸安营扎寨,街道上几乎没有什么人,只有载着日本兵的卡车不时呼啸而过。虽然在这块敌占区里,日军戒备森严,层层封锁,但对于还没有和日本宣战的西方国家来说,他们的公民在上海是自由的。

太平洋上的 16 天航行,让尤恩对白求恩最初的厌恶情绪发生变化。她记得,当她和白求恩第一次见面时,白求恩上下打量着她,一脸的不屑:"你的意思是我必须和你一块儿去中国?"①给她的印象是,"他只想什么事都自己干,而且干得很出色"。现在她看到,白求恩是一个有人生追求和正义感的男人,他急于投身中国的抗日战争,一天也不愿意等待。而帕森斯却是一个性格古怪、狂妄自大的酒鬼,很难相信,这个每日酗酒的医生会在战场上救死扶伤。从长崎到上海的航程中,思虑再三的尤恩决定支持白求恩,她认为白求恩作为医疗队的负责人比帕森斯更合适,尽管这不是她说了算的事。她的态度让白求恩很兴奋。

船一停靠吴淞口码头,白求恩就拉着尤恩直奔电报局,以他们两个人的名义,给美国援华会的实际负责人贾菲发了电报:立即罢免醉鬼帕森斯,援华医疗队的事业岌岌可危。而帕森斯则避开白求恩和尤恩,上岸直奔酒馆。

上海是尤恩来过的城市。四年前她从加拿大来中国,就是从上海踏上中国土地的。她住在法租界里,认识了一些英国人、法国人,其中和几位女士成为很好的朋友。但她对中国人依然陌生。尤恩说:"除了跟街上的人力车夫和乞丐有过接触外,我没有接触别的中国人。"故地重游,尤恩建议白求恩随她去拜访几位朋友。穿过断壁残垣的街道,他们来到法租界,尤恩很快联系到租界里的朋友。在一间咖啡馆里,她主动向大家介绍了白求恩:"加拿大外科医生,去年在西班牙战场抢救过伤员,在加拿大和美国很受拥戴。"对于不善辞令的尤恩来说,这几句直白的介绍让白求恩心满意足。

白求恩急切想了解上海的抗战局势,尤恩的朋友说,日本很强大,早在1932年,就发动了对上海的进攻,尽管中国军队打得很勇敢,但他们武器落后。蒋介石的基本方针是求和,在美、英、法的斡旋下,中日签订了"淞沪停战协定"。没想到1937年8月13日,日本卷土重来,几十万军队进攻上海,飞机军舰对平民区狂轰滥炸,平民伤亡严重。蒋介石也调集了70万军队进行抵抗,虽然我们很同情中国,但上海在去年11月还是沦陷了。白求恩又想起了西班牙,他说:"西班牙和中国一样,如果有西方国家的支援,就一定能够打败法西斯。"尤恩的朋友回答:"西方政府支持中国要冒很大风险,现在看不到他们有这个打算。倒是,有许多像你们这样的人在帮助中国。"

白求恩来了兴致,他告诉尤恩的朋友,和他们同来的几个美国退役飞行员刚刚下船,他们说要志愿参加陈纳德的飞虎队。"不错,飞虎队在去年的空战中表现非常抢眼。"一位英国人拿出一本英文版《今日中国》杂志递给白求恩,其中一个标题吸引着白求恩:《中国空军击落15架日本轰炸机》。报道说:1937年8月20日,在陈纳德上校指挥下,美国飞虎队志愿者和中国空军第四大队迎战日本海军第三舰队18架九六式轰炸机群。陈纳德亲驾伊尔十六式战机升空作战,并击落日机两架。从长江入海口至东海,到处可见拖着浓烟、坠海爆炸的日机。此役共击落15架日本轰炸机,有3架溜掉。中国航空委员会和宋美龄向陈纳德飞虎队表示祝贺。

一场空战的胜利并没有让白求恩感到高兴,有一篇评论说:中国空军直到1937年才正式筹建,各种杂牌飞机仅有500架,真正可供作战的飞机不足百架。现在已经到了没有多少飞机可派的困境。虽然政府已经签下购买100架美国飞机的合同。白求恩说,美国应该成为支援中国的兵工厂,虽然这是一笔昂贵的、极端令人头疼的生意,但如果要成就消灭法西斯的目标,任何牺牲都是值得的。尤恩的朋友却认为,中日双方很快就会媾和,战争很快就会结束,一切都会恢复正常。白求恩还想继续争论,尤恩示意结束交谈。

在返回码头的路上,尤恩深为朋友们的短视和幻想失望。白求恩则坚信,没有一个国家甘愿被异族统治,中国终将战胜残暴的日本。回到船上,他们看到帕森斯又是不省人事,酒气熏天。

1月25日,"亚洲皇后"号启程香港,在最后三天的航程中,白求恩一直没有得到美国援华会的答复,他忧心忡忡,闷闷不乐。但更大的麻烦还在后面,抵达香港后,事前安排好的联系人不见踪影,到了托马斯·库克办事处打听,也没有收到援华会承诺的汇款。白求恩盯着帕森斯,帕森斯一脸尴尬,硬着头皮说自己身上已经没钱了。白求恩怒不可遏,质问帕森斯"钱到哪里去了,钱到哪里去了,都拿去喝酒了吗?""我掌握你挥霍的证据,我要把材料寄给美国援华会。"帕森斯装聋作哑,白求恩恨不得一脚将他踢到太平洋。尤恩回忆说:"帕森斯挥霍完所有经费,白求恩为此异常愤怒,与他发生了争吵。他使劲儿踩、踢周围的一切东西。"见白求恩怒气消了一些,帕森斯建议去他朋友开的西尔维亚酒店住,汇款未到之前,可以先住用人的房间。这时已别无选择,三人只得坐上出租车前往酒店。②

二、红军向世界发出呼吁

白求恩对中国红军的了解是从他在北美大陆演讲时读了史沫特莱撰写的《中国红军在前进》一书开始的。后来,他到纽约筹建援华医疗队时,美国《今日中国》杂志编辑贾菲刚从延安回来,也向白求恩介绍了中国红军的情况。孙中山逝世后,以蒋介石为首的国民党右派背弃孙中山先生"联俄、联共、扶助农工"的政策,发动军事政变,中国开始陷入十年内战。1931年9月18日夜,盘踞在中国东北的日本关东军炮轰沈阳北大营,制造了震惊中外的"九一八事变"。1932年2月,东北全境沦陷。在民族存亡的历史关头,共产党领导的红军提出并结成抗日统一战线的主张。1933年1月17日,红军发表《为反对日本帝国主义侵入华北愿在三条件下与全国军队共同抗日宣言》;1934 年 4 月 20 日,又发表《中国人民对日作战的基本纲领》;1935 年 8 月 1 日,中共在莫斯科发表《为抗日救国告全体同胞书》,即著名的《八一宣言》。《八一宣言》号召各民族、各阶层抛弃成见,以"兄弟阋于墙外御其侮"的精神,团结抗战,主张建立"统一的国防政府、统一的抗日联军、统一的抗日联军总司令部",提出抗日救国十大纲领,表示国民党军队只要停止进攻苏区,红军愿在国防政府领导下,尽抗日救国的天职。1935 年 12 月 17 日,中共在陕北子长县瓦窑堡召开会议,再次肯定《八一宣言》的基本精神,通过了《关于目前政治形势与党的任务的决议》。《八一宣言》很快传遍中国和世界,鼓舞了全国人民的抗战热情,唤起世界人民对中国的关注。

许多学生读到宣言后,"如濒临死亡的人突然获救一般,高兴得夜不成寐"。一位海外同胞在伦敦写信给《救国时报》说:"我以最高的感激与兴奋,看了《救国时报》转载的《为抗日救国告全体同胞书》,这不独是中国共产党的一篇空前伟大的文献,就是在全世界全中国的文书中,也是最庄严伟大最沉痛悲愤的一篇。""中共提出的政纲,不只是代表他们的党和无产阶级的利益,而且是代表全体人民利益的民族民主的政纲,任何人,只要是一个中国人,都应该庆幸和欢迎。"

张学良 1935 年 11 月从杜重远那里了解到《八一宣言》后,当即要他寻找与红军联系的线索。《八一宣言》客观上推动了国共两党的直接接触。当蒋介石看到《八一宣言》后,认为可以借此达到政治上解决共产党的目的。在蒋介石看来,日寇的步步紧逼,不仅威胁到中华民族的生存,也威胁到他的统治。蒋一方面顽固坚持"攘外必先安内"的政策,另一方面迫于压力,不得不考虑调整策略。于是他要求宋子文、陈立夫、曾养甫等人设法打通与中共的联系。宋子文自己没有办法,只好求助与共产党关系密切的二姐宋庆龄。宋庆龄对蒋介石背叛孙中山"三大政策"的倒行逆施深恶痛绝,早已宣布同蒋介石断绝关系。但是国难当头,如果蒋真正与中共合作,共同抗日,也算是顺应历史潮流。况且是大弟弟宋子文相求。于是她答应了弟弟的要求,找人替蒋介石传递这个消息。

1936 年 1 月,一个牧师打扮的男子来到上海宋庆龄寓所。来人自称王牧师,其实他不姓王,是中共地下党员董健吾。他早年就读于上海圣约翰大学,专攻神学,后在圣彼得教堂担任牧师。1930年12月,在宋庆龄资助下,董健吾创办了大同幼稚园,专门收养中共烈士和领导人的子女。宋庆龄微笑地看着他:"欢迎你,上帝的使者。"董健吾连忙回答:"仁慈的夫人,不知你要我向上帝传递什么消息。"宋庆龄严肃起来:"正有一件要事,请你到陕北辛苦一趟。"宋庆龄讲完蒋介石的意图后说道:"我是为国共再次合作搭桥,即使将来合作破裂,被蒋扣上'通匪'的罪名也在所不惜。"她告诉董健吾,"为防止日本间谍和蒋介石身边亲日派的破坏,你的行动必须在极其秘密的情况下进行。到达陕北后,要直接找到毛泽东、周恩来,把我的信件交给他们,请中共及时做出安排。"送别董健吾时,宋庆龄语重心长地说:"天堂路远,关山重重,不知牧师可否吃得辛苦?"董健吾坚定说道:"纵是赴汤蹈火,只要夫人说出,决无推辞。"为了路上安全,她还给董健吾一张孔祥熙签名委任他为"西北经济专员"的委任状。和董健吾同行的还有上海地下党代表张子华,乔装成他的仆人。

1936年2月底,董健吾一行二人抵达瓦窑堡,谁知毛泽东、周恩来为准备抗战,已率红军东渡黄河,在山西的石楼驻扎。中共领导人博古、张闻天用电报将宋庆龄要件的内容汇报给毛泽东、周恩来。3月4日,毛泽东签署了一封复电交给董健吾。还请他带去延安的几枚特别银币和布币,作为礼物送给宋庆龄。一方面让她看到这些象征中国革命的实物感到高兴,另一方面也可以证明董确实到达了目的地。后来宋庆龄看到这些礼物果然十分高兴。同年9月,中共党员潘汉年受毛泽东委托,来到上海宋庆龄居所,呈上毛泽东给宋庆龄的亲笔信:

庆龄先生左右:

武汉分别,忽近十年。每从报端及外来同志口中得知先生救国的言论行动,引起我们无限的敬爱。1927年后,真能继续孙中山先生革命救国之精神的,只有先生与我们的同志们。目前停止内战联合抗日之呼声虽已普及中国,然而统帅大兵之蒋氏及国民党中央迄今尚无彻底悔过之心。这种违背孙中山先生革命的三民主义与三大政策之行为,实为国民党大多数党员所不容许而应立起纠正才是。

因此我想要唤醒国民党中枢负责人员,觉悟于亡国之可怕与民意之不可侮,迅速改变其错误政策,是尚有赖于先生利用国民党中委之资格做具体实际之活动。兹派潘汉年同志前来面申具体组织统一战线之意见,并与先生商酌公开活动之办法,到时敬请接洽,予以指导。附上我们致国民党中央的信以做参考。同时请先生介绍与先生比较接近的国民党中枢人员,如吴稚晖、孔祥熙、宋子文、李石曾、蔡元培、孙科诸先生,与汉年同志一谈,不胜感幸。

宋庆龄读完信,百感交集,她对潘汉年说:"中共和毛泽东这样看重庆龄,实不敢当。"潘汉年说:"毛泽东主席交给我这封信时,还有许多交代。我党许多负责同志对您十分敬重,句句发自内心。我此次奉命前来与国民党谈判,没有夫人相助,万难成功,还请夫人不吝赐教。"听完潘汉年关于中共的谈判立场、具体主张,宋庆龄深思许久,她说:"就我个人感情而言,决不愿与蒋氏其人共事,但中共深明大义,不计前嫌,诚心与国民党谈判,我深为敬佩。贵党主席毛泽东以如此大事相托,庆龄一定放弃个人恩怨,为推动国共合作尽绵薄之力。""如果真能实现国共第二次合作,两党两军共赴国难,驱敌寇于东海,挽国难于危亡,实现民族独立、国家富强,则人民幸甚、中华幸甚,孙中山在天之灵也会欣慰。因为你们所谋求的,也是孙先生革命一生所要致力达到的目标。"说完,她向潘汉年介绍了准备与他晤谈的国民党中枢人员的背景和特点,提醒应该注意的问题,并表示她将分别写信和打电话进行联络。

潘汉年没有想到,宋庆龄对中共的托付如此重视,倾尽全力。"太谢谢孙夫人了,您的谈话等于给了我一只装有妙计的锦囊,对我们帮助太大了",潘汉年临行前再次发自内心地感谢。在宋庆龄帮助下,国共两党高层领导之间架起了对话桥梁。

1936 年 12 月 12 日,蒋介石因拒不抗日,在西安被张学良、杨虎城扣下。焦急中的宋美龄打电话给宋庆龄,要求她尽快请一位有地位的共产党人去南京谈判。宋庆龄通过渠道通知中共,中共指定潘汉年赴宁。蒋夫人恳求共产党保证她丈夫的安全。与此同时,抵达西安的周恩来告诉蒋,只要他同意结束内战,实现国内和平,对日本采取强硬立场,就释放他。蒋表示同意，随后被释放回南京。"西安事变"向全国全世界表明，中共对民族命运的关切超过自身的恩怨。③

1937年7月7日，日本发动卢沟桥事变，中国开始了全面抗战，中共代表周恩来很快抵达南京谈判联合抗日。并赴被围困的上海看望宋庆龄，介绍谈判情况，使宋庆龄又高兴又感动。

在加拿大，白求恩读过的另一本书是美国记者斯诺的《西行漫记》，这本书的另一个名字叫《红星照耀中国》，通过这本书，他了解到第一个采访陕北根据地的是美国记者埃德加·斯诺。他于1905年出生于美国堪萨斯城一个贫困家庭，大学毕业后从事新闻工作。1928年来到上海，为采写新闻，足迹几乎踏遍中国，目睹了"九一八事变"，淞沪抗战和热河抗战，在这以后，到北京燕京大学新闻系担任两年的教授工作，并结识了美国记者史沫特莱、鲁迅、宋庆龄和一些中共地下党员。这一期间，他最感兴趣的是关于"红色中国"的话题，他怀疑南京政府关于中共是"流寇"的说法？不清楚为什么那么多人冒着被处决的危险参加红军？他说，在我的记者生涯中，没有比"红色中国"更大的疑问了。他决定向宋庆龄求助，前往"红色中国"。

1936年5月，斯诺到上海宋庆龄住所，宋听完了他的来意，决定帮助他。通过她的新西兰朋友艾黎处秘密电台的帮助，延安同意斯诺来访，并委托宋庆龄找一个可靠的外国医生同行，以改善延安的医疗状况，这是红军第一次提出国际医疗援助问题。马海德因此成为白求恩之前第一个援助中国红军的外国医生。同年6月，在宋庆龄帮助下，斯诺和马海德拿到张学良签发的特别通行证，顺利抵达中共临时驻地保安县。毛泽东率中共领导亲自迎接，并召开"欢迎国际友人大会"。在随后的4个多月里，斯诺像发现新大陆一样投入到采访活动中，除了访问毛泽东、周恩来，还采访了彭德怀等10多位红军将领。采访笔记写了10多本，胶片用了24卷。返回北京后，他把自己与毛泽东谈话的全文和对革命根据地的综述寄给上海《密勒氏评论报》，该报于11月分两期全文发表，同时还刊登了斯诺所摄毛泽东头戴红军八角帽的大幅照片，文章与照片迅速为世界各大媒体转载，中共领袖和红军生活很快为世界熟知。斯诺用了差不多一年时间完成了《红星照耀中国》即《西行漫记》一书的撰写工作。在这本书里,斯诺客观、公正地介绍了中国革命和中共的抗日主张,特别是建立抗日民族统一战线的呼吁。介绍了中国红军无往不胜的秘密。他写道:"毛泽东住在简陋的窑洞,穿着打补丁的衣服,吃着小米饭南瓜汤,周恩来睡着土炕,红军领袖如此清贫节俭的生活令人感动。这种艰苦生活作风产生一种无往不胜的伟大力量——东方魔力。"

回到北京后,他给美国驻华大使写信:"在和中共相处4个月之后,我深信提示一些真相会加速国共争端的某种友好解决,""毛泽东能够比旁人更准确地预见将要发生的事情,""毛本质上是革命派,而蒋则是保守派。"斯诺的"红星"效应甚至影响到美国的对华决策。1942年2月,美国总统罗斯福召见斯诺时说:"我看过你的书。"后来,罗斯福又两次召见他。斯诺对中共领袖的描述,使这位"轮椅总统"早在20世纪40年代,就预见美国将会与中共建立某种关系的可能性。罗斯福说服蒋介石联合抗战,派军事观察小组长驻延安,并决定对中共提供军事援助。虽然因为罗斯福的去世这个援助计划未能实施,但斯诺帮助延安建立了与西方的联系,赢得了西方的广泛同情与支持的作用是不可磨灭的,毛泽东后来说:"斯诺著作的功劳可与大禹治水相比。"

谈到斯诺的成名之作,不能不提到他的夫人海伦。实际上,斯诺在写《红星照耀中国》一书过程中,并没有到过延安,他到的是保安即今天的志丹县,这是红军抵达陕北后的第一个驻地。1937年初,张学良的东北军从延安撤离后,中共和红军才搬进延安城。

当斯诺从保安回到北京,滔滔不绝地给海伦讲他的陕北见闻时,海伦也是一脸兴奋。她对斯诺带回的一顶缀着红五星的灰色旧军帽尤其喜欢,斯诺表示可以送给她,倔强的海伦回答:"我不要你的帽子,我自己找毛泽东要。"

1937年4月21日,她踏上开往西安的列车,决心用自己的视角,去搜集更多的被斯诺遗漏的素材。抵达西安后,在一家美国公司驻西安办事处经理肯普顿·菲奇的帮助下,海伦见到了愿意帮助他们的汽车司机,司机是杨虎城将军手下的人。汽车一路疾驰开到三原,找到红军驻三原办事处。在一位哨兵检查海伦证件时,同行的菲奇一把抓下哨兵的红五星军帽,跳上汽车,绝尘而去。被抢走军帽的哨兵一头雾水,无可奈何。这是1937年4月30日,海伦踏上了红区之路,而菲奇得到了他想要的纪念品。

到达延安后,毛泽东、朱德马上就来看她。随后的日子里,海伦结识了各式各样的人,向他们提出上千个问题。全部采访结束时,采访笔记多达27本。特别是对朱德的采访,弥补了斯诺的一大遗憾,因为斯诺在保安采访时,朱德率领的红军队伍尚未到达陕北。1937年6月,海伦托人将采访笔记和20多个胶卷从延安带到北京,交给斯诺。正好赶上《西行漫记》的收尾阶段。有关朱德的第一手材料和11张照片及时补充到书里。当年10月以《红星照耀中国》为名在伦敦出版,并很快有了名为《西行漫记》的中译本秘密流传。

最使海伦终生难忘的是8月11日对毛泽东的采访。她从毛那里知道了中共的"抗日救国十大纲领",知道了持久战的战略方针,知道了红军将按照国共合作协议,改编为国民革命军第八路军。海伦决定去山西前线当一名战地记者,在这次会见中,毛泽东特意为海伦写了一封介绍信给时任八路军总政治部副主任的邓小平,请他照顾好斯诺夫人。遗憾的是,当海伦赶到山西云阳八路军司令部时,邓小平已经离开。后来,这封信一直被海伦精心收藏着。1979年中美邦交恢复,邓小平首次访美。1月30日,华盛顿举行盛大欢迎酒会,海伦应邀出席。特意穿了一件紫红色唐装的海伦来到邓小平面前,把毛泽东42年前写的亲笔信交给他。邓小平惊讶地看着这封信,连声说太难得了,太难得了。海伦幽默地说:"邓小平同志,你还真难找啊。"

对白求恩援华抗战发生深刻影响的另一个美国人是艾格妮丝·史沫特莱。她是美国著名记者、作家和社会活动家,曾积极投身印度民族解放运动,熟悉尼赫鲁,是一位与众不同的杰出女性。1936年11月,史沫特莱抵达西安,不久这里发生了震惊世界的"西安事变"。事发第5天,周恩来率中共代表团抵达西安,并会见了史沫特莱。从那天开始,她每天晚上在张学良的司令部进行40分钟的英语和德语广播,通过西安电台向世界报道这场事变的最新动态。她浑厚且带有权威口气的声音,引起中外舆论的极大关注。她成为名噪一时的国际人物,并被永久贴上了"中国共产党的辩护人"的标签。

1937年1月,史沫特莱应邀访问延安,受到了毛泽东、朱德、彭德怀等中共领袖和高级军事指挥员的接见和欢迎。她特别征得朱德同意为他撰写自传。每天晚上,她的打字机都一直响到深夜。不久,她的《中国红军在前进》《中国人民的命运》《中国的反击》《中国的战歌》等著作在美国陆续出版,并通过报纸连载,使欧美民众开始了解中国红军和他们的领袖。白求恩最早就是在演讲途中从报纸上读到她的《中国红军在前进》的。

同年8月,史沫特莱和毛泽东一起向美国与加拿大共产党、国际和美国红十字会写信,要求他们立即派遣医疗队携带医疗物资来华到敌后拯救八路军伤员,得到美共和加共的支持。不久,美国红十字会回信:"史沫特莱女士,您与毛泽东联名写的呼吁书收到,您为中国伤兵申请援助,所提供的材料翔实感人,我们将发扬人道主义精神,实现援华计划。"为了解决中国战场严重缺医少药的问题。史沫特莱又给印度总理尼赫鲁写信,请他派遣医疗队来华。1938年11月,她又来到新四军驻地云岭进行采访,向世界报道新四军的困境,呼吁世界伸出援手。1939年春天,可观的援助从美国、英国红十字会纷至沓来,史沫特莱被新四军称为"伤兵之母"和"来自美利坚的女英雄"。正如叶挺将军指出的:军医工作对鼓舞士气非常重要,军医工作做得好,胜利就有保证。在一小瓶消炎药就能救活许多生命的情况下,成吨成吨药品的到来,对中国人民坚持抗战,争取胜利所起的作用是不可估量的。

后来,史沫特莱因病回国,但仍表现出对中国抗战事业的忠诚,她到处演讲,为中国抗战募捐。1949年11月,她来到英国,继续朱德传记《伟大的道路》一书的修订工作。这本书在她去世后出版。1950年4月,她在致友人的信中满怀深情地写道:"由我的著作而获得的全部收入,不论来自何处,全归朱德将军所有,由他按照他的愿望处理——那就是说,建设一个强大和自由的中国。如果中国大使馆来到了,如果能为我的遗体只唱一首歌,中华人民共和国的国歌,我将不胜感激。由于我的心灵在这个世界上除了中国,任何地方都未能找到安宁,我希望我的骨灰能和死去的中国革命者同在。"1950 年 5 月 6 日,史沫特莱病逝于伦敦,终年 58 岁。1951 年 5 月 6 日,中国人民为她举行隆重葬礼,在北京八宝山烈士陵园的苍松翠柏间,一块大理石墓碑上镌刻着朱德写的碑文:"中国人民之友美国革命作家史沫特莱女士之墓"。

由于斯诺、史沫特莱等人的采访报道和相关著作的出版,中国红军日益受到国际社会的关注。更多的国际友人,冲破封锁来到延安和各敌后抗日根据地,远在美国、加拿大、印度的民众开始关心中国的命运,以白求恩、柯棣华等为代表的进步人士都是读着他们的著作不远万里,援华抗战的。

三、宋庆龄与援华医疗队

"七七事变"后,中国开始了全面抗战。中共代表很快到达南京与蒋介石谈判联合抗日。1937 年 8 月 13 日,日本进攻上海,蒋介石终于派出军队进行抵抗。9 月 22、23 日,中国共产党为公布国共合作宣言及蒋介石承认中共合法地位和国共两党合作的谈话先后发表,在国际社会,特别是同情中国抗战的西方国家民众和世界各地华侨中引起强烈反响。

宋庆龄对国共二次合作深感欣慰,她在《国共合作感言》中说:"国共两党 10 年的对抗和内战,是首创国共合作的先总理孙中山先生生前所没有意想到的",这不但使"无数有为的青年牺牲了,无数经验教训在内争中被抛开",而且"致令外敌乘隙而入"。但"只要遵行孙中山先生的三大政策(联俄、联共、扶助农工),抗战一定会取得胜利"。

在对国际社会发出的广播声明中,宋庆龄指出:"中国人民从心底感谢国际上的群众支持,如英国、美国的码头工人拒绝装载输日货物、妇女拒用日本丝袜等等","我们热切地向外国朋友发出呼吁,我们的任务很大,财力却很有限,因此不得不吁请全世界爱好和平和自由的人士在财力上给我们帮助,使我们得以实现民族解放的目标"。她同时谈到,非常遗憾,英、美政府却采取了另一种态度,伦敦对日本实行绥靖政策,华盛顿则以中立为借口准许向日本出口石油、废铁及其他战略物资——没有这些资源,日本是不可能长期对华作战的。这些政策不但对中国是不公正的,而且这些国家最终将会发现,他们是在把日本武装起来对付它们自己。

在对海外侨胞的讲话中,她号召他们克服内部的门户之见,团结一致支援祖国抗战。她希望每一个侨胞都要牢记一个冷酷的真理——只要中国本国仍受到外国列强的欺凌,他们在海外就会继续受到歧视。她的声音在海外侨胞中激起巨大抗战热情。侨胞们不论政治倾向如何,都一致相信,他们为支援战火中的祖国捐献的每一笔款项、每一件物品,只要是交给孙夫人的,那就绝不会有一分钱被侵吞或浪费。正如后来一位外国记者说的:宋庆龄对钱财方面的事情特别认真,每一笔捐赠,不论数额大小,她都亲笔签字。在她那鹰一般尖锐的目光下,没有发生过钱被无耻官员吞没的事情。

由于上海、南京的相继沦陷,香港成为中国与世界联系的重要渠道。在周恩来领导下,1937年9月,廖承志到香港建立了八路军驻港办事处,办事处设在香港皇后大道,挂着粤华公司的招牌,负责中共人员往来香港,安排海内外人士赴延安和其他解放区,联络世界各国援华组织和海外侨胞支援其他解放区,联络世界各国援华组织和海外侨胞支援抗战。八路军驻港办事处为了更好发挥宋庆龄的国际影响力和号召力,同时也是为宋庆龄安全考虑,周恩来通过潘汉年转达中共希望她转移香港继续从事抗日活动的建议。潘汉年说:"在这个英国人控制的港口,可以少受国民党的控制和检查,能更方便地接触海外进步人士和分布在世界各地的千万华侨。您在外国人和华侨中有崇高威望,他们捐赠的物资和款项,可以通过你分配出去。"同时还建议,希望宋庆龄在香港建立保卫中国同盟,由她担任主席。同时广泛吸收中外知名人士担任职务。保卫中国同盟不仅是一个人道主义团体,而且直接服务于中国抗战事业,特别是要向在敌后坚持抗战的八路军、新四军提供援助。宋庆龄经过认真考虑,同意了中共的意见,并建议请她在政府任职的弟弟宋子文担任荣誉会长。后来的事实证明,由于"保盟"的广泛国际性,为宋庆龄开展与海外援华团体的工作奠定了坚实基础。

从沦陷的上海转移到香港并不是一件轻松的事情。她在上海的寓所虽在法租界，在法理上是中立区。但现在除了附近经常出现的密探外，又多了一些日本特务。为了摆脱这群可恶的家伙，宋庆龄在动身那天——1937年12月23日，在家中安排了没有任何疑窦的安详景象。先是两个外国女友，来家喝茶，一会儿新西兰友人路易·艾黎也敲门而入。宋庆龄和她的贴身女佣悄悄从后门登上艾黎雇来的出租汽车，直奔外滩码头。她用头巾盖住半个脸庞，一只手挽住刚刚抵达码头的艾黎的臂膀，轻松地一起走过跳板。幸运的是，并没有人阻止和盘问。④

在同一条船上等待宋庆龄的还有中共联络员李云小姐，她直到确认无人跟踪，安全有了保障后才开始和宋庆龄接头。她告诉孙夫人，周恩来要她负责对宋庆龄的掩护和到港后的具体安排。这让宋庆龄再一次感动。12月25日，她们抵达香港，这一天正好是圣诞节。最让宋庆龄高兴的是，抵港当天，她见到了久别的何香凝。何香凝是同盟会重要创始人廖仲恺的妻子，也是同盟会的第一个女会员，他们忠实执行孙中山的三民主义，受到孙中山的完全信任。1915年在孙宋联姻受到很多批评的时候，廖仲恺、何香凝支持他们的结合，何还绘制了一幅国画《万派朝宗》作为贺礼送给他们。自此以后，宋何情同手足，姐妹谊厚。1925年初，孙中山病重，何香凝闻讯前往北京侍病。孙中山临终时，嘱咐比宋庆龄大15岁的何照顾好宋，何香凝回答：“孙先生的一切主张，我必遵守。对孙夫人，我会尽我力量来爱护。”1925年8月20日，廖仲恺被国民党右派无耻杀害，宋庆龄闻讯马上发去唁电：“先生为党牺牲，精神尚在，吾辈宜勉承先志，竭力进行。”何香凝化悲痛为力量，把儿子廖承志、女儿廖梦醒培养成真正的革命者。也使两个革命家庭的友谊延续到后来人。李云小姐告诉宋庆龄，廖梦醒将担任她的秘书，协助筹备“保盟”的成立工作。廖承志的八路军驻港办事处的工作也将随时请她帮助。在李云的安排下，宋庆龄在九龙岛安顿下来。

在宋庆龄抵达香港后没有几天，加美援华医疗队也抵达香港，如前所述，帕森斯因为酗酒花光了所有的钱，白求恩、尤恩只能跟随他临时入住西尔维亚酒店员工的用房。在延安和汉口,史沫特莱一直和美共总书记白劳德、美国援华会保持着联系,当得知白求恩将抵港的消息,她马上通知八路军驻汉口办事处,并通过办事处,让廖承志做好迎接的准备。

一天清晨,宋庆龄正在九龙家中用早餐,李云小姐匆匆赶来,向她报告说,加美医疗队已到香港,其中白求恩大夫是加拿大共产党人,他这次受美国和加拿大共产党派遣,准备到中国抗日前线参加医疗救护工作。她特别讲到,周恩来希望宋庆龄能够出面,通过适当途径,安排白求恩和医疗队到中共游击区工作。宋庆龄轻轻点点头,随后一起前往白求恩下榻的西尔维亚酒店,并自己出钱宴请白求恩一行三人。八路军驻港办事处的廖承志参加了会见。席间,白求恩急切表达了要去中共领导的游击区参加抗战的愿望,并介绍了他在西班牙参加战地救护,为濒死伤员输血并使之复生的情况。宋庆龄告诉白求恩,中国的敌后战场太需要你这样的外科医生了,我们一定帮你实现愿望。⑤尤恩也对能见到中国最杰出的女性感到高兴,唯有帕森斯不置可否,白求恩心里明白,帕森斯不会离开城市,因为只有城市才能满足他酗酒的愿望。最后,廖承志向加美医疗队介绍了中共游击区缺医少药的困境,感谢他们对八路军抗战的支持,并安排八路军驻港办的工作人员熊志华帮助白求恩一行在香港采购了一批急需药品,加上他们带来的物资,足足装了20多箱。正在这时,美国援华会的钱也汇来了,白求恩一行的吃住问题得以解决,也可以把这些物资存放在加拿大在香港的太平洋仓库,以备日后运往前线。

和白求恩一行告别后,宋庆龄直接前往国民党驻香港"抗敌后援会",要求他们尊重援助者的意愿,不要阻挠加美医疗队与八路军驻武汉办事处的联络,保证他们到敌后战场服务八路军的抗战。凡是捐赠给加美医疗队的物资、款项,都要交由八路军驻港办事处处理,不得挪作他用。慑于宋庆龄的威望,国民党"抗敌后援会"态度谦恭,表示一定按孙夫人要求办理。

宋庆龄虽然刚刚来港,但她已听说国民党常常违背捐赠人意愿,把捐助的钱物都交由自己支配,而不是分配给八路军、新四军,有的甚至挪作他用,甚至在市场上变卖,廖承志曾多次出面力争,但成效甚微。⑥这一次若不是宋庆龄出面,加美医疗队的北上还不知会遇到什么难题。现在,白求恩一行已经万事俱备,整装待发。为了做好医疗队的后续保障工作,1938年3月底,八路军驻港办在廖承志、廖梦醒的组织下,在香港成立了支援加美医疗队小组,专事与延安马海德和"保盟"的联系,沟通国际社会与加美医疗队的联系。

在帮助加美医疗队奔赴敌后战场的同时,宋庆龄还关注着另一支援华医疗队的到来。1937年11月,八路军总司令朱德致函印度国大党领袖尼赫鲁,请求派遣医疗队援华抗战。国大党随即通过了向中国派遣医疗队的决议。1938年7月,正在英国访问的尼赫鲁把妻弟爱德从西班牙国际纵队调回,委托他率领印度医疗队来华。宋庆龄闻讯后致信尼赫鲁:"中国人民获悉印度人民所表示的同情和支持,深为感谢和极受鼓舞,我借此机会表示我们的感激和同志情谊。"9月17日,带着两辆救护车和54大箱药品,多部包括X光透视机等医疗器械的印度医疗队到达广州。宋庆龄率"保盟"工作人员、各社会团体,及印籍侨民2000余人到码头迎接。爱德告诉宋庆龄,他们将到八路军那里工作。宋庆龄非常高兴,表示她会和周恩来联系,帮助他们抵达延安。9月29日,印度医疗队抵达武汉,周恩来会见了他们,《新华日报》为此发表了社论。随后,医疗队经宜昌抵达重庆,接待他们的中印文化协会谭云山教授为每一个医疗队队员取了中国名字,顺序为安德华、卓克华、巴苏华、柯棣华和木克华。在重庆,国民党对印度医疗队去延安非常恼火,孔祥熙、戴季陶等先后出面阻拦,但医疗队队员不为所动,终于在1939年2月12日抵达延安,受到毛泽东等中共领袖的会见和延安各界的热情欢迎。

1938年7月,国际和平委员会先后在伦敦和巴黎召开世界代表大会,决定支援中国建立一个伤员医疗中心,并定名为国际和平医院。⑦随后加拿大援华会、纽约援华会、英国援华会和宋庆龄领导的"保盟"取得联系。同年9月,国际和平委员会派出代表何登夫人访问中国,并在广州听取宋庆龄的意见后,把"国际和平医院"这个名称给予白求恩正在那里工作的晋察冀边区的八路军后方医院,并请白求恩担任该院院长,英国援华会的2450英镑捐款,成为国际和平医院的开办资金。根据宋庆龄的要求,"保盟"机关刊物《保盟通讯》在同年第2期刊文,对国际和平医院的建立给予高度评价:"建立这个医院的做法十分恰当,游击队员们在华北冰天雪地里,用简陋的武器抗击日本帝国主义的军队,他们确实是为国际和平而战的先锋。""这个医院,是世界人民同绝不会被征服的中国战士之间紧密团结的生动象征,""所有珍惜和平、自由和人类英雄主义的人们,都应当对国际和平医院给予有力的援助。"

在广州期间,宋庆龄向木克华详细了解了医疗队的工作打算。并向尼赫鲁再次致信:"我和木克华大夫长谈过一次,关于贵国通过医疗救助帮助我们的问题,以及我建议印度成立保卫中国同盟分支机构,邀请您和医疗队队长爱德华担任保盟赞助人之事,我相信他将向你报告我们的全部谈话内容……我将继续获得你领导工作的情况并以极大同情关注你事业的进步,这也是中国的事业。"1939年11月,宋庆龄闻知白求恩逝世的消息后,又一次致信尼赫鲁:"保卫中国同盟扶持的八路军五台山国际和平医院的院长白求恩牺牲了,这个地方没有医生,也没有护士,""我了解到你们已经做出决定,你们的医疗队将继续在西北地区工作下去,这个地区严重缺乏合格的医务人员和医疗用品,所以现在比任何时候都需要你们医疗队的非常良好的服务。"

接到宋庆龄的来信后,尼赫鲁写信鼓励医疗队克服困难,留在中国继续为抗战服务。柯棣华被任命为白求恩国际和平医院的院长。他向晋察冀军民表示:"我们是代表印度全体人民的愿望来援助中国抗战的,是在尼赫鲁先生的号召下前来的,我们会继承白求恩大夫未竟的事业"。柯棣华病逝后,宋庆龄向其家属发去唁电:"对于柯棣华的逝世我们感到悲伤,同时也为印度人民感到骄傲,他是一位国际主义医生。"当巴苏华医生回国时,宋庆龄委托他带一封信给印度人民,信中说:"向为自由而战,反对法西斯侵略的印度人民致敬。"

在宋庆龄领导下,"保盟"在香港的三年半时间里,先后向八路军、新四军输送了120多吨医疗物资,平均每月要送出3吨左右。宋庆龄还帮助解放区军民把国际和平医院发展成为一个医院网。在抗战胜利前夕,已建成8个中心医院和42个分院,拥有床位近12000张。还建立了上百个野战外科医疗队。1945 年 8 月,毛泽东在重庆谈判,专程拜访宋庆龄时说:"孙夫人,边区人民让我转达他们对您的问候和谢意! 在抗日战争最艰苦的年代里,您为边区、为八路军和新四军提供了最急需的医务人员、药品和物资,我无法告诉您,这一切对我们的帮助有多大。"⑧

注释:

① 宋家珩主编:《加拿大人在中国》,东方出版社,1998 年版,第 95 页。

② [加拿大]罗德里克·斯图尔特:《不死鸟——诺尔曼·白求恩的一生》,中国青年出版社,2013 年版,第 278 页。

③ 陈廷一:《宋氏三姐妹》,台海出版社,2014 年版,第 46 页。

④ 同上,第 113 页。

⑤ 同上,第 121 页。

⑥ 同上,第 120 页。

⑦ 同上,第 183 页。

⑧ 陈廷一:《宋庆龄画传》,作家出版社,2008 年版,第 178 页。

第三章　武　汉
　　　　大轰炸下的救死扶伤

一、在炮火中飞抵武汉

得知史沫特莱已经离开延安,抵达汉口,并将担任加美医疗队与中国方面的联络员后,白求恩一行仍不放心。他们抵达香港时无人问津的尴尬让尤恩心生忧虑,她告诉白求恩,如果不能确认史沫特莱一定能亲自接待和安排行程,他们到武汉后将会面临更大困难,甚至流落街头。她建议给美国驻华大使馆发电报,请史沫特莱帮助确定他们飞往武汉的时间和航班。征得两人同意后,尤恩给已转移到汉口的美国使馆发出电报。正巧在美国使馆办事的史沫特莱看到来电,她马上回复,说已经为他们预订了中国飞远公司从香港飞往武汉的三张机票,他们两天后就可飞赴武汉。这一天是 1938 年 2 月 5 日。

八路军驻港办事处的廖承志原准备安排白求恩一行乘火车赴武汉,并已安排熊志华陪同北上。得知他们准备乘机前往后,前去送行的熊志华告诉他们,即日就向宋庆龄报告,并帮助医疗队尽快将物资运抵武汉。

在香港机场候机楼,白求恩对不时报告航班晚点的广播迷惑不解,这么好的气象条件,为数不多的几个航班为什么一再推迟起飞?最后机场不得不报告,由于武汉正在遭遇日军空袭,航班将再次延误。虽然身在香港,但白求恩一行已感受到武汉的紧张气氛。忐忑不安登上航班的乘客在飞行途中再次被告知,为了避免日军战斗机的袭击,航班需要保持低空飞行。德国飞行员告诉乘客,这种情况最近几个月经常发生,但他保证将安全飞抵武汉。

航班终于在 2 月 7 日下午飞抵武汉。白求恩一行刚刚走下飞机,防空警报骤然响起,凄厉的声音回荡在武汉上空。没等机组人员用迷彩布把飞机盖好,附近就传来刺耳的爆炸声。第一次看到这个阵势的帕森斯和尤恩非常紧张。白求恩却相当镇定,他告诉两位同事:"我好像回到了马德里,不过投炸弹的不是德国和意大利的飞行员,而是日本法西斯。"

史沫特莱已在机场等候,与她同来的还有美联社记者杰克·贝尔登。这是白求恩第一次与史沫特莱相见,她给他的印象是,一位身材高大、精力旺盛、非常健谈、对中国情况很熟悉的社会活动家。史沫特莱张罗着把成堆的行李装上汽车后发现,车上已没有可坐的位置。她建议大家乘坐黄包车——一种靠人力拉动的两轮车去码头乘船过江。望着满脸疲惫,赤着双脚的中国车夫,白求恩无论如何接受不了人拉人的现实。他一向对穷人怜悯体贴、慷慨大方,性格中承袭了双亲舍己助人的传统。如今让一个瘦弱的车夫拉着他招摇过市,就像有人用鞭子抽他的脊梁一样让他难以接受。拗不过白求恩的固执,其他人只好乘上黄包车,只有他一个人跟在车后步行,然后和大家一起乘渡轮过江到达市中心。①尤恩后来回忆说,白求恩认为他和人力车夫是平等的。他在加拿大就非常厌恶一些中上阶层的人对贫民不屑一顾的态度,白求恩的父母为孩子们树立了高尚的道德标准,孩子们也经常对贫病孤独之家有所馈赠。多年以后,白求恩在大雪之夜把自己的大衣披在一个在寒风中战栗的穷人身上,也就不足为奇了。

　　史沫特莱把白求恩一行安置在现在的汉口区鄱阳街 34 号,一家圣公会教堂主教住的小楼里,并及时向周恩来报告此事。这栋小楼为西式两层砖混结构,大门前有立柱外廊,建筑面积有 600 多平方米,至今保存完好,仍然在接待络绎不绝的中外游客。主教鲁茨的中文名字叫吴德施,他1896 年来华传教,在湖北已生活了 40 多年,是一个开明的美国人。他对各国记者、外交官、国共两党一视同仁。驻武汉中共代表团的周恩来、博古(秦邦宪)、董必武、叶剑英等在那里接见了不少外交官和新闻记者。1938 年 1 月,鲁茨刚在这里接待了八路军副总司令彭德怀。此次彭将军是应蒋介石之邀来武汉商谈军事事宜的,这一天抽空来看看老朋友史沫特莱。鲁茨在这里还接待了许多前往延安又从延安返回的外国记者如安娜·路易斯·斯特朗等著名人士。当时武汉聚集了不少外国人,从政治立场上看,左、中、右都有。鲁茨是坚定的抗战派,因此又被人称为"粉红色主教"、"红色主教"。1937 年 10 月,史沫特莱应朱德要求前往武汉为八路军游击队筹集资金,鲁茨主教得知她没钱住宿,就收留了她,并且一住就是 3 个月。这一期间,史沫特莱、鲁茨、斯特朗发起成立了"西北游击队后援会",积极为八路军募捐和筹集药品。1938 年 2 月,鲁茨还作为西北游击队后援会的国际慰劳团亲赴山西洪洞县马牧村,向八路军总部捐赠 4000 元钱(中国币)和数量可观的药品,受到朱德的接见。1938 年 4 月 19 日,鲁茨主教告老回国,周恩来在八路军驻武汉办事处为他举行告别宴会,并亲笔题词:"兄弟阋于墙,外御其侮——这是吴主教在华四十年的最后宝获。嘤嘤其鸣,以求友声——这是我们希望吴主教带回国去的福音。"

就在白求恩一行抵达武汉前两天,史沫特莱又找到鲁茨主教,请他接待美加援华医疗队的三位成员,直到他们在城里找到住所,鲁茨爽快地答应下来,并幽默地说:"有朋自远方来,欢迎欢迎。"当天晚上,史沫特莱在鲁茨家里举行了一个简单晚宴,欢迎白求恩一行,八路军驻武汉办事处的王炳南也应周恩来要求出席。王炳南回忆说:"在一个国际友好人士(即鲁茨)的家中,我第一次见到了这位和蔼可亲、充满活力的国际主义战士。和他一起来华的女护士琼·尤恩和另一位医生,他们都是受美、加共产党派遣来援助中国人民的抗日战争的。""白求恩向我表达了要去解放区工作的愿望,尤其使我高兴"。[②]尤恩回忆说,当史沫特莱把白求恩一行介绍给鲁茨主教时,白求恩格外兴奋,滔滔不绝地讲述自己的西班牙经历和对时局的看法,史沫特莱本来有一肚子话要说,现在却根本插不上嘴。尤恩感到,白求恩和史沫特莱都具有果断、强悍的性格,两人今后的合作,难免会发生摩擦。

二、与周恩来彻夜长谈

王炳南在欢迎晚宴上告诉白求恩,以周恩来为代表的中共代表团就在武汉,负责与国民党政府的协调工作。周恩来期盼着与他们见面。同时,加美医疗队还应该和驻武汉的中国红十字总会战时救护委员会的林可胜取得联系,由他帮助把医疗队的物资运到汉口。

当天晚上,史沫特莱陪同白求恩一行前往林可胜的办公室。林可胜之前为协和医院医生,协和医学院教授。他简要介绍了中国红十字会的近况,原来,早在1933年,林可胜就作为著名的医学家和社会活动家,被民间推选为中国红十字会总干事,他所以被推选出来,完全源于他的声誉和人望。作为知识分子的林可胜,对声誉极为珍惜,视清廉为生命。对林可胜在中国红十字会的表现,胡适曾在1941年2月7日致陈布雷的信中予以高度肯定。他说:"中国红会近年在国外之信用与声誉,实由林可胜在科学医学界素负重望,又其办理救护事业勤劳清慎,实足令人敬服。"从1938年到1944年6年间,林可胜共募得善款6600万美金,其才能与贡献得到国内外的交口称赞。他先在湖南长沙组建了战时卫生人员训练所,尔后又应宋庆龄之邀,负责中国"保盟"输往内地的善款和物资发放。林可胜说:"政党之上更有国家在,既然国共合作,共同御敌,红十字会的物资就不仅要发给国民党,也应该发给共产党。"他因为把一些物资发放给延安引起国民党的不满,一些人想逼他辞职,胡适再次致电陈布雷并转蒋介石说:"美国红十字会听说林可胜辞职表示不安,可能影响总统已内定的750万美元的救济物资。请留心此事,勿令群小把持,破坏我国红会在海内外辛苦造成之荣誉。"在国内外压力下,蒋介石放弃了要林可胜辞职的想法。

林可胜用一口流利的英语与白求恩一行交流。他希望加美援华医疗队与八路军医院合作,用救护车把重伤员送往后方。他说:"许多医生和护士都不敢或不愿意到中共领导的游击区工作,一方面那里是敌后,几乎每天都要发生战斗,另一方面生活环境确实艰苦,但那里真的太需要医生了。"他先询问白求恩的意见,白求恩回答:"我在加拿大时就想好了要去敌后战场,现在我的这个想法更坚定了。"尤恩也表示,我是第二次来中国,对吃苦早有准备。两个人的态度让帕森斯大怒,他大声吼道:"我来中国是要建立一所医院,而不是去打游击战。我要让美国民众知道钱用到了什么地方。"在他看来,他是医疗队的领导,林可胜应当首先征求他的意见,而不应当把他晾在一旁,而最后才来听听他的想法。白求恩用嘲笑的目光看着帕森斯,又转向尤恩,尤恩知道,白求恩是想说:应当让美国民众知道,他们的钱都让一个酒鬼喝酒了。经过一番争吵和史沫特莱的

"仲裁",帕森斯不得不把寄存香港仓库的物资收据交给林可胜,史沫特莱相信,把托运物资从醉鬼手中拿过来是最安全的办法。

第二天一早,王炳南拿着加共、美共写给中共中央的介绍信和美国援华会关于这支医疗队为中国政府服务的文件,向周恩来报告了昨晚和加美医疗队会面的情况,特别提到白求恩要去八路军医院工作的愿望。周恩来虽然工作繁忙,但还是要王炳南当晚就安排与白求恩一行见面。陪同会见的还有邓颖超、博古(秦邦宪)和八路军卫生部部长姜齐贤。王炳南写道:"我带着他们来到周恩来同志的办公室,见面后,周恩来同志首先代表党中央欢迎他们去解放区帮助中国人民抗战,向他们详细谈了抗日战争的形势和我党的政策。他说我们正处于艰苦的战争环境,中共为了取得抗战胜利,一直通过各种渠道争取国际援助,对于一切友好国家的人员或物资的支援,我们都是欢迎和感谢的。白求恩全神贯注地听着,并仔细地在他的小本子上做了笔记。周恩来同志还问到西班牙反法西斯战争的情况,白求恩也认真地做了详细介绍,就这样一直谈到深夜。最后,周恩来同志表示希望他们在后方先参观一些医疗机关,然后再去解放区。但白求恩同志去解放区的心情十分急切。恳切地说:'我来中国是要去解放区工作的,现在抗战形势紧迫,请你尽快安排我上前线去。'在白求恩同志的一再要求下,周恩来同志终于同意了。他指定我为他们办理去延安的手续并安排专人护送。"王炳南还写道:"那时候国共抗日统一战线刚形成不久,我们的人从武汉乘火车去西安是自由的,没有什么限制。但敌军正自华北向南进犯,铁路沿线经常遭到敌机的轰炸扫射,在这种情况下,北上是要有很大勇气的。后来我听说白求恩同志和尤恩护士两人在离开武汉的一个月里险经战乱,克服了重重困难,才于3月底到达延安。"③

关于对白求恩的印象,王炳南后来写道:"我同白求恩在武汉的接触虽然短暂,但他给我留下的印象是深刻的。白求恩同志是继马海德大夫之后到我解放区参加战地医疗工作的第二个外国医生,对于这样不畏艰险、不怕牺牲的国际主义战士,我们解放区上下都怀有由衷的敬意。我当时特别感到白求恩有一股渴望献身中国民族救亡运动的战斗精神,热爱自己的工作,在他的心目中,手术刀就是他杀敌制胜的武器,上前线工作是他唯一的要求。"王炳南说:"每当我回忆起1938年武汉那次历史性的一夕长谈,我都有古人所谓'如饮春醪,不觉自醉'的感觉,白求恩那派高尚、热情、豪迈、求实的革命气度和作风,给我留下刻骨铭心的印象"。④

王炳南后来一直关注着白求恩到解放区后的情况,他说:"我听说白求恩在晋察冀边区工作得很出色,原则性很强,医疗技术很高。他要求自己特别严格,对一些责任心不强的人,批评起来毫不留情。我还听说他为了揭发我们工作中的缺点和拖拉作风,曾给毛主席写了许多封信,反映各种情况,真正是把中国人民的革命事业当作他自己的事业。虽然他有时显得疾言厉色,但凡同他相处较久的同志,都对他这种对工作极端负责、对同志对人民极端热忱的高贵品德深感敬佩。""后来,周恩来同志从尤恩那里打听了白求恩在解放区的工作和生活情况,对白求恩同志忘我地为中国人民服务的精神十分赞佩。"

尤恩在回忆美加医疗队与周恩来见面时的情景时说:"会见是在汉口一幢四层楼房的四楼进行的(即现在的汉口长春街57号,当时为八路军驻武汉办事处,周恩来在四楼办公,现仍然开放并接待游人),周恩来用熟练的英语向我们表示欢迎,感谢美加医疗队对中国革命的援助。周恩来对我一口娴熟的山东话大为惊奇。他用一种同志式的真诚深情地说'我们没有什么东西可以奉献给你们,只有艰苦的工作;你们也不能得到别的什么,得到的只能是伤病员的感激之情',周恩来是一个了不起的人。临别时白求恩再次表达了尽快上前线的愿望"。

8个月后,周恩来又在这里接待了印度援华医疗队,同样给5位年轻的医生留下深刻印象。巴苏华回忆道:"周恩来侃侃而谈,他精力充沛,学识渊博,长着一对机灵、谨慎的眼睛,还有中国少见的浓眉。""一天下午我们去看望周恩来,他正在办公室举行记者招待会,屋里挤满了新闻记者,大部分是外国人。我们在一个角落坐下,倾听着他透彻地分析中国的军政局势,以及阐明怎样通过发动群众抗击敌人。""在一次宴会上,我们再次见到周恩来。在全体来宾中,周是唯一庄重的人。我有机会从很近的地方观察他。他吸引我的,是他那机敏、聪慧和富于同情感的目光。安娜（王安娜，王炳南夫人）说：'20 年后，我们将会为曾经与他结识感到骄傲。'我补充道'干吗这么晚呢？此刻我们就感到骄傲了'。"⑤

回顾 70 多年前的一幕幕画卷，今天的人们不难发现，中共第一代领导人的过人魅力，成为中共和八路军、新四军吸引世界目光的重要因素。而隐藏在个人魅力之后的力量，是他们救国的责任、牺牲的精神和坦荡的胸怀，这也是中国不会亡、中国一定会复兴的精神源泉。

三、高隆庞修女会诊所的七天七夜

1937 年 12 月南京陷落后，武汉成为国民政府临时所在地。蒋介石希望在此拖住日军，以尽快将国民政府转移到距此 1200 公里的上游城市重庆。日军对中国军队"以撤退代替进攻"的战略很是头疼。在诱降无果的情况下，调集力量进攻武汉，以求决战。大轰炸则是他们的首要手段。

抗战爆发时，中日空军的力量对比极其悬殊。中国拥有飞机 600 多架，战斗机仅 305 架。而日军拥有战斗机、轰炸机 2700 多架。经过半年的抗战消耗，中国空军几乎损失殆尽。蒋介石在致电斯大林的一封电报中说："中国只剩下 10 架轻型轰炸机，已经到了生死关头，请尽快支援 65 架飞机。"后来斯大林以苏联志愿者航空队的名义，向中国支援战机 500 架，派出飞行员 1000 多名，暂时扭转了中国城市无空防的窘境。⑥

正是由于中国失掉了制空权，日本飞机对武汉的轰炸才会如此疯狂和肆无忌惮。从 1938 年 1 月到 10 月，在日军空袭中的死伤人员达到数万人。为了躲避空袭，当时武汉市场上的"警报鞋"非常热销，这种布底布面的鞋子后跟着祥，以免跑快时丢掉鞋或被人踩掉。日机对武汉轰炸给无辜平民带来的惨状，我们可以听一听一个叫李正熊老人是怎么说的："在日机轰炸下，整个城区一片火海，爆炸声此起彼伏，持续不断。人们惊慌万分，东躲西藏，无处藏身。到处在哭喊救命。日本飞机投下一批炸弹飞走，接着又一批飞机投弹，这种高密度、无区别的轰炸要持续四到五个小时"。"我被巨大气浪冲倒在水沟里，而同时避难的六个邻居都被炸死。我看到每个弹坑周围都有数具、十多具，甚至几十具尸体。敌机专找无辜人群集中的地方肆虐。在几棵大树下有许多平民藏身，日机发现后投下几枚炸弹，顿时满树枝上挂满了人的内脏、残肢，事后发现死了300多人。还有百余难民拥入寺院，同样全都葬身日军的轰炸。"日军对被俘飞行员的残忍也是后来参战美军不曾预料的。1944年12月16日，日军在武汉抓获了3名美军飞行员，他们被捆绑着游街示众，一路上被拳打脚踢，百般折磨，最后把奄奄一息的3名美军飞行员拉到日本人建的寺院绞死后烧掉。为此美军曾出动170架飞机对武汉的日本租界、日本侨民生活区和日军第六方面军进行轰炸，并于战后对屠杀美军飞行员的日军镝木正隆少将等23人进行审判，镝木正隆等五犯被处极刑。

白求恩抵达武汉后，每天的空袭使他想起马德里、马拉加至阿尔梅里亚公路上见到的惨状。由于中国军队只有为数不多的高射炮，日本人的飞机可以毫无顾忌地在武汉上空盘旋，随心所欲地寻找打击目标。白求恩想到应在医院挂出红十字会的标志，国民党军事医疗署的刘副长官告诉他："只要有任何的迹象表明某座房子是医院，日本飞机随时会疯狂地轰炸它，以消灭伤员。挂出红十字标志的旗子是很危险的，这样做已经使上千的伤员以及大批的医生、护士、担架员丧生。"白求恩没有想到，比起德意法西斯，日本强盗更凶残。[7]

看着日机炸弹倾泻而下，爆炸声中一排排房屋倒塌，人群中血肉横飞的惨景，白求恩再也坐不住了，他找到林可胜，请他现在就安排他们去抢救伤员。林可胜对白求恩十分信赖，很快就联系好了。他告诉白求恩，明天你们就可以去汉阳一家长老会医院，那里每天都会涌进大量伤员，修女们有些支撑不住了。

这家医院当时叫汉阳高隆庞修女会诊所，是1923年由爱尔兰传教士创办的名叫圣·柯隆帕的教会医院。10多年来，由于热心服务贫病中的妇女儿童，在当地有较好的口碑。因为英国当时的中立立场，这所医院没有遭到轰炸。

第二天一早，白求恩和尤恩赶到医院，发现那里毫无秩序，医务人员所剩无几。医院的床位很少，许多病人都躺在地上无人照料，空气中弥漫着一股恶臭。白求恩发现，这比西班牙医院见到的情况要差得多，尽管它是英国人办的教会医院。对于没有经历过战争场面的尤恩来说，眼前的景象更是让她目瞪口呆。院方解释说，由于大轰炸，很多医生护士已经迁往重庆或到乡下避难，你们的到来真是雪中送炭。

白求恩顾不上客套，马上指挥尤恩和医院的护士把伤员迅速分类，并把伤员按胸腔腹腔伤和肢体伤顺序抬进手术室。一上午，白求恩为 5 个伤员做完手术，稍加休息，又投入到紧张的手术之中。白求恩迅速、快捷、高效的手术风格，让教会医院的同仁赞赏不已。等到处理完重伤员后，已经过了晚饭时间。白求恩拖着沉重的步履返回住所，虽然很疲劳，但仍为自己在中国战场上的第一次表现感到欣慰。在随后的 6 天时间里，白求恩在这里为 100 多名伤员做了手术，其中大多数是平民。尤恩后来在她写的《在中国当护士的岁月》一书中回忆道："抵达汉口后，有一个星期的时间，我们是在汉阳的一所长老会医院里抢救伤员的"，"我们到达医院，只略作介绍，便开始工作了。候诊室里挤满了空袭时受伤的人员，整个大厅里放满了自制的担架。有些伤员还没有来得及医治就断气了。满地都是血污、粪便和呕吐的脏东西。有两个小孩在父母的尸体旁吓得大哭。我们忙于截肢、止血、取出弹片等等。血的气味可不是好闻的，钻进鼻孔便长时间去不掉，吃饭时更感到恶心。但当时，我们都顾不得这些了。因为任务紧急，时不待人，耽误了是要死人的"。[8]

现在，这所教会医院的旧址仍然保存完好，成为武汉市第五医院的一部分。2010 年 11 月，为纪念白求恩逝世 70 周年，同时也为了让更多的人了解白求恩在武汉救死扶伤的这段历史，第五医院在白求恩曾经战斗过的小楼筹建了白求恩纪念馆。6 年来，这个纪念馆接待了上万名来自全国各地、各社会团体，特别是医疗卫生行业的参观者，连续承办了五届白求恩精神教育实践周活动。先后有上千名新入职的医务人员来到这里，在白求恩雕像前庄严宣誓，并接受他们入职后的第一课。在这栋作为白求恩纪念馆的小楼旁，一株历经 600 年风雨的"汉阳树"高大挺拔，郁郁葱葱。第五医院的人们格外珍惜它，他们说，每一个来这里参观的人，都会在这棵"汉阳树"下合影，因为它象征着永远常青的白求恩精神。[9]

白求恩和尤恩在"汉阳树"下抢救伤员的时候,帕森斯却在不断滋事。虽然他把医疗物资的收据交给了林可胜,但对纽约寄来的钱款却把住不放。帕森斯有时也去长老会医院转转,但每天依然酗酒不断。白求恩和尤恩知道他在不断挪用美国援华会的善款,有时也警告他住手,然而帕森斯我行我素,对白求恩和尤恩不理不睬。两人只好再次给美国援华会写信,历数帕森斯的劣迹,要求把他召回。史沫特莱是个眼里揉不下沙子的人,看到帕森斯的表现,她立即给贾菲和联系人多德发电报,要求撤换帕森斯。她和贾菲去年6月还在延安见过面,特别向他介绍过陷入医疗困境的八路军急需有经验的医务人员,特别是外科医生。她甚至向毛泽东保证,一定会有像马海德一样的好医生来支援中国抗战。如今帕森斯的表现远逊于两个加拿大人,简直是美国人的耻辱。她甚至找到周恩来,历数她这个美国同胞的不是,要求八路军办事处来个同志向白求恩了解情况,并代表中共和八路军的立场反映帕森斯的问题。这件事情某种程度上反映了史沫特莱的性格,她疾恶如仇、仗义执言、坦率急躁且不讲方法。

　　然而美国援华会的答复却让史沫特莱和白求恩失望:"努力弥合帕森斯和白求恩之间的分歧,帕森斯是一流的外科医生,白求恩是著名的输血专家,也是在西班牙享有盛誉的外科医生。"为了安抚医疗队,美国援华会又给帕森斯追加了一笔汇款⑩妥协并没有产生效果,反而使帕森斯变本加厉。仅仅过了一天,白求恩就接到教会医院的电话,告诉他帕森斯突发狂躁症,并且威胁到其他人的安全。"该结束他的工作了,这个酒鬼又在闹事",白求恩说完,拔腿赶到现场。没有人能制服帕森斯,病人和医生都躲得远远的,任凭他在医院里大吵大闹。白求恩怒从心起,上前就把帕森斯双臂反压,按倒在床上。一个英国医生赶紧过来给他抽血检查,诊断结果证明帕森斯患上了慢性酒精中毒,无法控制自己的情绪和行为。白求恩拿着这份证明找到史沫特莱。史沫特莱满脸怒气,不知到什么地方转了一圈,回来告诉白求恩:"我已给他找好了地方,明天就送他去这里的天主教会医院治病。"白求恩不得不佩服史沫特莱,才几个月的时间,她就和武汉方方面面搞得很熟。后来白求恩听说,这所医院虽然只有

30 多张床位,但设备精良,是当时武汉最好的医院之一。经过 20 多天的治疗,帕森斯的酒精中毒有所缓解。看到史沫特莱鄙弃的目光,帕森斯终于同意返回美国。帕森斯酗酒的毛病始终没有改变。1940 年 10 月,他到波士顿担任一家医院的外科主任。几个月后,正值新年前夜,他被发现死于纽约市的一家酒店内。他是去那里参加美国科学发展学会的相关会议,具有讽刺意味的是,帕森斯于 3 天前向大会提交了名为《医院处理酗酒者发现的问题和采取的对策》的论文,1940 年 12 月 31 日,《纽约时报》刊登了简短的讣告。

失之东隅,收之桑榆。摆脱了帕森斯,医疗队又意外迎来了一位加拿大医生。他叫理查德·布朗,一位在河南商丘圣保罗医院工作的传教士医生。如今的人们对他了解很少,只是在加拿大多伦多圣公会档案馆中,能看到一部分他在中国时期所写信件,寥寥数页纸充满了对中国人民的深情和坚决支持中国抗战的决心。布朗于 20 世纪 30 年代来到中国,很快适应了环境,他擅长眼科手术,以高超的医术高尚的医德赢得同事们的尊敬,是当时中国有限的几个能做白内障手术的专家。布朗能说一口流利的汉语,这使他很容易与中国人沟通。1938 年 2 月 15 日,他前往武汉办理护照延期手续和处理医院的一些事务,同时也想了解一下中国的抗战形势。

布朗来到中国红十字会(当时也称中国红十字会战时救护委员会),正巧遇见史沫特莱。善于说服人的史沫特莱告诉他:“八路军正在中国西北部坚持敌后抗战,处境十分艰难,特别需要医务人员的帮助,不知你能为他们做些什么?”布朗回答:“我可以考虑你的建议,我想我还会动员其他医生一起来。”接着,布朗又去拜访鲁茨主教,鲁茨告诉他,中共控制的“红三角”急需医务人员,而且现在两个加拿大人正住在他这里,准备近期启程前往游击区。如果你有兴趣,不妨见见他们。2 月 16 日,布朗见到了白求恩和尤恩。三个加拿大老乡聚在一起很是兴奋,布朗得知白求恩也毕业于多伦多大学医学院,而且在西班牙战场建立过输血组织后非常佩服。他向白求恩承诺,一旦得到批准,他马上追随两位去西北。随后,他给多伦多的怀特主教发出一封航空邮件,表达了自己的意愿。虽然只是一面之交,白求恩对他评价很高,他写道:"这个布朗医生真是个好家伙,他的汉语说得跟中国人一样地道。"然而,怀特主教对布朗跟随一个共产主义者(白求恩)在中国到处奔波颇为不悦,在给他的回信中表示疑虑,想阻止布朗和白求恩的合作。⑪

四、第一份中国战区医疗救护报告

白求恩是一个闲不住的人,在武汉半个月的时间里,他在修女会诊所忙了一个星期,又抓住机会拜访了国民政府的军事医疗署、中国红十字会战时救护委员会、华中国际红十字会、日内瓦国际联盟驻武汉办事处、武汉传教组织、教会医院和军队医院。晚上,他的打字机响个不停,有时甚至忙个通宵。王炳南在回忆文章中写道:"在等待出发的日子里,白求恩抓紧时间学习,经常关在房间里认真地看有关中国的材料和写笔记,关心来自解放区的每一条消息。他对武汉的都市风光全无兴趣,有人问他为什么不出去看看,他表示不愿意浪费宝贵的时间,为了能更好地在解放区工作,必须了解有关中国新的、更多的情况。"⑫

在武汉期间,他先后完成了中国战区医疗救护报告,致加拿大、美国、英国援华委员会的信,出席过中国、美国、英国、新西兰记者举办的新闻发布会。在这份中国战区医疗救护报告中,白求恩对15个医疗救护组织的情况进行了调查,重点分析了国民党军事医疗署自战争爆发以来面临的主要困难和组织建设的不足。他写道:"在去年爆发的上海'8·13'抗战期间,中国军队的受伤人数和染病人数达到历史最高水平",而"这个部门对此完全没有准备,表现得束手无策。军事医疗署条件简陋,人员不足,严重缺乏各种物资和药品。这里没有英国、美国、加拿大军队中那样的医疗队,甚至没有军医培训中心,没有下级军医、护士和其他人员。临时建立的机构是以德、日模式组建的"。⑬

在对军事医疗署保障能力的评估上,白求恩写道:"军事医疗署拥有各种等级的医院270所,但仅有10到12家拥有能做外科手术的医生。其他医院的医生由于缺少技术训练,不能胜任本职工作。由于缺乏完全合格的医生,许多护理员、男护士和医学院的学生都被授予了军医的头衔,他们不完整的培训也尽量当作最好的技术加以利用。""另一个严重的问题是,缺乏一个将前线和后方联系起来的组织,使重伤员往后方送非常困难。除了位于交通主干线上的医院外,受伤士兵必须自己走或者被担架抬几十英里到几百英里,重伤员往往无法到达后方。即使他们支撑着能够赶到运输线上的师级战地医院或是伤员分流处,很可能没有床位,没有绷带和药膏,没有麻醉剂,没有足够的受过外科手术训练的医生可以挽救他们的生命。"⑭

在帮助军事医疗署完善组织机构、招募医疗人才、募集医疗物资和国内外捐款方面,白求恩再次提到中国红十字会的战时救护委员会,提到会长林可胜。指出"他出色地组织了中国红十字会的医疗救护工作,受到了全世界关心中国人民的慈善家和许多组织团体的捐助,我们有幸同这位杰出的人士进行多次交谈,极其敬佩他的组织能力、视野和干劲"。⑮

在评价林可胜的杰出贡献,特别是具有示范推广值的医疗组织建设方面,白求恩提到他创建的4个部门。第一个部门是外科手术部,编制人员20名,其中医生5名、护士5名、伤口包扎员5名、护理员5名,雇员限于男性。执行伤兵分流处和战地医院的职责,拥有外科医疗设备和一切必需的医疗物资,有便携式X光机,并配有移动式发电机。外科手术部已经设立了21个,白求恩建议至少还需要100个,呼吁同情中国抗战的世界各团体支援医疗物资和器械。第二个部门是敷药包扎处,各有15名护士,或是1个医生14名护士。他们在伤员后送线上工作,此部门已设立了37个。第三个部门是平民医疗救护处,这是由姜琼医生负责的产科中心。姜琼医生是加拿大蒙特利尔麦吉尔大学已故的中国研究系主任姜教授的女儿,经林可胜介绍来到中国西北地区工作。第四个部门是防疫处,这些组织正在建立和派往中国北方。白求恩动情地说:"我认为这个委员会的工作十分重要,建议全世界都来支持它,在我看来它有远见和组织能力,给予了英勇的中国人民以最有力的支持。他们急切需要资金和医疗物资援助,请把捐款汇至中国汉口怡和路一号,林可胜医生收。"⑯

在这份报告中,白求恩对正面战场国民党军队的表现给予恰当评价:

"中国士兵的勇敢事迹给我们留下深刻印象,在齐肩深的战壕里,他们连续几天遭受炮击和空袭,虽然每天只能吃一碗不干净的冷米饭,但在抵抗侵略的战场,这些人自告奋勇,担负起责任。""当每一棵树、每一座房子都成为日本兵炮轰和空袭的目标时,根本无法建立医疗站,也无法设立伤兵分流处,伤员要在夜里拖着受伤的身体前行,或是被别人担运穿过泥泞的土地,白天就在积水的坑道中休息,只有轻伤员才能经历如此艰苦的过程回到后方。"白求恩对军事医疗署的工作,特别是他们的抗战勇气给予肯定:"要说军事医疗署的工作,完全不能达到对它的要求也是不公平的。种种迹象表明,一些棘手的几乎使意志最为坚强的人也灰心丧气的问题,也在认真地得到解决","我们对军事医疗署副长官刘将军的能力非常敬佩。"⑰

军事医疗署刘副长官对白求恩这份译成中文的报告非常重视,他无论如何想不到,一个踏上中国土地刚刚半个月的外国医生,能写出如此清晰完整、见解深刻、对策务实的中国战区医疗救护报告。他几次找到白求恩,请教战地救护组织如何建立、外科技术人才如何培养等问题。最后,他索性要求白求恩留在武汉和他一起工作,即使撤退到重庆,也有他施展才干的舞台,并允诺他会享受很好的待遇。白求恩告诉他:"我对刘将军的爱国、勇敢和能力毫不怀疑,但我感到国民党的爱国主义似乎排在反对共产主义之后,虽然你们的战场救护面临很多困难,但据我了解,敌后战场的困难要比你们严酷得多。我已经答应林可胜,准备即日起前往敌后战场。"刘副长官告诉白求恩:"日军已经占领了华北,前往游击区凶多吉少。日本人并不会因为你是外国人而心慈手软,只要你和八路军有联系,照样砍头。河南、山东有很多外国传教士都被日军杀害。"白求恩坚定地回答:"我经历了西班牙的战火,也愿意接受中国战场的洗礼。"刘副长官又佩服又失望,只得再次祝福白求恩好运。

在这份报告中,白求恩还对华中国际红十字会、国联派遣的医疗队、加美援华医疗队和汉口5所教会医院的募捐情况和救治能力进行分析论证,提出加强与国际社会合作、加快医疗物资储备、开展疾病预防、帮助军人家庭等多项建议。在致加拿大、美国和英国援华委员会的信中,白求恩建议:"援华医疗队要组团前往、医护搭配,最好配备救护车、X光机和可移动发电装置。特别欢迎在军队负责医疗工作未授衔的各级士官来中国帮助训练医护人员。他特别提到急需1000个美英军队中使用的急救敷料包、5000磅纱布、绷带和脱脂棉。最后,他不忘提醒要给中国的孩子们提供100加仑鱼肝油。他呼吁,中国应当得到整个文明世界的援助,且越快越好。"今天我们展读这份报告和信件,仍然会感到受益匪浅。实际上,善于思考、勤于笔耕是伴随白求恩一生的良好习惯。白求恩在很短时间内形成的这份报告,不但充满了对中国人民的真挚情感,而且对正面战场的医疗救护帮助很大,也为后来解放区的医疗卫生工作奠定了思想基础。他后来在晋察冀前线提出的很多建议,都与这份报告有密切关系。

武汉期间,白求恩与史沫特莱之间也出现一些裂痕。正像尤恩后来说的,两个人的性格过于相似,总是争强好胜,自以为是。看到美国援华会不同意召回帕森斯,史沫特莱擅自决定解散加美医疗队,她告诉白求恩和尤恩:"医疗队已经不存在了,从今天起,你们就是八路军的人了。"白求恩据理力争:"帕森斯走了,但我们必须还叫加美医疗队,这只是为了让美国人觉得他们的钱没有白花。"史沫特莱觉得理屈,只好收回"成命"。史沫特莱对如何发挥医疗队的作用有许多想法,这就难免和白求恩发生争执,史沫特莱认为她和美国援华会、八路军和林可胜关系密切,而且能够提供相应的经济帮助,说起话来难免口气较大。白求恩也不示弱。他拿出离开纽约时美国援华会的指令,让尤恩大声朗读。然后告诉史沫特莱,按照这个指令,如果八路军和你的指令发生冲突时,我将接受前者的安排。不过,总体来说,两人之间只是性格方面的冲突,在许多重大问题上,两人的看法还是一致的。

从香港发出的物资没有按时到达,这让白求恩很是焦躁,他不想在汉口等下去,于是一遍遍去找林可胜和史沫特莱,要求允许他和尤恩先行离开。两人被白求恩缠得没办法,答应他们可以去前线,但不能空着手去。史沫特莱和林可胜出钱,白求恩和尤恩在武汉三镇跑了两天,备足了外科器械和医疗用品,连同自己随身物品整整装了15个行李包和几个大纸箱。

临行前几天,有两件事情让白求恩的情绪大为好转。一是他目睹了一场空袭。2月18日上午,日本出动16架战斗机掩护12架轰炸机空袭武汉。中国空军和苏联志愿者航空队也出动数十架战机迎战。武汉市民第一次看到自己的战机痛击日本飞机,纷纷跑出防空洞观战,每当日机拖着黑烟坠落,老百姓就一阵欢呼。白求恩也探身窗外观战,白求恩写道:"中国这一仗打得真漂亮,那天歼灭了11架日本飞机,而我们损失了6架。"另一件事是白求恩出席了一个为传教士医生举行的晚宴,遇到一个叫詹姆斯·贝特兰的新闻记者,两人后来成为朋友。贝特兰细致地描绘了白求恩的状态:"他留着一撮列宁式的胡子,拍照时也摆出列宁一样的姿势,我觉得他一定是个很有活力、很有天赋的人,但看上去相当自负,他的内心一定受到强烈的欲念驱使:或者成为英雄,或者成为革命的殉道者,不惜任何代价。"[18]的确,白求恩给人的第一印象就是一个真正的理想主义者,为了理想不惜赴汤蹈火,粉身碎骨。一位美国记者差不多也是这样描写他:"奔赴西班牙对白求恩来说,是最人道、最崇高的远征,如果这种远征和开拓从未由一位从医者领头,那么这一次,他开始走在了远征队伍的前列。"当贝特兰得知白求恩马上就要去敌后战场,非常惊讶。因为敌占区的难民和军队正在潮水般地涌进武汉,在这个时候前往日本人的占领区无异于自投罗网。但白求恩非常淡然,早把生死置之度外。贝特兰把自己的睡袋、马靴和皮帽子都送给了白求恩,不轻易言谢的白求恩有些感动,两人互留了联系方式。后来贝特兰的这些东西派上了很大用场,并一直伴随着白求恩走向生命的终点。

注释:

① [加拿大]罗德里克·斯图尔特:《不死鸟——诺尔曼·白求恩的一生》,中国青年出版社,2013年版,第278页。

② 王炳南:《白求恩同志和周恩来同志的一夕谈》,摘自毛泽东《纪念白求恩》,人民出版社,1979年版,第21页。

③ 同上第22页。

④ 同上第24页。

⑤《三联生活周刊》,2005年5月31日,作者李菁。

⑥[美]布赖恩·克罗泽:《蒋介石》,内蒙古人民出版社,1995年版,第198页。马祥林:《蓝眼睛黑眼睛》,解放军文艺出版社,1995年版,第79页。

⑦[加拿大]拉瑞·汉纳特编著:《一个富有激情的政治活动家》,齐鲁书社,2005年1月版,第266页。

⑧宋家珩主编:《加拿大人在中国》,东方出版社,1998年版,第94页。

⑨《学习白求恩》,白求恩精神研究会会刊,2014年第4期,第31页。

⑩同①第280页。

⑪同⑦,第316、289页。

⑫同②,第23页。

⑬同⑦,第264页。

⑭同⑦,第265页。

⑮同⑦,第267页。

⑯同⑦,第266页。

⑰同⑦,第265页。

⑱[加拿大]罗德里克·斯图尔特、赫苏斯·麦哈德:《白求恩在西班牙》,人民出版社,2014年版,第166页。

第四章　汉口到西安
　　　　在血泪冲洗的道路上前进

一、空袭下的艰苦跋涉

1938 年 2 月 22 日凌晨 5 时,白求恩和尤恩登上了北去的列车。周恩来安排专人护送他们一行离汉口赴山西洪洞县,并从那里转赴延安。洪洞县是八路军总部驻地。根据国共两党协定,八路军在这一带拥有军事行政权力。本来,两地不过一千公里的路程,三天即可到达。但由于日军轰炸、道路损毁和频繁的战事,白求恩和尤恩的湖北、山西、陕西之行历尽艰险,直到 3 月底才抵达延安。

白求恩对第一次与八路军同行非常高兴。他说:"我们和八路军军官一样坐火车三等车厢。我们每人有自己的铺盖卷,有一个垫子和一张填满羽毛的毯子,我们叫它大羽绒被。"火车每停靠一站,他们都不忘从商贩那里买一些食品请我们品尝。白求恩写道:"陪同我们北行的是一位八路军干部,名叫邱创成(音译)。他虽然只有 27 岁,但已经参军 10 年了,还参加过长征。他是一个不错的小伙子,聪明快乐,像蟋蟀一样活泼。"白求恩很快和他交上了朋友,并把从马德里带来的一把折叠刀送给他,这让邱同志喜不自禁。

当白求恩一行在晚上 11 点到达郑州时,去往潼关的火车已经满员,只能乘第二天的火车前往。白求恩决意要去大街看看一个星期前日军轰炸造成的破坏有多大。因为在汉口时,他就从报上得知,2 月 14 日是中国的元宵节,这一天人们要观灯赏月。然而凶残的日军却出动 15 架轰炸机对无辜的市民进行轰炸,短短 15 分钟内就有 2000 余人死亡,3000 余人受伤。曾经目睹大轰炸的外国医生写道:"郑州天天都要遭到日军的轰炸,我们医院住满伤员,全部是平民。日本使用的是子母弹,因而造成的死亡率很高。"虽然轰炸已经过去一个星期,但白求恩看到,城中仍然是瓦砾焦土,断井颓垣,火车站几成废墟,商业区悉成灰烬,难民们在临时搭建的窝棚里栖身,饥寒交迫的表情写在每个人的脸上。白求恩再次感受到战争给中国人民带来的苦难,他说:"日军轰炸造成的破坏的确非常严重。"①

进城找住处的邱创成回来说,城里已无处可住,仅有的几家未被炸毁的旅馆住满了南下的难民,我们只能在车站货棚将就一晚了。早已习惯了苦日子的白求恩毫不在意,他写道:"我们就躺在敞棚里的木椅上休息,裹着暖和的单皮大衣很惬意地度过了一夜。""这里的每个人都极其友好,十分有礼貌。我的一双长靴引起人们很大的好奇心。它们是不列颠哥伦比亚省樵夫穿的那种及膝高的靴子。人们对此惊叹艳羡不已,还经常有人过来亲手摸一下这双靴子。"

2月23日中午,白求恩一行登上了开往潼关的列车,虽然只有300公里的路程,但由于日军飞机的袭扰,列车走走停停,使这趟旅程变得无比漫长。就在这天早上,他们看到一辆被日军轰炸过的火车焚毁了,车厢上的漆完全烧掉。列车开行一小时后,就听到了警报声和轰炸声,司机紧急停车。乘客纷纷跑进铁路两侧的田野里躲避。警报解除后,乘客再爬上已经向前滑行了几百米的列车,等到再次发动列车,一个多小时就过去了。在第二天的旅途中,白求恩一行又遇到了好几次这样的危险。

2月24日下午,白求恩一行终于抵达潼关。潼关位于陕西省潼关县北,北临黄河,南踞关山,扼守黄河渡口,是晋、陕、豫三省交通要道。自古以来,欲占领西安,必先夺取潼关,此地成为兵家必争之地。抗战初期,日军对潼关频繁炮击、昼夜轰炸。但在中国军队拼死防守下,日军始终未能打开通往西安的大门。在邱同志安排下,白求恩一行进入县城。他们计划在这里搭上去临汾的北向列车。到了城门,他们出示通行证,受到了八路军的热情接待。白求恩写道:"在这里,我们第一次见到了壮观的黄河。我们参观了八路军的军营,营房的整洁有序和战士们的良好纪律给我们留下了很深的印象。""晚上,我们睡在办公室的地板上。第二天吃完早餐,动身前往黄河南岸。十个脚夫推着独轮车把我们的行李送到黄河边。"白求恩目测了一下距离和流速,河面有400码宽,流速约为每小时8英里。"船渡河时被水流冲到下游1/4英里的地方。因此,人们不得不把船拖到出发的地点,重新渡河。打着赤膊的脚夫蹚着冰冷的河水,把我们的船拉上岸。"

来到黄河南岸，他们来到一个叫风陵渡的小镇，将在这里乘坐开往临汾的列车。风陵渡在山西省芮城县西南端，与河南、陕西为邻。风陵渡正处于黄河由北向南然后东拐的拐角，是山西、陕西、河南三省的交通要塞，跨华北、西北、华中三大地区之界。自古以来是黄河最大渡口，不知多少人从这里走入秦晋。金人赵子贞《题风陵渡》中写道："一水分南北，中原气自全。云山连晋壤，烟树入秦川。"传说风陵渡名称来自黄帝的贤臣风后。在轩辕黄帝和蚩尤战于涿鹿之野时，蚩尤作大雾，使黄帝部落的将士顿时迷失四方，不能作战。紧急时刻，风后及时赶来献上指南车，给大军指明方向，终于战胜蚩尤。风后在这场战争中牺牲，被葬于赵村东南，筑风后陵。其地称风陵堆。由此，渡口被称为风陵渡。又一传说是，女娲的陵墓就是风陵渡。女娲为风姓，故称风陵。风陵渡附近赵村东南有女娲墓，冢高2米，周长30米。墓前原有明万历三十八年（公元1610年）重建名称、后祠及碑记，可惜已毁。

邱同志从车站带回两个消息：一是开往临汾的火车坐满了准备抵抗日军的士兵，已经满员；二是这列火车的最后一节是货车车厢，可以乘坐，这让白求恩一阵高兴。脚夫们把十五件行李和几个大纸箱运上车后，三个人爬进车厢，终于可以躺在干草铺成的地铺上好好休息了。不一会儿，三位穿着八路军军装的年轻女人也上了车，她们说准备去延安抗日军政大学报到。这让白求恩很惊奇。他告诉邱同志："如果在美国、加拿大，她们这般年纪的女孩子还在满脑子想着约会、跳舞、看电影。"后来白求恩在延安时发现："在抗日军政大学里，大约有七分之一的学生是女生，她们大部分来自富裕家庭，但要和同学们一样地吃苦，还要挖自己住的窑洞，接受军事训练，吃小米和萝卜，在这里，八个女生睡一个硬炕上，这里没有口红、胭脂和香水。"

列车在晚点几个小时后终于出发了。与前两次列车一样，这列火车仍然用很慢的速度沿着汾河东岸行进，这也让白求恩和尤恩有机会欣赏大西北的自然风光。白求恩后来在写给小威廉·多德的信中，尤恩在《在中国当护士的岁月》一书中，都对这次旅行的细节做过描述。白求恩写道:"火车沿着汾河东岸行进,两侧群山起伏。这是一片黄土地,低矮山丘和赭石色山峦构成一幅奇特景象。山丘上是一层层的梯田,一层比一层高,像楼梯台阶一样规则有序。开始,我认为这些梯田是人工开垦的,因为他们排列太规则了。后来见到梯田绵延几百英里,甚至出现在渺无人烟的地方,我才意识到这些梯田是天然形成的。"更让白求恩兴奋的是,同行的几位女八路军多才多艺,她们一会儿合唱铿锵有力的抗战歌曲,一会儿又旁若无人地演奏起笛子和二胡。邱同志也不示弱,他从口袋里摸出口琴,娴熟地吹奏了一曲欢快版的扬基歌。两位加拿大人怎么也想不到,这首脍炙人口的苏格兰民歌,后来成为美国人的一首爱国歌曲,竟会在中国大西北找到知音。1972年尼克松总统访问中国时,周恩来总理亲自安排在机场演奏了这首被当作美国非正式第二国歌的扬基曲。看着中国人一个接一个的表演,白求恩按捺不住表现欲,从行李中摸出自己的尤克里里琴,一边弹奏一边唱起西班牙歌曲。这种四根弦的拨弦乐器,是葡萄牙移民19世纪初带到夏威夷的,后来成为北美的流行乐器。当白求恩奏出欢快的曲调时,尤恩很惊讶,因为她从来没有见过如此洒脱的白求恩。这可能是白求恩来中国后少有的欢乐时光。这节车厢曾被机枪猛烈地扫射过。晚上,凉风飕飕地吹进来,白求恩仔细观察,才发现车厢两边和车顶上全是弹孔。

2月26日下午3时,火车终于到达临汾。车站上混乱的场面让白求恩和尤恩始料不及,几千名男女老少拖着行李挤在一起,中间还有不少的伤兵,他们胳膊上、手上和头上缠着沾满血污的绷带,没等车上的士兵下来,就急于挤上火车。白求恩对当局的不作为感到愤怒,为什么不给受伤的士兵和难民发放食物和药品呢?

他们三人费力地把行李拖到站台上,邱同志马上进城去八路军总部报到。正在这时,空袭警报又一次响起,白求恩和尤恩被人群推搡着跳进壕沟,正在这时,几架日军飞机低空掠过,对着人群猛烈扫射,然后又开始寻找新的目标。白求恩写道:"日本飞机飞了过来,用机枪向我们扫射,我们都躲到车站旁边沙地里的壕沟中,所幸只有四人受伤。"空袭警报解除后,邱同志带来三个战士帮助搬运行李,他告诉尤恩,八路军总部已经转移,具体地点还不清楚,一股日军正在逼近临汾,离这里还不到十五公里,目前唯一的办法是尽快返回潼关。当尤恩把这个消息转告白求恩时,白立刻焦躁不安:"我们已经坐了30多个小时的火车,还要重返潼关,你的办事效率怎么这么差,你到底怎么安排的?"白求恩把怒火洒向尤恩。邱同志告诉白求恩,我们正处于两难境地,一边是不断逼近的日军,一边是撤退的中国军队,我们只能迂回抵达前线。白求恩并不知道,这是日军发动的晋东南战役,他们正在调集30000多兵力,分三路进攻临汾。

在邱同志安排下,白求恩和尤恩又登上了返回潼关的火车。白求恩写道:"我们的心情有些沉重,爬上了一节车厢。这节车厢里装满了成袋的大米,都快堆到车顶了。我们很舒服地睡到下午3点,直到我们被周围的声音惊醒。"白求恩看到,邱同志已经跳下火车,不一会儿他回来说:"我们停在距临汾以南40公里的侧轨上,火车司机害怕日军轰炸已经逃走了。"邱同志又说:"你们的情况我已报告了临汾兵站民运科科长李真,李告诉我,现在的任务是马上到周围村庄找一些马车抢运大米,绝不能让这批粮食落入日军之手。待我们向东南越过黄河,把粮食送到八路军仓库后,他就派人护送你们去延安。"

白求恩和尤恩又陷入了长长的等待,两天后,李真终于筹集到42辆马车,雇好了一批车夫,他们要把车厢里400袋大米(每袋40公斤)装到马车上。白求恩知道,这些大米对饥寒交迫的中国军民意味着什么,他跑过来帮着装车,并嘟囔着:"全搬走,全搬走,绝不能落到日本兵手中。"

1938年2月28日中午,由50名战士、车夫和42辆马车组成的车队出发了,他们将从这里步行200英里到黄河边。白求恩虽然早有冒着日军炮火前进的勇气,但后来的考验还是出乎他的意料。当天下午4点,已经走了4个小时的白求恩依然神采奕奕。他走在队伍的最前面,贪婪地呼吸着干燥而清洁的空气。他告诉邱同志,虽然我比你们大很多,但当个八路军战士还是响当当的。正说着,敌情发生了,白求恩后来详细描述了这个过程:

"我正在第一辆马车旁边走着,发现在左上方有两架轰炸机正向南飞行。两架飞机一前一后,我看见后面那架飞机机翼开始剧烈地颤动,我知道这意味着什么。我们被发现了,这次要遭殃了!我们肯定让那些日本鬼子垂涎三尺了。""整个省内找不到一架中国的歼击机!我们简直是在坐以待毙。""飞机大约在 1000 英尺的高度,其中一架停留在原有的高度,另一架降到 500 英尺,跟着我们的队伍飞,在非常仔细地观察我们。我们完全暴露在一片平地上,周围没有一棵树和一块石头能给我们作掩护,我们只有 5 支老式步枪。"李命令疏散隐蔽,大家赶紧跑到距马车 50 多米远的地方,扑倒后把脸埋在沙地里。白求恩写道:"飞得较低的这架轰炸机绕到队伍前端,然后俯冲下来,在离我们 200 英尺高度时投下 4 枚炸弹。"白求恩不忘调侃:"飞行员的准确性太差了,在那样低的高度,炸弹离我们的头辆马车还差 50 英尺。我敢打赌,要是我坐在那架飞机上,扔一个棒球也能击中那辆马车。实际上飞机离马车的距离跟我们离马车的距离一样近。"白求恩又书归正传:"飞机扔完炸弹后,折回去又向后面的马车扔了 4 枚炸弹,这次它扔得比较准,炸弹在离马车仅 20 英尺的地方爆炸。乘坐最后一辆马车的尤恩大难不死,毫发未损,而趴在她旁边的一个战士背部被弹片击中。车夫也受了伤,弹片从腋下穿出,造成右臂骨折。"白求恩观察得非常仔细:"炸弹一落地就爆炸,只在地上留下一个小洞,弹片却飞起四散,这种炸弹杀伤力更强。我察看了一下受伤的马和骡子腿上的伤口,都是离地面约两英尺的地方"。白求恩得出结论:"弹片是从 100 英尺外飞过来的。这样,如果不躲在壕沟里,人也不安全。"这次空袭中,有 2 人死亡,4 人受伤,15 头骡子炸死,12 头受伤,其中 3 头重伤只能杀掉。

白求恩发现:"那个受伤的车夫最关心的是他的骡子,当听说他的 3 头骡子都死掉后,立刻哭了起来。一位八路军立刻对死掉的牲畜进行赔偿,每头赔给 100 元(中国的 1 元相当于 30 美分)。难怪农民们都拥护八路军,因为这支部队绝对不会欺压那些贫困无助的人。"②

经过 4 个小时整理,这支队伍又出发了,只是现在只剩下 20 辆马车。赶了一夜的路,终于在 2 月 29 日一早赶到汾河南岸的一个村庄。李真得知日军已经占领了临汾,正在向南进攻。立即命令车队加快速度,趁着夜色掩护向西前进。一路上,李不时提醒白求恩跟上队伍,又不得不停止前进寻找白求恩,看到白求恩又在抢救伤员,李架起白求恩就走,白求恩则不停地批评李对伤员漠不关心。他大叫大嚷:"只要有伤病员,就必须停下来抢救。"

3月3日,经过4天的跋涉,与白求恩同行的这支运输队终于在河津赶上了撤退的阎锡山的军队。当天晚上,白求恩、尤恩来到黄河东岸的禹门口,准备乘船过河。那天晚上的紧张、混乱,让白求恩终生难忘:"在10多个火把的映照下,5000名官兵以及卡车、推车、牲畜、火炮,还有大堆的其他物资,都等待过河进入陕西省。陡峭的崖壁上反射出点点火光,河水以每小时12英里的速度从高崖中间流过,裹挟着大块的浮冰发出撞击的巨大声响,场面壮观却又令人不寒而栗。"白求恩写道:"我们和日军之间已经没有任何屏障,确实令人直冒冷汗。我们知道日军正在向我们逼近,而且他们的机动部队一天能走我们两倍的路程。这是我们与日本兵之间的竞赛,就看谁能先到黄河边。只要我们过了黄河就没有什么危险了。假如我越过大半个地球来到这里,还没找到八路军就被俘虏,那真是太窝囊了。"白求恩发现,过河的渡船都被老百姓毁掉,这样可以阻止日军前进,同时也使中国军队渡河困难。费了很大的劲儿,中国军队终于找来了4条船舶。黎明时分,白求恩、尤恩随100多名战士和几门火炮登上离岸的第一条船抵达黄河西岸。大约有1000名伤员被集合在一起,被优先安排渡河。有一件事情让白求恩印象深刻,他说:"我记得过河时,最后看到的是朱德的那匹枣红骏马。这匹马借给了美国军事联络处的卡尔森上尉。前段时间他骑着它去视察晋西北前线。当时,卡尔森跳下马,把它交给了我们的指挥官,让他负责把这匹马交还给朱德。这匹马是从日本人那里缴获的,它体格雄伟健壮,枣红的毛色十分漂亮,据说深得朱德喜爱。"[3]3月6日,最后一批战士和物资终于渡过黄河,几个小时后,日军就到达了对岸。邱同志告诉白求恩和尤恩:两个战士已经赶往距此200公里的西安,请求八路军总部派车来接他们。

白求恩很是感动,一路上,多亏了八路军的照顾,使他们有惊无险地躲过日军的轰炸扫射。白和大家一起去河边准备把他们的物资运回来。正在这时,又突然遭到机枪扫射,子弹打在离他们不远处的水面上。白赶紧躲进岸边的战壕里。他清楚地看见对岸日军的情况。白求恩写道："我们沿着战壕走,最后不得不出来,飞快地跑过一小片空地。日本兵又开枪了,我们匍匐在地上,子弹在离我们很近的地面上激起阵阵尘土。当我抬起头时不禁大吃一惊,原来我们趴的地方离一门野战炮只有50英尺远。当日本兵的注意力转移时,我们飞快地逃离了危险的境地。"④

3月7日凌晨,日军的几个野战炮连、骑兵、步兵到达东岸,他们对西岸开始猛轰,几乎所有的房顶都炸飞了。中国军队也不示弱,用猛烈的炮击封锁渡口。白求恩和尤恩被安排在一个山洞里,避开了日军的炮击。在山洞里,白求恩、尤恩给很多伤员做了敷药和包扎。而在雪地里露营的战士却没有他们幸运,有的炸死有的炸伤。每当回忆当时的情景,白求恩都十分感动,他说:"我们很心疼外面雪地上的战士,他们一点遮蔽物都没有,而我们住的山洞很暖和。"在山洞里,白求恩发现一个军医丢弃的药品,这让他非常生气,这些药品"用坦·坎弗公司的瓶子装着,有洋地黄、肾上腺素、丝质的缝合线、注射器和可卡因针剂",白求恩大声吼道:"这是哪个混账军医干的,要知道这些药品能抢救多少人的生命。"他和尤恩把药品收拾好,放到行李包中。

白求恩实在忍受不了等待的煎熬,他告诉八路军,他和尤恩决定步行去西安。他得到的回答是,明天将有一支小分队前往韩城,白求恩和尤恩可随队前往。3月11日一早,他和尤恩就出发了。向导是一位李姓战士。之前的那位邱同志在河津与白求恩告别返回部队。白求恩对这次徒步旅行格外满意:"李、尤恩和我走在队伍的最前面。尤恩完全想证明她不逊于年轻的战士,以打消八路军对她的疑虑。天气晴朗暖和,田里的麦苗有4英寸高,这片土地欣欣向荣,一片生机,而且有很多树。黄河就在我们右边。"对李姓战士,白求恩写道:"他以前是上海的人力车夫,他的腿像树干一样结实,抵达韩城时依然精神饱满。他人很不错,大概有32岁,参加过长征。他每天走25英里不在话下,他唯一会说的英语是'该死的笨蛋'。"⑤3月12日下午,他们来到韩城。

3月19日,一辆八路军的卡车拉着他们的行李找到他们。两天后,他们坐车来到西安。接待他们的八路军战士问他有什么要求,白求恩爽快地说:"我们很想享受一下热水澡带来的幸福感。要知道,上一次洗澡还是一个月前的汉口。"洗完澡后,白和尤恩在大厅里互相看了看对方,都吃惊于对方的变化。白说:"经过这段旅行,你看上去跟汉口不是同一个人了。"尤恩也回应道:"你和当时从'亚洲皇后'号走下来的花花公子也判若两人。"

很快,他们来到八路军军营,受到陕甘宁边区政府主席林伯渠的热情迎接,林伯渠的一句话让他们大感诧异。林说:"欢迎你重返人间。知道吗?北美的报纸称,日军攻占临汾时,你们两个失踪了,估计已经牺牲。"白求恩听罢哈哈一笑:"原来我们曾一度离开人间。"他后来写道:"我们发现,到西安之前没有人知道我们的下落,不知道我们是活是死,或是被俘了。"林当晚为他们准备了西餐,并派了一辆别克车接他们前往,这让白求恩受宠若惊。林还安排了三位外国朋友和他们见面。他们是国际联盟流行病小组的成员:奥地利医生耶特马尔、瑞士医生穆瑟、瑞士工程师兰道尔。三位外国朋友都十分同情中国抗战,反对日军的侵略行为。白求恩发现自己找到了知音,聊起来没完,直到领班告诉他们现在已是午夜,他们才悻悻而归。

在返回军营的路上,白求恩遇到了林伯渠和另一位身材魁梧军人模样的人。林介绍说:"这位是朱德同志,八路军总司令,刚从延安过来,正等着要见见你们。"白求恩一脸兴奋,这就是史沫特莱描写过的朱德将军吗?这就是我仰慕已久的中国革命的传奇人物吗?朱德紧握白求恩的手并和他亲切拥抱,"让我仔细看看你。"朱德边说边来回踱步,仔细端详着白求恩。朱德也问候了尤恩,并请她早点儿休息。白求恩不愿放过这难得的机会,他和朱德、林伯渠一直聊到凌晨,两位红军领导人对白求恩的国际主义精神和抗战热情极为赞赏,他们把白求恩当作知己,无话不说,甚至聊到野战医院的建设问题。第二天一早,白求恩见到尤恩,他抑制不住兴奋的心情,滔滔不绝地讲述着他和朱德的谈话内容以及对朱德的美好印象。尤恩说:"他欢喜的样子好像是一个新娘子。"

红军之父朱德对白求恩的印象同样深刻。1942年,在白求恩逝世三周年之际,他专门撰写了《纪念白求恩同志》一文,他说:"对白求恩同志之死,我们永怀无限痛惜和伤感,觉得这是我党、我军、中国人民和世界人民反法西斯事业的一个巨大损失。"他高度赞扬白求恩"不顾战地各种危险和困难,亲自跑到火线附近,在炮火下抢救受伤的战士","即使不能赶到作战地区,也要半路上找到伤兵运回后方"的牺牲精神;充分肯定白求恩"不但以极端负责的精神来执行自己的业务,并且教育了他周围一切人,从医生、护士到勤务、马夫,告诉他们:'没有哪一件工作是小的,没有哪一件工作是不重要的,'鼓励他们每个人要学习独立工作,不要那半斤八两的帮助"的工作态度;特别提到白求恩"自己写课本、办学校,走到哪里,教到哪里,没有夸夸其谈、言多于行的坏习气","他的工作和著述中充满这种明亮清透的实际主义的光辉"。"他也最能坦白正直,批评他人的缺点,严正地指斥工作中的毛病,帮助改正"等令他印象深刻的优点。

朱德在文章中引用加拿大民主书报俱乐部古柏先生给他来函中的一句话:"加拿大的人民,因为有如此伟大光荣的子孙而感到骄傲"。中国共产党人也应当学习和发扬白求恩精神,战胜法西斯,完成白求恩同志未了的伟大事业。

二、和传教士相约天国

白求恩开始北上的时候,抱定了牺牲也要上前线的决心。一位外国友人在行前劝他不要冒险,他斩钉截铁地回答:"无论日军来与不来,我都要继续向北。"实际上,从汉口到西安,白求恩不但经历了九死一生的磨难,而且在一个月的行程中,冒着炮火救死扶伤,使大批伤员和身患疾病的群众得到救护。白求恩和尤恩也在争吵中有了更多理解和默契。

在郑州火车站货棚露营的那天晚上,白求恩发现旁边的角落里蜷缩着一位妇女,怀里还抱着一个大声哭叫的孩子。马上过去看看孩子的情况,并拿出一听炼乳给孩子吃,尤恩也送给她一条棉被,让这位妇女非常感动。她告诉白求恩,孩子的父亲是抗日军人,外出打仗了。家里只能靠她来支撑。白求恩拿出钱来给她,这位妇女不愿接受。白求恩对尤恩说:"你告诉她,这钱是借给她的,等战争结束后我们就来取。"

2月24日,在潼关,白求恩和尤恩为了救治伤员,从下午一直忙到深夜。白求恩告诉一位被炸伤平民的妻子:"你丈夫一条腿坏疽,必须截肢。"经过尤恩的解释,这个女人无奈接受了现实。然而手术后,这个女人一定要把已经生了蛆的断腿带走,说是等丈夫死后一起埋葬。白求恩要求尤恩说服这个愚昧的女人,不要妥协。一向耐心的尤恩最后忍不住用山东话和这位陕西大嫂吵了起来,最终,那位妻子还是拼命抢走了那段肢体。

2月28日,在返回潼关的路上,白求恩和尤恩跟随的运输队遭到日机猛烈轰炸,白奋不顾身地为四个伤员做了手术,并把这些伤员送到附近村庄安置。尤恩惊魂未定,静不下心来做助手。白求恩一边给伤员穿着衣服,一边对尤恩说:"人的一生都要经历水与火的洗礼,你刚才经历的就是火的洗礼。"这让尤恩听着不舒服,她知道白求恩是一个无神论者,对传教士有很深的偏见,于是生气地说:"你的劝慰就像一个冷血的传教士在布道。"这无异于火上浇油,两人又争吵开来。

2月29日,在汾河南岸一个村庄,一夜无眠的白求恩和尤恩又开始给战士和村民看病。尤恩对白给一位麻风病人下的医嘱产生怀疑。因为几年前她在山东就做过调查,维生素片和外科敷料对麻风病人根本不起作用。白求恩虽然不高兴,但坚持看完所有病人。回到住处后,白求恩看到几个身上长满虱子和满身血污的士兵等在那里,马上要尤恩赶紧拿来药品和敷料给士兵疗伤,全然忘掉了刚刚发生的不愉快。

第二天,白求恩和尤恩稍得空闲,于是决定去河对面的新绛县城转转。白求恩早就注意到城里罗马天主教堂的两个尖顶了。穿过县城,他们发现城里的人基本走光了,只有为数不多的商人守着店铺,一些乞丐游荡在街上。教堂里的景象让他们大吃一惊,白求恩写道:"整个教堂都挤满了避难的教民和他们的家人。我用英语混合着法语同这里的天主教方济会的神父谈话。其中有翰莫特神父,他是山西南部罗马天主教传教士,是一个留着大胡子的荷兰人。另一位神父是昆特·佩瑟斯,天主教方济会传教士。他们开了一瓶红酒,并给了我一只上好的雪茄烟。他们告诉我这里的县长和警察都跑了,但教友和他们的家人都还留在这里避难。

估计 36 小时内日军就会占领这里。我问道,日军是否会顾及教堂上方悬挂的法国国旗而有所收敛?神父耸耸肩说,日本人在其他地区已经杀害了不少传教士,但保护教民是我们的责任。我钦佩他们的勇气,我们谈到日本兵惨无人道的恶行,包括南京屠杀事件,历史将记载日本军队这种不可饶恕的罪行。"尤恩在回忆和白求恩来到这座教堂时的情形时说:"我注意到尽管对方是方济会神父,但白求恩还是表现得魅力十足,连墙上的图画似乎都显得神采飞扬。"白求恩还参加了这里的晚祷,以示对难民的同情。最后,他写道:"当我跟他们说再见时,他们的脸上带着平静的微笑。分别时他们说的最后一句话是:'希望以后我们在世上还能相见,如果不能的话,那就在天堂里见吧'"。⑥

3 月 2 日一大早,白求恩发现河水涨了很多,已经没到脚夫的胸口,涉水过河已不可能。脚夫表示可以抬他们过河。尤恩虽然很犹豫,最后还是接受了大家的建议。白求恩写道:"我们坐在四个人抬的椅子上过河,当我站在北岸等着过河的时候,听见河对岸传来笑声和喊叫声。我抬头一看,发现尤恩从座椅上仰了过去,来了一个漂亮的空翻落进了 3 英尺的水里。可能是抬椅子的人滑倒了或者绊倒了,当然,这个突发事件使人群中的气氛活跃起来。"看着这段近乎白描的文字,你绝对想不到,白求恩在这一刻多少表现出恶作剧的心态,"一个漂亮的空翻",也道出了白求恩有点"幸灾乐祸"的顽皮。当尤恩挣扎着从冰冷的河水中站起来后,她发现河对岸上一大群人咧着嘴冲她笑,其中笑弯了腰,不停拍巴掌的正是白求恩。尤恩后来一整天不再和白求恩说话。

当天中午,白求恩和尤恩跟随两辆马车离开新绛县,直到夜晚才住到一个小村庄。白求恩发现一匹前一天空袭时受伤的骡子被扔在路边,它的一条腿断了,耳朵和尾巴也炸没了。"让它早点回天国吧。"白求恩怜悯地说道。但战士们拒绝用枪射杀它,说它的主人会让我们赔偿。白求恩没有犹豫,用折叠刀把它的颈动脉切断,使这匹可怜的骡子从痛苦中解脱出来。

随后的几天里,白求恩和尤恩随着八路军的车队,沿着汾河北岸向西撤离。一发现有伤病员,白求恩马上停下来为他们救治。一个 16 岁的孩子肩膀被子弹打得血肉模糊,他哭喊着"我不想死,我还没活够呢!"白求恩耐心地安慰他,并给他做了手术。白求恩写道:"在过去的几天中,我们见过几百名伤员……许多人是多处受伤,其他的重伤员或是死掉和被杀,或是被俘……一个用牛车运送的伤员,大腿伤得很重,伤口有 10 天没有护理过了。我们的急救箱很快就用完了,由于能在一些大的城镇买到绷带、纱布、棉球和高锰酸钾,加上我们的吗啡药片,我们能每天给遇到的伤员敷药和包扎。""我看到一个小伙子每隔不久就要停下来休息一下,我走到他面前,发现他呼吸急促。他才 17 岁,在他外衣前襟上有一块很大的深色血斑。他在一个星期前被子弹穿透肺部,伤口已经化脓,而且未经包扎,这个孩子就这样整整走了一个星期,如果不是我亲眼所见,这简直无法让人相信。我们把他轻轻放到马车上,让马车在崎岖的路上缓慢前行,那一天我们只前进了 20 里。"[⑦]尤恩后来回忆说:"白求恩给所有的伤员治病时都显示出深深的慈爱——简直就像个修女。""从战士身上取出子弹的数目,谁也比不上白求恩,给战士进行接骨或截肢手术的数量,谁也无法与白求恩匹敌。我们之前带了两吨重的医疗物资——但是,才行进到黄河边也就所剩无几了,"带的吗啡片在半路上就用光了,于是白求恩用中国本地的酒溶解鸦片作为麻醉剂,效果奇佳。[⑧]

一路上,白求恩还为受伤的百姓和难民治病。他让受伤生病的妇女儿童坐上骡车,其中包括一位刚失去孩子的母亲。凑巧的是,白求恩和几个八路军战士夜出时发现一个丢弃的男婴。他毫不犹豫地把他包好送给这位母亲,女人喜极而泣,吻着白求恩的手,祝他长命百岁。自认为是中国通的尤恩问他:"孩子的包裹里是否有一串铜钱?"白求恩回答:"我把铜钱给了一位战士"。尤恩催他:"你赶紧要回来,按照中国的风俗,收养的父母保留这串铜钱,就意味着孩子的生父母不再会把孩子要回去。"白求恩只好硬着头皮又把铜钱要回来,递到那位母亲手里。

3 月 12 日抵达韩城后,白求恩和尤恩遇到很多从临汾过来的大学生。在向西和向南逃散过程中,有的遇难,有的冻死在寒冷的山里,他们很多是要投奔延安的。后来两人来到一所八路军后方医院,看到很多伤员和生病的老百姓聚在这里。他们二话不说,马上投入到救治工作中,这一忙就是7天。上一次忙碌的7天是在汉口高隆庞修女会诊所度过的。据白求恩后来回忆:"他们整天被病人包围着,他们患有各种疾病,有肺结核、卵巢囊肿和胃溃疡。几天之后,外科主任和所有的护士都想和我们到延安去,可惜我们不能带他们去。"

三、为建立八路军外科医院奔走

白求恩是一个行动执着的人,一旦有了成熟的想法,就会想方设法去实践。同时,他也是一个喜欢思考的人,无论是对国际局势的判断,中国前途的分析、国共两党的认识,还是对八路军医疗工作的建议,他都有一般医生,甚至一些新闻记者所不具有的深刻。他是一个行动者,也是一位思想者。

在开往潼关的列车上,他结识了一位美国人,他毕业于宾夕法尼亚大学的沃尔顿商学院,在中国铁路部门担任总会计师。白求恩和他谈得很投缘。当时国际舆论对中国抗战持悲观态度,两人却认为"中国已经结束了四分五裂的局面,国共合作使中国人相信,团结可以胜敌"。他们谈到1936年德、意、日组成的反对共产国际联盟,都认为这个联盟"同欧洲历史上的神圣联盟非常相似,都是为了掩盖阴谋者的真实意图而组建的。"

在潼关县城,白求恩还意外遇见别一个加拿大医生罗伯特·麦克卢尔。麦克卢尔是加拿大长老会的传教士,从小生活在中国。在多伦多大学医学院毕业后,又重返中国,长期在河南北部地区从事农村医疗工作。抗日战争爆发后,他担任国际红十字会中国西部(后来又到中部、西南部)负责人。在武汉,林可胜告诉麦克卢尔,白求恩和尤恩在北上途中失去联系,如有可能请帮助打听他们的下落。麦克卢尔这时在潼关停留,刚好听一位八路军军官说,有两个外国人就在这里。麦克卢尔骑着自行车在狭窄的街道上寻找,终于发现有点微醺的白求恩。

在中国战时的北方,两个加拿大医生,同时又是多伦多大学校友,相聚本应充满欢乐,但麦克卢尔交谈时发现,白求恩的心情并不愉快。他对加拿大的社会制度、医疗行业非常不满,对西班牙拒绝他重返前线心有怨气,甚至对麦克卢尔的传教士身份抱有偏见。尽管麦克卢尔很尊敬白求恩,但两人的思想观点有很大的不同。因而会见未能导致持续的合作。后来熟悉他们两人情况的一位加拿大作家写道:"这是一次机会的丧失!如果两人相处很好,麦克卢尔可以帮助白求恩做很多事情。因为他充满活力,有主动精神,有丰富的知识,有多方面的技术。""在中国,他不顾国共政治上的分歧,把很多医药物资运往八路军驻地,即使走私也能够运进去。"麦克卢尔再次劝告白求恩不要冒险北上,但白毫不妥协。他只好祝白好运,然后离开。但命运总是把两人连在一起,不久,他们在延安又见面了。

对白求恩来说,这次"苦难行军"的最大收获是在西安和国际联盟流行病小组三人的交流,特别是和瑞士医生赫尔曼·穆瑟的深谈。国际联盟简称国联,是1919年《凡尔赛条约》签订后组成的国际组织,拥有63个会员国,中国于1926年6月加入。国联宗旨是维护世界和平,平息国际纠纷,制裁侵略行为。但由于其设计不尽完善,并未能阻止法西斯侵略和第二次世界大战的爆发。那天晚上,穆瑟告诉白求恩,国联流行病小组的任务是采取措施预防瘟疫的爆发。之前他们一直在延安工作,知道那里的医疗设施非常匮乏。这次他们带来的设施可以组建一家拥有50个床位的外科医院,目前正在选址。而且延安已经有了他们的一个实验室,是建立外科医院的理想之地。白求恩对这一消息兴奋不已,他的第一个念头是,何不把它变成八路军的后方医院。但穆瑟告诉他,根据国联的规定,这家医院只能给平民提供医疗服务,禁止支持中国军队或日本军队。

白求恩不甘心自己的想法化为泡影,绞尽脑汁在思考如何说服穆瑟支持他的意见。第二天一见面,白求恩就迫不及待地和盘托出自己的想法:请报告国联卫生部,加美医疗队已经抵达陕北,准备为当地肺结核患者和其他传染病病人实施救治,白求恩是北美有影响的结核病专家,而尤恩和布朗都是医学传教士,国联的流行病小组和他们的外科医院可以与他们合作。穆瑟望着一夜未眠、眼里布满红丝的白求恩说,国联的首肯是第一步,虽然我们拥有设备,但运营资金从哪里来呢?白求恩依旧大包大揽,资金问题我来联系,由美国援华会解决。白求恩又把他的想法向刚刚抵达西安的八路军卫生部部长姜齐贤做了汇报,姜也原则上同意了他的建议。

当天晚上,白求恩就给美国援华会发去一份报告,详尽汇报了他和穆瑟医生的想法:"国际联盟战地医院,是一所接治重伤员的专业外科医院,将于下个月派往延安。关于这个项目,穆瑟医生和我进行了几次秘密会谈,这个计划在很多方面都很有吸引力。国联流行病委员会从日内瓦带来的50床位的医院设备都从未使用过。在我们会见后的半个小时内,穆瑟就同意将这些设备提供给我们使用,他是以官方名义授予的,这当然极不寻常。本来这些医院设备是只用来救治平民的,但穆瑟知道八路军需要这些设备,并且由于他具有最激进的自由主义和左翼倾向,以及全权负责国际联盟在中国的相关事务,他可以做许多自己想做的事。如果日内瓦总部对他把医院交给八路军使用提出疑问的话,他就说在这个医院里的八路军战士都是受伤病折磨的人,他们不仅受了伤,还感染了斑疹伤寒,他们有责任把这些战士隔离起来。你看,由他负责此事对我们来说真是一个鸿运。这个医院设备包括外科设备、手术器械和病房设备等等,至少在数量上是我们从美国带来的10倍。将为这所医院工作的还有温斯勒医生,他是这个委员会的卫生官员,有外科经验。穆瑟医生还跟我说,我们想把医院设在哪里都可以,去五台山也可以。我们计划4天内到达延安,向毛泽东提出我们的计划并希望得到他的正式批准。我们用国际联盟的一辆卡车装着这些设备跟我们的队伍一起走。当我们的计划落实后,我就会写信告知这件事情的进展以及其他情况,包括利用我的第一手调查而做出的医疗状况分析。"⑨

白求恩信心满满地写道:"这个计划有很多优势,美国的委员会和加拿大的委员会都不会反对它。依我看来,八路军也会支持这项计划的。穆瑟和我夜以继日地构想一种'方案',就是让美国和加拿大的委员会能够利用自己与国际联盟卫生部门进行实际合作的这一奇妙的事实。对我们来说,利用这一宣传因素非常重要。"白求恩同时也预见到,这个方案国民党方面不会赞成,一旦实施,可能"会对国际联盟与中国国民政府的关系产生极为严重的后果。国际联盟的卫生部长拉基曼医生和穆瑟医生也会陷入最为不利的境地"。尽管如此,白求恩仍然认为这件事值得冒险。⑩

3月26日,白求恩又给史沫特莱写信,介绍了他和穆瑟医生的这个方案:"建议加美医疗队与国际联盟卫生部'协作'(请注意这个词),在北方建立一个专业医院。日内瓦总部(当时国际联盟驻地)将被正式告知,这是一个专门治疗斑疹伤寒和其他传染性伤寒病的医院,由于加美医疗队是负责这个地区肺结核的治疗和预防工作,双方进行'协作'(一个含糊不清的词)是有益的。实际上,穆瑟是想在紧急情况下用医疗设备救治伤员。国际联盟卫生部部长拉基曼也同意了,尽管国联有人禁止他们这样做。但对于西安来说,日内瓦是一个天高皇帝远的地方,而且穆瑟已经对卢塞恩湖以东的地区全权负责了(卢塞恩湖位于瑞士中部,从大的范围看中国在卢塞恩湖以东)。我们计划将肺结核病人与其他伤员隔离,医院的其他部分可负责救治重伤员,即那些简单受训医务人员无法治疗的伤员。"

为了让史沫特莱下决心支持他们的工作,白求恩想起了福特汽车公司1927年推出它的A型车时的一句广告词,他写道:"设想一下与国联'协作'这件事在加拿大和美国所具有的宣传价值吧,亨利把A型车做成了一位淑女! 它可以轻而易举地成为一个国际医院的开端。"

当然,白求恩没有忘记,他要向史沫特莱申请每月1000美元的运营费用:"穆瑟有这些设备但是没有钱运转它们,我们需要加美援华会的资金援助,每月1000元的维护费用。还需要其他一些设备,例如车辆、可移动X光机、医疗器械和发电机……我已列了一张清单寄到美国去了。"⑪

正像他给美国援华会的报告一样,在给史沫特莱的信中,他再次提议由即将来延安的布朗医生担任医疗队队长一职:"我出于自己的职责而建议,当布朗抵达后任命他为队长和外科主任。这样的任命将会有非常大的宣传效应。"设想一下,"由一位医学传教士带领加美医疗队援助共产党的红军,这件事情具有很大的宣传价值。红军可是西方人眼中的暴徒啊,仔细想想吧。""对我来说,我完全乐于承担重大手术的主要部分。

如果需要的话,我也会在建议组织军队的现代化医疗方面提供帮助。"⑫

此时的白求恩,因为穆瑟医生准备为他提供全套战地医院的装备而极度兴奋,这种福从天降的感觉真是太好了。他甚至觉得到中国来不仅是在履行使命,更像是一次充满冒险和刺激的旅行。他在给史沫特莱的信件附言中写道:"请给我们多寄些书和报纸,多给我们写信呀。为什么不派一个友好代表团呢? 如果他们过来的话,请给我们的照相机带一套显影设备,还有胶卷、印刷纸、放大器。还需要一把连发的口径0.22英寸的长筒步枪用来打野鸭和野鸡,这里到处都是,再来2000发子弹。我需要羊毛袜子,还需要咖啡。这里可吃的东西不多,只有小米和萝卜。我们应当完成一部36毫米的电影。到了延安后我再告诉你我们还需要什么东西。"⑬

注释:

① 宋家珩主编:《加拿大人在中国》,东方出版社,1998年版,第180页。

② [加拿大]拉瑞·汉纳特编著:《一个富有激情的政治家》,齐鲁书社,2005年版,第278页。

③ 同上,第285页。

④ 同上,第286页。

⑤ 同上,第287页。

⑥ 同上,第280页。

⑦ 同上,第283页。

⑧ [加拿大]罗德里克·斯图尔特:《不死鸟——诺尔曼·白求恩的一生》,中国青年出版社,2013年版,第292页。

⑨ 同②,第291页。

⑩ 同②,第291页。

⑪ 同②,第294页。

⑫ 同②,第295页。

⑬ 同②,第295页。

第五章　延安
山丹丹花开红艳艳

一、有朋自远方来

大难不死的白求恩和尤恩在西安做了一个星期的充分休整。

1938年2月22日，他们乘坐八路军一辆开往延安的卡车出发了。此时的白求恩精神饱满、意气风发，他有理由相信，只要他抵达红色之都延安，他就会像斯诺和史沫特莱那样很快融入那个世界，并受到热烈欢迎。他甚至于想好了见到毛泽东后要谈的几个问题。

汽车沿着山腰缓行，道路崎岖不平，扬起的细尘很快将他们变成土人。白求恩毫不介意，他发现春天已经来到黄土高原，层层梯田上的油菜花已有少许绽放，麦苗已有4英寸高，不知名的野花随风摇曳，峡谷地带呈现出淡淡草色。经过一天的颠簸，他们于傍晚到达三原县。三原古称池阳，因境内有孟候原、丰原、白鹿原而得名，又因名人辈出闻名遐迩。当地民间社火丰富多彩，成为此县一绝。

在随行人员安排下，白求恩和尤恩看了一场陕西秦腔。这是中国最古老的戏曲之一，保留了较多古老的发音，因其以枣木梆子为击节乐器，所以又叫梆子腔。其高亢苍凉的音量、夸张丰富的表情和奇怪的道具让他们很是惊奇，尤恩说，这和她在山东听到的戏曲腔调不一样。在他们欣赏戏剧的同时，当地老百姓也在"欣赏"他们，毕竟，在这偏僻地方，两个外国人的到来还是引人注目的。

第二天下午，他们来到黄陵县。稍事休息，来到北桥山参观黄帝陵。黄帝陵是中华民族始祖黄帝轩辕氏的陵墓。相传黄帝在此驭龙升天，故此陵墓为衣冠冢。本来相信"从来就没有什么救世主，也不靠神仙皇帝"的白求恩，对朝拜古代帝王不感兴趣。但同行的八路军向导告诉他：1937年4月5日，在中国传统节日清明节之际，为营造全民族抗战的舆论，国共两党在此共同举行公祭黄帝陵仪式。毛泽东亲笔撰写了《祭黄帝陵文》，文中特别追溯了1895年甲午战争以来，由于日本不断发动侵略战争,中华民族面临着亡国灭种的危险。祭文向中国人民和全世界表达了中国共产党"万里崎岖,为国效命,还我河山,卫我国权"的抗日决心。8月25日,红军改编为八路军后,朱德、彭德怀、叶剑英、左权、任弼时、邓小平等将领,再次来此宣读这篇祭文。"请告诉白求恩,这是八路军奔赴前线誓死抗日的'出师表'"。当尤恩把这句话转告白求恩时,他终于明白,八路军在这里不是搞什么宗教活动,而是为了向中国和世界表达抗战到底的决心。

第三天,卡车从疏落的小山中驶过,走上一条急转直下的路。中午他们抵达一个在三个山谷会合处的小村庄。午饭后,随行人员告诉白求恩,再走4个小时就到延安了。白求恩想起史沫特莱对延安城的描述,急切地想寻找那座宝塔山,据说那里有一口明代的铁钟,红军用它来报时和报警。下午4点,一座巍巍的宝塔出现在眼前,它坐落在一座叫嘉岭山的山顶上。白后来了解到,这座九层宝塔建于中国唐代,已有近千年的历史。自从红军来到这里,它就成为中国革命的象征,成为与陕甘宁边区政府和毛泽东、共产党、红军、抗战联结在一起的象征。

在延安城外,八路军哨卡检查了他们的通行证,一个战士执意要好好看看这两个外国人。白求恩索性跳下卡车,与战士寒暄起来。"你是来帮助我们的吧?"听了尤恩的翻译,白求恩很是高兴,"告诉他们,我们是加美医疗队,来这里帮助中国抗击日本侵略。"白求恩对尤恩大声说道。

进入延安城后,悬挂在路上的旗帜和标语让白求恩目不暇接,尤恩大声念着标语上的汉字:"欢迎伟大的反法西斯国际主义战士"、"欢迎举世闻名的外科医生和中国人民的加拿大朋友"。伫立在街道两侧的欢迎人群也挥舞着写着欢迎词的旗帜夹道欢迎,唢呐吹奏起嘹亮的旋律,锣鼓敲得震天响,场面确实是动人的。这使白求恩想起他从西班牙重返北美大陆时,在加拿大、美国巡回演讲时受到的欢迎,这里的场面虽然不是那么壮观,但中国人民真诚欢迎他的热情让他深深感动。

这时,又一群人向他走来,为首的是他已经熟悉的八路军卫生部部长姜齐贤。还有一位身材矮小、神情快乐的美国人。一见面他就用力握着白求恩的手,自我介绍说他叫马海德。白求恩知道,他是去年和斯诺一起来的,斯诺走后,他就留在了延安,并被任命为延安八路军的卫生顾问。他后来和一个中国女人结婚,并学会了一口流利的中国话。马海德是一位黎巴嫩裔的美国人,原名叫乔治·海德姆,因为中国大西北的回族群众多为马姓,他也取了这样一个中国名字。他说:"我们从早上就开始敲锣打鼓地盼着你们来","自从我们得到消息,说你们离开武汉后就失踪了,我们急得什么似的","你想象不出大家多么盼望你来,一个有你这样资历的外科医生,还有西班牙的经验。我们到处打电报,打听你的下落。天晓得,我们多么需要你"。马海德的一席话让白求恩再次感到自己的价值,他暗暗告诫自己:"好好干吧,大显身手的时候到了。"

　　接待委员会的人陪同白求恩和尤恩来到位于延安城中心的住所。他们已把最好的房子腾出来了。所谓最好,也只是有一个院子的一排窑洞。每孔窑洞大小和加拿大人家的一个大房间差不多,窗户上糊着宣纸,墙壁用白灰粉刷一新,地面打扫得很干净。门口悬挂着一面厚帘子。屋里倚墙搭起一个暖坑,有几件粗糙的木家具,一盏用来照明的小油灯。尤恩发现,几间窑洞在里面用门洞连接,但门洞上居然连一扇门板都没有,总不能在睡觉时房门洞开吧?看着尤恩一脸难色,白求恩又开起了玩笑:"没关系,你知道这里信奉门户开放政策。"① 其时两人并不知道,那时很少有外宾来延安,所以这里并没有专门接待外国人的宾馆。后来,随着战事发展,国外许多医务工作者步白求恩的后尘来到延安。他们来自奥地利、德国、印度、印度尼西亚、日本、朝鲜、马来西亚、菲律宾、苏联和美国,有医生,有护士。对他们来说,白求恩是先驱者。②

　　晚上,马海德邀请他们在招待所食堂吃饭。40年后,他在一篇《一位伟大的加拿大人来到延安》一文中回忆起当晚的情景,他写道:"致欢迎词和用小米及战时简单的小吃来飨客的'盛宴'结束后,只剩下他和我两人。""我们拥坐在他屋子里的土炕上,一面啜茶,一面听他讲述沿途的经历……他的思潮涌发,势不可挡。他谈到了身历空袭的经过,拿出几张他拍摄的令人发指的照片给我看,愤愤地指责日本法西斯的兽行——就像在西班牙一样。他从空袭这件事汲取教训,表示今后要计划得更好,更讲究纪律。他已经认识到严格的集体行动是十分必要的。""他还列举了西班牙内战的经验,介绍了他创办的输血站,探讨在中国的后方是否也能这样办。他迫切希望去前线,问起各战区的情况,急救站的组织,与后方医院之间的距离,战地使用的器械及其来源等等。他还问到我们是怎样培训医务人员和医生的。"

马海德写道:"白求恩对战时医疗工作有广泛的经验。他参加过第一次世界大战和西班牙内战。我们谈到了整个八路军医疗工作的概况,他能够理解到,这里的情况大有不同。从我向他介绍游击战争如何需要迅速和机动性、如何需要利用和依靠农民来运送伤员和把农家作为医院,以及如何利用当地群众来协助护理工作等等,他对形势有了进一步了解。"实际上,两位外国医生一见如故,都有相见恨晚的感觉。这天晚上的欢迎"晚宴"和深谈,对两人都产生了深远的影响。马海德说:"我当时却没有意识到这竟是一个具有如此重大历史意义的时刻。"③

第二天,马海德陪同白求恩和尤恩访问了延安的各军政机关,参观了设在窑洞里的后方医院和辟为病室的农家。白求恩看到既无自来水又无电力照明的近乎原始的工作条件,皱着眉头说:"条件确实太差了。"马海德说,延安的条件比起八路军的其他医院已经好多了。他们又参观了因陋就简的军医学校,学员们只能使用油印或手抄的教材,自制简单的实验仪器。

回到后方医院,白求恩告诉马海德:"我刚才查过病房,有几个伤员需要马上安排手术。另外,有两个日本伤员也需要很好地检查一下,以确定是否手术。"④"你应当休息两天再工作。"马海德劝道。白求恩一口拒绝:"我是来和你们英勇的军队并肩作战的,完成了这个任务,我才能休息。时间宝贵,我们必须赶紧。"第一个接受手术的人是一个姑娘。她关节疼痛,会诊是扁桃腺反复发炎引起的,要做扁桃腺摘除术。手术者是白求恩,一个中国医生担任助手,尤恩负责麻醉。助手很想看看白求恩带来什么精良的手术器械。谁知白求恩只用了他们的一个开口器、一把手术刀、两把止血钳子,短短几分钟就解决了问题。几位中国医生非常佩服,白求恩指指头和手说:"有了这个,什么问题都解决了。"担任助手的医生说:"白求恩虽然是世界著名专家,但没有专家派头。他头戴八路军布帽,身穿蓝卡其布的工装,要不是外面罩了一件白衣,很像一位军工同志。"马海德写道:"白求恩在著名的延安宝塔下的窑洞医院施行了来延安后的第一次手术。我们大家都认为他是一位非常干练称职的外科医生。他做的手术利落干脆,他对病人关心体贴。"⑤

一连几天,白求恩忙着手术,从早到晚一刻不停,每天睡不了几个小时。可他情绪高涨,兴致勃勃。他看到边区政府的领导人和普通农民一样,吃小米饭,穿粗布衣,看到抗日军政大学的教员和学员一起学政治、学军事,军队和农民一起开荒种地。在医院,不论是干部战士,还是工人农民,都同样得到热情周到的治疗。他把这些见闻都写进日记:

"虽然延安是中国最古老的城市,我立刻觉出她是管理得最好的一个城市。在汉口我看到的是一片混乱和优柔寡断、昏庸无能的官僚政治的种种令人灰心的现象。

"而延安的行政部门却表现出有信心和有目的。我一路上在大大小小的城市里看惯了半殖民地半封建社会的种种现象——肮脏的住房、污秽的街道、衣衫褴褛的人们。可是在这里,在古老的建筑当中,街道是清洁的,街上一片蓬勃的气象,来来往往的人们好像都知道自己是到哪里去的。这里没有下水道,可是显然有一个有组织的处理污水的方法。

"和中国其他的地方相反,边区的行政当局正在推行一个全面的计划,将边区内的社会改革与组织区内一切抗战力量的工作配合起来。这里有一所大学,吸引着来自全国各地的成千上万的学生。还有一个新成立的卫生学校。又有一个正在发展着的医院,医院的设备虽然简陋,但这儿的政府却已经实行了人人免费的医疗制度!"⑥

延安给白求恩留下的印象是深刻的,白求恩给延安人也留下了美好的印象。在八路军医院召开的座谈会上,从八路军卫生部部长姜齐贤、顾问马海德,到和他有过接触的医院院长、主治医生,都希望白求恩能留在延安工作。白求恩耐心地问大家:"我们的伤员主要来自哪里?"回答是黄河对岸的晋察冀地区。他又问:"伤员怎么送来?有飞机、火车、汽车吗?"回答说没有,是四个人抬来的。白求恩于是说:"所以我不能留在这里工作,伤员走这么远的路来找我们,需要多少人接送?伤员得忍受多大痛苦?为什么我们这里四肢贯通伤的伤员并发骨髓炎的特别多?这是主要原因之一。我们的医疗工作必须在战场上,和战士在一起。"⑦

其实,八路军医疗工作的重点是前方还是后方,是白求恩一直在思考的问题。和马海德深入交换意见后,他意识到,像在西班牙一样组织流动输血队是不合适的。在中国,运输、道路、冷藏等条件都不具备。而且作战区域大,山林地带多,部队以游击战为主要作战方式,伤员前接后送极其艰难,血液很难送到阵地去。看来唯一有效的办法就是在前线办医院、办训练班,特别是组织手术队,哪里打仗就把手术队派到哪里去。这些方法到底行不行,他没有把握。尽管他参加过第一次世界大战,到过西班牙战场,但是,在法国和西班牙的救护经验能不能适合中国战场呢?他考虑再三,告诉姜齐贤部长,他很想同毛泽东谈一谈想法,直接听听他的意见。

二、和毛泽东彻夜长谈

1938 年 4 月 2 日深夜,姜齐贤部长来到白求恩的住所,一进门就兴冲冲地说:"白求恩同志,毛泽东主席今晚将会见你们。"

"真的?"已经睡下的白求恩爬起来问。

"当然是真的,请准备一下,我陪同你们一起去!"

白求恩急忙穿上新发的八路军灰布军装,然后,打开他的皮箱,从箱底拿出一个皮夹,郑重地放在贴胸的衣袋里。

尤恩的回忆略有不同,她说,刚过午夜,毛泽东派一个勤务员过来说希望能立即见面。她马上告诉了白求恩。白求恩非常兴奋,他一边准备一边说:"我看你不必陪同我去了。"尤恩说,我感觉他以近乎嘲讽的口气和我说话。我明确告诉他:"既然我还没有被正式驱逐出医疗队,我想我有权力一起出席。"白求恩解释说:"你想错了,我不是那个意思。"尤恩态度更加坚决:"尽管我没有出席证,但我还是要去见中国共产党的主席。"

关于这次会见的情况,尤恩的描述鲜活而直接。她说:"毛主席的警卫带着我们过去,他告诉我们毛喜欢晚上工作,从半夜一直工作到第二天早上八九点钟,因为比较安静,通常都不会见什么人,除非是重要人物。毛屋外的警卫将入口的厚布帘掀开(房间没有门),我们几乎走进了一个漆黑的山洞。

"有个人站在桌子边,一只手放在桌边的书上,他转过脸看向门口。他和延安其他士兵一样穿着一件蓝色棉军装,但他戴了一顶镶有红色五角星的尖顶帽。墙上的影子好像在强调他高大的身形。墙上晃动的影子更增添了一丝奇怪的氛围,只有闪烁的烛光才稍微打破了些黑暗。

"这个人笑着走近我们,用相当高亢的声音说:'欢迎,欢迎。'他向白求恩大夫伸出了手,白求恩大夫也以同样的方式接受了对方的致意。这位中国领导人的手又长又细,像女人的手一样柔软(这是尤恩在与毛泽东握手后的感觉)。两个男人什么话也没说,相互对视了一会儿,就像兄弟一样拥抱在一起。毛泽东的额头很高,有一头浓密的头发。当他在之前和秘书一起工作的桌子边坐下时,他感性的嘴角弯弯扬了起来。毛泽东只说中文,他的秘书英语很好,减少了我的翻译工作。在一旁陪同的还有负责八路军医疗工作的姜齐贤……白求恩大夫拿出了他的加拿大共产党的证书,他的名片印制在一条白色方巾上,上面有加共总书记蒂姆·巴克的签名。毛泽东恭敬地接过证书说道:'我们应该将你转入中国共产党,这样你和这个国家就密不可分了。'对我毛泽东问道:你从哪里学得这么好的中文?我说自己曾在山东做过传教士,毛泽东笑着说:'哦,是吗?我们都一样哟。'尤恩写道:'毛泽东看上去像一位普通的中国农民,但是非常睿智。'⑧

"过了一会儿,毛泽东问我:'你不觉得白求恩大夫很像列宁吗?'他站起来看着白求恩大夫的侧面。

"'是啊,只是白求恩大夫后脑勺的形状要比列宁好看。'我愉悦地说。

"秘书将我们谈话的要点告诉了白求恩大夫。白求恩温和地说出了自己的感受,他很高兴,说我们过奖了。"

关于这次会见的情况，白求恩在当天的日记里有过详细的记载，可惜大部分已经佚失。但从有关史料可以看到，那天晚上，白求恩和毛泽东谈锋甚健，不但务虚，而且务实，在很多重要问题上都有共识。

白求恩首先把他和穆瑟医生的想法告诉毛，他们可以把国际联盟能容纳50个床位的外科医院建在延安，每月所需的1000美元经费由美国援华会提供。毛泽东非常感谢国际流行病小组的医生和美国援华会的支持，但他认为这个医院不应建在延安，而应建在晋察冀边区，因为那里是敌后战场，更需要援助。毛泽东说："你知道，在五台山，八路军多么需要好的医疗条件，但现在，我甚至担心那里的医生护士能不能生存下来。如果这个计划可以落实，延安可以派马海德加入这个外科医院。"白求恩对自己的承诺非常上心，他知道，如果美国援华会的资金不到位，这所医院就无法运行。他给史沫特莱发电报是两周前的事情，但一直没有回复。焦急的白求恩在4月6日又给史发了一封电报，两天后仍然没有回音。正巧林可胜从汉口来延安办事，白求恩顾不上客气，告诉他一定要把这封刚写的信交给史沫特莱。

信中说："急切地希望通过你联系美国援华会。之前从西安发给你两封信和两封电报，前天又在延安给你发电，但都未接到任何回复。这些信和电报的主要内容……我认为你很有必要详细了解……八路军负责人和我们都把你当作与美国联系的中间人，希望尽快传递这里的消息并反映我们的请求。"⑨

史沫特莱终于回信了，她告诉白求恩："国际联盟已和国民党政府达成意向，准备在延安建立战地医院，资金也由国际联盟筹措，所以，请不要再向我申请经费了。"没过几天，白求恩又经受了一次打击，姜齐贤部长告诉他，国际联盟医院的事情出现最坏结果，国民党坚决反对把这所医院交给八路军，不管是建在延安还是山西。国际联盟只得撤出这个计划。白求恩大为恼火，他责怪史沫特莱冷漠，国联医生怯懦，国民党捣乱，最重要的是，他已向毛做出承诺，这件事告吹了，叫他怎么在毛那里抬起头呢？当然，这一切都是后话。

那天晚上，毛泽东向白求恩询问最多的事情是怎样才能有效地救治前线伤员。这正是白求恩已经深思熟虑的问题。他肯定地说："我觉得最能发挥作用的方式是组织战地医疗队，到前线去抢救伤员。像在西班牙一样单纯组织流动输血队的方式在中国是不适宜的。"

毛泽东觉得白求恩的意见一语中的，微笑着点点头。

白求恩继续说："根据我在西班牙的经验，我敢说，如果手术及时，75%的伤员都会得救和康复。"

毛泽东盯住白求恩："75%？现在我们伤员牺牲和伤残的太多了，这个数正确吗？"

"正确，"白求恩肯定地说，"我和马海德大夫讨论过这个问题。大多数重伤员的死亡是因为没有及时手术，大多数伤残是因为错过最佳手术时间，只要在最短时间救治，就能让75%的伤员复原。""噢，是这样。"毛泽东点点头。白求恩接着说："你知道吗？延安任何一个后方医院都没有收过腹部受伤的伤员，这并不表示前线没有这样的伤员，而是他们没能到达后方医院，一句话，他们在半路上就死了。"说到这里，白求恩遗憾地摊开双手。

"那么，医疗器械呢？"毛泽东问。

"应该没有什么问题，我带来了一批医疗器械，足够装备一个战地医疗队。"

毛泽东站起来，自言自语地说："战地医疗队，到前线去抢救伤员……好，这是个好办法。要让我们的战士知道，他们一受伤就会立即得到治疗，那一定好极了。""可是你要知道，我们的困难很多，缺少医生、缺少护士、缺少药品，四面被敌人包围，你要有充分的精神准备。"毛泽东再次提醒白求恩。

"请放心，只要你同意我组织手术队到前线去，我相信经我救治的伤员75%都能免于死亡，而且我会把技术毫无保留地传授给中国同志，使他们像我一样能去前线救死扶伤。"白求恩这番话让毛泽东深为感动。

"我答应你的请求，相信你会在敌后战场出色的工作。"毛泽东这样快就批准了他的请求，让白求恩格外高兴。一旁的姜齐贤向他笑笑，并没有表态。⑩

借着摇曳的烛光,白求恩仔细打量着毛泽东,他吃惊地发现,在美国看到的几篇毛泽东访问记并没有准确勾勒出毛的整体形象,甚至和他今天的印象截然不同。毛身材魁伟,浓黑的头发在巨狮般的头部中央分开,他目光坚定而亲切,声音柔和而低沉。他是一个具有高度文化修养的人,也是一个诗人,同时又能以锋利的政治言论发挥自己的思想。他是一个多方面的人物,在他身上各个不同的方面浑然而成,因此他的思想和谈吐又极其平易近人。白求恩想,如果有机会,我要给毛照几张照片,甚至给他画一幅油画。后来他终于有机会给毛泽东照了几张照片,但给他画一幅油画的梦想是由后来的中国画家完成的。

毛和白求恩又谈起西班牙。白求恩发现毛对整个世界非常了解:1936 年 6 月 18 日佛朗哥发动的军事叛乱、二十七个欧洲国家"不干涉"的协定、马德里保卫战、国际纵队等等这些纷繁复杂的历史事件,毛甚至了解其中的细节。毛熟悉民主西班牙所有军政领袖的名字,问起其中一些人的情况,毛还提到中国共产党给西班牙政府发去电报,赞扬他们的勇气,声援他们的反法西斯斗争。毛最后说,希特勒和墨索里尼会加速运送人员和军火给佛朗哥,企图使这场拖延着的战争从速解决。

白求恩非常渴望了解中国革命,了解中国共产党和红军的历史。毛泽东告诉他,1921 年,中共只有 57 名党员,而今天我们拥有 30 多万党员。长征结束时,红军只剩下不足 10000 人,现在又发展成为有五六万人的抗日武装,这一切都源于人民的支持。我们和国民党联合抗日,接受改编,是把民族大义放在第一位,把人民利益放在第一位,你在路上已经看到,越来越多的青年和爱国者都在奔赴延安,说明团结抗战是人心所向。白求恩全神贯注,不停地把毛的讲话记在本子上,还不时和翻译黎雪就一些词意进行商榷。尤恩也不时重复一下毛的原话。白求恩继续问道:"毛主席,抗日战争的前景怎样?"毛泽东感到,这个加拿大医生非同一般,他的提问像斯诺、斯特朗这些优秀记者一样睿智和抓住要害。他向白求恩介绍了中国抗日战争的战略问题:"中日战争不是任何别的战争,乃是半殖民地半封建的中国和帝国主义的日本之间在 20 世纪 30 年代进行的一个决死的战争。日本是一个强大的国家,但它的侵略战争是野蛮和退步的;中国国力贫弱,但它的反侵略战争是正义和进步的。日本是一个小国,经不起长期战争;中国是一个大国,能够支持长期战争。日本的侵略威胁到其他国家利益,得不到国际的同情支持,中国的反侵略战争会获得世界广泛的支持与同情。你的到来就说明了这个问题。"听到毛的赞扬,白求恩笑了起来。毛又接着说:"中日双方的这些特点决定了战争的持久性和最后胜利属于中国而不是日本。请你相信,经历战略防御和战略相持两个阶段后,中国将迎来战略反攻,并最终将日本赶出中国。当然,第二阶段将是很难熬的,我们已经有了充足的精神准备。至于作战形式,对八路军来说,主要是游击战。""现在,战争正按照一个相当明确的规律发展。就能够决定最后胜负的主要因素等而言——例如士气、人力、政治觉悟、全面的潜在力量、民族团结、地理条件等等,中国远在日本之上。日本可能获得一些暂时的军事胜利,但是中国人民却一定会得到最后的胜利。"⑪

　　持久战、游击战、最后胜利,对白求恩来说都是全新的概念,全新的思想。毛的深入阐述如同给他打开了一扇窗户,使他对世界和中国看得更加清晰。白求恩后来说:"我来延安前,听人称颂毛的伟大,但只有亲耳聆听了他的谈话后,我才真正理解了'伟大'的含义。"⑫从那天起,白求恩对毛泽东的战略思想、哲学思想产生浓厚兴趣,一有时间就和人讨论。他后来甚至请求聂荣臻拿出半天时间回答他关于持久战的各种问题。

　　时间在悄悄流逝,不知不觉几个小时过去了。桌上的蜡烛又换了一支。白求恩示意尤恩该告辞了。毛泽东站起来对白求恩说:"你要去的地方叫五台山。中国有一部很著名的古典小说叫《水浒传》,里面写了鲁智深大闹五台山。现在那里人说古有鲁智深,荣臻。聂荣臻就是今天的鲁智深。你去后,请将工作进展情况随时告诉我,也请你对前线的医疗工作多提意见。"白求恩爽快地答应下来。在窑洞门口,毛泽东和他与尤恩握别,白求恩再一次向毛行了一个西班牙式的敬礼。

　　初春的夜晚,气候温和,皓月当空,银色的光彩铺满大地。劳累了一天的白求恩毫无倦意,回到房间,他拿出打字机飞快地敲击着键钮,一股真情倾泻而出:"我在那间没有陈设的房间里和毛泽东面对面坐着,倾听着他从容不迫的言谈的时候,我回想起长征,想到毛泽东和朱德在伟大的行军中是怎样领导红军经过两万五千里的长途跋涉,从南方到了西北丛山里的黄土地带。由于他们当年的战略经验,使他们今天能够以游击战困扰日军,使侵略者的优越武器失去效力,从而挽救了中国。我现在明白了,为什么毛泽东能那样感动每一个和他见面的人。这是一个巨人,他是我们世界上最伟大的人物之一。"

关于白求恩与毛泽东在延安的会见,有两个问题存在争议。一是谈话的日期。马海德回忆,这次会见不是白求恩来到延安的第一天夜晚。因为那天晚饭后直到深夜,都是他们两人在彻夜长谈。似乎也不是第二天,而是白求恩出发前几天的事情。但根据对大量史料的考评,特别是根据当事人如黎雪、尤恩、姜齐贤等人的回忆,白求恩与毛泽东的第一次会见,当是白求恩抵达延安后的第二天晚上,即 4 月 2 日夜晚。二是见面的次数。尽管毛泽东后来说他只见过白求恩一次,但据尤恩回忆,毛几乎每天晚上都会到山坡上白求恩的窑洞小坐。马海德也回忆说,在延安,这样的会面有好几次。白求恩在延安曾给毛泽东拍摄过照片,并把这张照片寄回加拿大。这也说明,白求恩与毛泽东的见面肯定不止一次。[13]当然,4月 2 日夜晚这次 3 个多小时的谈话,无疑是毛泽东印象最深的一次。

三、在延安接受革命洗礼

尽管毛泽东已经同意白求恩赴晋察冀前线工作,但姜齐贤仍然犹豫不决。首先是为他的健康担忧。白求恩已经 48 岁了,虽然看起来身体不错,但毕竟在第一次世界大战中负过伤,而且做过气胸手术,只有一叶肺能够工作。在居无定所、食不果腹的敌后战场生活,他肯定支撑不了多久。其次是包括中央一些领导在内的许多人找到他,认为白求恩留在延安做手术会发挥更大作用,有的建议白求恩在延安卫生学校培训学员更合适,马海德也认为,姜的决定有道理。他们都看中了白求恩的高超医术。百思无奈的姜齐贤找到毛泽东。毛的态度很明确:"你们听听白求恩的意见。"言外之意,你们能够说服白求恩,他就可以留在延安工作。

姜齐贤和马海德找到白求恩，先是委婉地告诉白求恩对他上前线有些担忧，而后告诉他留在延安工作是经过反复考虑做出的决定。马海德还没有把姜的话翻译完，白求恩就站起来，愤怒地抄起一把椅子，从窗户扔了出去，望着破碎的窗棂和飘落的窗纸，姜一时不知如何是好。马海德马上制止了白的鲁莽行为。"你知道吗？白，你的这种行为在中国人眼里很失礼，也显得没有教养，你必须向姜部长道歉。"白求恩仍然是一脸铁青，他告诉马海德："不错，我愿意为我的失礼道歉，但你们必须先向那些靠双拐行走的伤员道歉，向前线的战士道歉。"看着白求恩渐渐平静下来，姜齐贤继续宽慰他说："放心吧，过不了多久，我们会安排你到前线去。"不久，很多人都知道了白求恩的坏脾气，白求恩也很自责，但他与生俱来的冲动、鲁莽、易怒的性格后来并没有多大改变，只不过大家发现，他的发火更多的是为了伤病员。

白求恩带到延安一部小型 X 光机和发电机，4 月初安装好后，开始给伤病员和中央领导同志及机关同志查体。白求恩看完名单，要求护士把中央领导查体的时间、名次都事先通知本人，以节省他们的时间。陈云和萧劲光因为工作原因迟到了，便自觉依次排队。有的同志请白求恩先为他们查体，白一口拒绝。他对陈云和萧劲光说："到医院查体看病的人都是我的患者，一切都应当按照医院的规定办事。"陈云对此非常赞赏，说白求恩给延安带来一股新风气。

在延安，白求恩认识了红军中的又一个传奇人物傅连暲，他被誉为"红色华佗"。傅是福建省长汀县人，毕业于汀州福音医院的亚盛顿医馆。他是一位医学传教士，1925 年出任长汀福音医院院长。1927 年 8 月，他收留了南昌起义部队的 300 多名伤病员，这其中就有陈赓、徐特立等著名人士。1929 年，红四军入闽后，傅又积极收治红军伤病员。同年秋，应毛泽东建议，福音医院改名为中央红色医院。1933 年初，傅正式参加红军，并把医院迁往瑞金，成为红军第一个正规医院。傅曾因自己的基督教信仰而在红军队伍中显得特殊。1935 年 10 月，傅参加长征，以他的妙手精医保证了毛泽东、周恩来、朱德、刘伯承、王树声等中央领导和大批红军官兵的健康。在军中又被称为"红医之父"。到达延安后，担任军委总卫生部副部长兼中央医院院长。

听说白求恩急切要求工作,傅连暲决定邀请他到边区医院看看。白求恩非常高兴,他说:"探视病人是我的权力,不间断地工作是我最愉快的事情。"边区医院位于延安和延川之间,距白求恩住地有40公里。在傅的陪同下,白求恩查看了病房。眼前的景象完全出乎他的意料。医院坐落在半山腰,一条又窄又陡的小路与外界相连,一排窑洞就是病房,每间病房躺着八名伤员。他们睡在草席上,没有棉被,身上搭着爬满虱子的旧军装。窑洞里弥漫着血腥、脓臭的气味。医院缺少药品和器械,没有卫生设施,没有自来水,只有在手术时才能供电。值班的高医生要去汉口办事,让白求恩顶几天班。但没过几天,白求恩找到傅,要求马上改变这里的工作条件和卫生条件,否则他只能罢工了。

傅连暲和马海德一起给他做工作。马耐心地开导白求恩:"你已经看到,中国的现实条件,无论是政治、经济、军事和医疗方面,都与你想象的有巨大差别。我们何尝不知道自来水方便,抽水马桶卫生,有电灯做手术效率更高,但现实就是这样,在没有能力改变之前,我们只能适应它。除非你能把加拿大、美国、西班牙的医院搬到延安来。"傅也告诉他:"边区的条件比战区好多了。如果你不能适应这里的环境,又怎么能适应更艰苦的敌后环境呢?"这一次白求恩真正看到了自己的弱点,脱离现实的空想、不顾条件的改变只能使自己丧失信心,变成懦夫。他坦率地向傅和马道歉,表示立即返回医院,完成拟定的手术。尤恩回忆说:他和别人讨论问题时常常激烈地争辩,谈不拢时,就变得怒不可遏。但在医院时,他对伤者和病人的关切之情总会战胜自己暴躁的脾气。他甚至向我道歉说:"护士小组,我收回那些对你的工作发表的恶言恶语,你的确是个非常出色的助手。"弄得尤恩莫名其妙。⑭

白求恩知道西班牙的战地输血技术在中国派不上用场,但在熟知血型情况下的一对一直接输血,火线抢救时还是管用的。他和马海德讨论在延安建立一个输血小组的可行性,后者很支持他。令他没有想到的是,中国人对献血有一种莫名的恐惧感,对验血型也不愿接受。这和他在西班牙时经常有数百人排队献血的情况大相径庭。刚好这时抗大一名教员

100

训练时被手榴弹炸伤失血很多,白求恩想借此机会证明输血是安全的,有一些学员当了志愿者。找到合适的血型后,白求恩唯恐那个志愿者跑掉,赶忙叫人把他摁住,给伤员实施了直接输血术。那位献血的同志很不高兴,对白求恩说,用哄骗和强制的办法只会使志愿献血者越来越少。白抱歉地拍拍那位志愿者的肩膀,对着护士喊道,快给他喝点儿红糖水,吃两个鸡蛋。

在延安,白求恩似乎有使不完的精力,他每天一早起来就去爬山,边爬边唱着刚刚学会的《抗大之歌》。他还参加一系列座谈会和采访活动,出席专门为他们举办的欢迎宴会,大家都想见一见这位传奇人物。在抗日军政大学、延安工学院、东北干部训练团,白求恩的报告受到几千名听众的热烈欢迎,他针对国际形势、西班牙内战、抗日战争、欧美各种政见发表演讲,引来更多的邀请。他甚至自告奋勇地在延安街头涂上白灰的墙上画起了抗日宣传画,引得许多人驻足观看。

此时,白求恩和尤恩搬到凤凰山脚下两个更简陋的窑洞居住,他们从市场上买来简单的桌椅,并开始自己做饭。白求恩告诉尤恩:“我们是来帮助中国人民的,不能再给他们增加负担,我们的开支应该由美国援华会支付。”尤恩听后也很赞同。可是不久他们发现,“自力更生”可不是件轻松的事情,他们没钱了。

白在请林可胜转交史沫特莱的信中告急:“请给我们寄些钱来。我身上就剩20美元了,尤恩也差不多。我们得支付一切生活开支——买菜做饭,添置家具等。我们不愿花八路军一分钱,但如果再收不到汇款,就没有办法了。”发出这封信四天后,他和尤恩花掉了所有的钱,白求恩只得硬着头皮找到姜齐贤求助。更难为情的是,由于史沫特莱不愿意反映他们的请求,美国援华会的资助也指望不上了。姜对他们的困难非常理解,很快给了他们100美元。并告诉他们:“毛泽东对你们非常关心,你们的生活费用以后都由我们负责。”这也是后来毛泽东给聂荣臻发电报,请每月付给白求恩大夫100元补助的原因。

关于这件事情,白求恩在寄往加拿大的一封信中也这样提道:“我们自己没有钱,又拒绝参照或按照史沫特莱的指示工作,所以只能依靠八路军的资助……我们在 4 月 12 日领到了 100 美元,这是八路军给我们的生活费,琼和我每人 50 美元。你肯定理解我们走这一步确实是迫不得已,但我们已经身无分文。"关于支出情况白求恩写道:"延安的物价是很高的,我们不仅要买吃的,还有一些其他的开销。每星期冲印胶卷需要 4 至 5 元,木炭也很贵,3 元钱一小车。这些木炭不仅要拿来做饭,还要用来取暖。在城里,外国人的饭菜通常都在 4 至 6 元钱。"⑮

白求恩不仅具有政治家的洞察力,而且具有新闻记者的敏锐和细致。在延安,白写了很多东西,从保留下来的史料和当时在美国、加拿大报刊发表的文章看,延安使白求恩对中国革命和八路军有了更多的认识。

他看到,"在延安,无论地位高低,人人都是平等相待,都有一种勤奋向上的精神,相处非常友好。每人分到一套灰色的棉布军服,每人每天的伙食费是 4 分钱。而伙食最好的是日本俘虏,他们每天都能吃到肉,对此人们有些抱怨。"延安"曾想把一些体质弱的学生送到西安去,但这些年轻人的抗战热情非常高涨,很多女孩子拒绝被送回去,因为他们是自己背着行李千辛万苦步行来到延安的。"⑯

关于延安的医疗工作,他写道:"这里非常缺乏医疗人才。负责医疗工作的是傅医生(傅连暲),虽然他身体不好,但还是精力充沛,工作非常努力。""伤员由村民带回家去,照顾起居,在敌人来时协助伤员疏散。担任护理工作的都是 12 至 14 岁的男孩,都没有受过专业训练。"白求恩呼吁:"延安急需食品、衣物和药品,需要得到世界的帮助。"⑰

关于延安抗日军政大学,白求恩写了一篇很长的文章。他说:"我曾到过世界各地的许多大学,从西海岸的不列颠哥伦比亚大学,到东部的达尔豪西大学。去过美国著名的哈佛大学、耶鲁大学、普林斯顿学院、约翰斯-霍普金斯学院、芝加哥大学和斯坦福大学。去过英格兰和苏格兰的大学,牛津、剑桥、伦敦大学、爱丁堡大学。也曾去过巴黎、马德里和维也纳的大学,它们都大同小异。学生们学习的是关于过去的知识,他们远离生活,不谙世事,即使他们脚下的土地在战火中颤抖的时候,他们的目光仍然盯着过去。""他们有了知识,就走进社会来提高他们的经济地位和社会地位。只有一小部分学生毕业时,致力于提高比自己更不幸人的生活水平,改善他们的生活状况,以此作为自己的奋斗目标。"白求恩对西方大学教育的评价和对少部分毕业生致力于服务贫困群众的赞扬,就是今天读起来,也格外发人深省、引人深思、催人奋进的。

他继续写道:"这所学校名叫延安抗日军政大学,它的前身是红军大学,主要任务是为了培养红军战士和政治工作人员。学校在8年中经历了无法想象的困难,甚至在长征期间也没有解散。这次的长征行程2.5万里,远远胜过历史上的汉尼拔、亚历山大和拿破仑所率领的远征。学员们一面战斗,一面学习,一手拿枪,一手拿书。过去班级数目约有500个,而现在已经有近1000个班级了。"

关于学员成分,他写道:"现在的学员来自中国各个省份、各个阶层,在军事系,不同年级的学员都是不同等级的军官,从连长到师长都有,甚至有一些国民党的将领也来学习。他们想知道红军为什么总能奋斗到底并取得最后胜利。""他们现在知道了红军制度的法宝就是游击战争,组织农民。国民党用了这么长时间才懂得,没有人民的支持,只靠军队是无法取得胜利的。"

白求恩发现,这里学员学习的主要不是过去的知识,而是眼前的实际知识,怎样打仗、怎样组织群众、怎样关心工人、怎样招募新兵等,经过教育和总结,他们形成了非常一致的观点:"我们一定能够打败侵略者。学员们还知道,仅仅打败日本帝国主义者是不够的,如果战争结束后,人民的社会生活水平、经济水平还跟几个世纪以来一样没有什么变化,那就不是真正的胜利。"

"在这所大学里,院系分为两种,即政治系和军事系,两者之间没有严格的界限区分,军事策略通常都是与政治思想相联系的。""军事系所教授的课程都是八路军的战略,即游击战、夜战、游击队军事组织和近距离搏击战。还有军事地形学、反坦克和反空袭、战壕修建等等。"

"他们没有一个人衣服上戴着军衔标志,大家都彼此称做同志。士兵不仅看到军官时敬礼,普通士兵相遇时也互相敬礼,这是一种同志式的致意。"

"街上的新闻布告栏是随时更新的,不但有中国新闻,还告知美国和欧洲发生的事情。教室外面还有墙报、绘画、诗歌和评论。在阅兵场上，有士兵练习大刀或刺刀时的喊杀声。""在晚上 10 点之前的任何时候都能听到从教室里、会场上传来的歌声。歌声嘹亮、激昂、自由，比晴空下的阳光还要热烈。"

白求恩由此得出结论："在延安抗大，每个人都知道未来充满艰难与险阻，但心中闪烁着对未来新中国的信念之光，驱散了个人前途中的阴影。为了拯救中国，他们甘愿献出宝贵生命。

"这些年轻人就是中国的救世主，无论走到哪里，他们的精神将鼓舞几百万人去跟随他们。

"他们将是日本帝国主义的劲敌，日本最终将败在他们的脚下。"[18]

从白求恩留下的文字中，我们可以看到白求恩与当时许多西方人截然不同的方面，他的反战立场坚定鲜明，与法西斯势不两立。他对中国的前途充满信心，决不赞同"中国必亡"，他对中共与八路军充满敬意，相信新中国将从延安走来，他是激情的，同时也是深刻的和理性的。他不附和任何理论，他相信实践和群众的力量。

离开延安前，白求恩和翻译黎雪谈起他的感受。他说："我来中国的 4 个月，来延安近一个月，结识了很多革命同志和朋友，在武汉我见到了周恩来同志，在西安我见到了朱德同志，在延安我见到了毛泽东同志，在医院里我见到了光荣负伤的八路军指战员，检查身体时我见到了集聚在延安的许多革命领导人如朱德、陈云，还有陈赓、萧劲光……黄河之滨确实集合着一群中华民族的优秀子孙。我万分幸运，能够来到你们中间，和你们一起工作和生活。我要和中国同志并肩战斗，直到抗战胜利。"[19]

注释：

① ［加拿大］罗德里克·斯图尔特：《不死鸟——诺尔曼·白求恩的一生》，中国青年出版社，2013 年版，第 301 页。

② 《纪念白求恩文集》，人民出版社，1979 年版，第 206 页。

③ 同上，第 207 页。

④ 冀国钧、张业胜：《诺尔曼·白求恩在中国》，中国协和医科大学出版社，2007 年版，

第 16 页。

⑤　同②,第 207 页。

⑥　盛贤功等:《白求恩在中国》,人民出版社,1977 年版,第 64 页。

⑦　同上,第 66 页。

⑧　宋家珩主编:《加拿大人在中国》,东方出版社,1998 年版,第 95 页。

⑨　同①,第 305 页。

⑩　冀军梅、侯志宏:《白求恩的故事》,河北少年儿童出版社,1996 年版,第 86 页。

⑪　同上,第 85 页。

⑫　同②,第 85 页。

⑬　同①,第 303 页。

⑭　同①,第 307 页。

⑮　[加拿大]拉瑞·汉纳特编著:《一个富有激情的政治活动家》,齐鲁书社,2005 年版,第 315 页。

⑯　同上,第 297 页。

⑰　同上,第 300 页。

⑱　同⑭,第 301 页。

⑲　同④,第 17 页。

第六章　奔赴
晋察冀前线

一、与两位女性的"和而不同"

在等待出发的日子里,白求恩在延安过得很愉快。尽管他的一些想法被严酷的现实所否定。例如他希望在延安建立一个西班牙那样的输血组织,甚至去延河测试过水的温度。当得知这里没有冷藏设备、缺少汽车和通信设备,路况很差的时候,他马上收回建议。

此时的白求恩相信,美共领导人白劳德和加共领导人巴克已经知道他抵达延安,美国援华会的资金很快就会到位,他憧憬的流动战地医院很快就会运营起来。唯一让他不安的是,3月26日发给史沫特莱的信件仍然没有回音。4月6日,他又给汉口的史发了同样内容的信。4月8日,让他喜出望外的是,林可胜医生来到延安,这是白求恩武汉一别后和他的又一次见面。林医生此行是代表中国红十字会来了解八路军的医疗现状和急需哪些物资,他受到延安方面的热情接待。白求恩顾不上寒暄,马上又给史沫特莱写了一封信,请林可胜回到汉口后一定尽快转交给她。在信中,他有些责怪地写道:"我在西安发给你两封信和两封电报,前天又在延安给你发电,但都没有接到任何答复。八路军和我们都把你当作与美国方面的联系人,希望你尽快传递这里的消息并反映我们的请求。"林可胜告诉白,中国红十字会和宋庆龄的"保盟"一定会给你大力支持。这让他有了几分安慰。

4月17日,史沫特莱的信到了,让白求恩没有想到的是,她在信中对他进行严厉的指责和批评,白求恩怒从心起,他告诉姜部长,我必须反击"这个麻烦制造者",并且今后不会与她合作。

实际上,两人的争执并无什么大是大非,更多的是看问题的视角和方法不同,有些纯粹是误会。例如如何通过国际舆论宣传加美医疗队,以争取更多国际援助的意见不同。白求恩认为,虽然美国医生帕森斯因为酗酒返回美国,只剩下他和尤恩两个加拿大人。但加美医疗队的名称不应改变,这不但因为医疗队的全部装备来自美国各界人士的募捐,而且他相信,随着医疗队影响的扩大和流动战地医院的建立,会有更多的美国医生(其中包括马海德)和其他国家的医生加入进来。为此,白求恩写了一封长信给美国援华会的多德,详细解释了帕森斯离开后自己在医疗队发挥的作用。在写给加共领导人巴克的信中,他说:"我这里至少需要半打以上的加拿大或美国医生。弗拉德医生(曾同意和白求恩一起来华的美国医生)去哪了,赶紧把他派过来吧。"史沫特莱则认为,白求恩欺骗了美国民众,鼓吹医疗队具有较大规模与事实不符,没有美国人参与就不应称之为加美医疗队。她告诉白求恩:"我拒绝替你转达所有要求"。今天看来,这实在是一个无需大动肝火的争执。

又如关于布朗医生管辖权的争执。在3月23日写给美国援华会多德的信中,白求恩提到布朗医生有加入医疗队的意向。他写道:"目前空缺的医疗队队长的职务由我担任,如果布朗加入,我建议由他负责,我这么做是出于责任感,无须等待你的首肯。"白求恩敏锐意识到布朗医生的到来本身就是一种很有效的宣传手段。他告诉多德:"想一想,如果让一个传教士来负责加美医疗队的工作,并和八路军合作,这有多么大的宣传效应,这真是太好了。""要知道,红军在西方人眼里可是暴徒啊。"平心而论,白求恩确实是一个有着新闻敏感性的医生,有人说他有政治家的远见、新闻记者的敏锐是一点儿不过分的。史沫特莱则认为,白求恩管得太多太宽,他无权决定医疗队队长的人选。她误以为白求恩要留在延安工作,也想把布朗留在延安。于是,她愤怒地指责白求恩:"如果你希望布朗留在延安……我坚决反对。我再次提醒你,你没有权力调遣布朗医生,他是志愿到前线去的,而且前线也需要他。"

白求恩不是怕死鬼,他的勇敢是出了名的。史沫特莱在汉口时就知道他不愿留在后方、坚持上前线的想法,现在居然说他要留在延安,并阻止布朗医生上前线,这纯粹是对他的污蔑。白求恩愤怒地回应:"你的来信,语气中透露出恶意,内容上故意失实……让我觉得你用阴谋诡计加害于我。""我来中国是为了帮助我的同志,你神经质的个性和粗暴的干涉可能会使我的努力付之东流。""的确,我无权对布朗医生指手画脚,我也不想这么做，我和布朗医生都有一个共同的领导者，那就是八路军。"言外之意，你这个"麻烦制造者"同样无权对布朗医生发号施令。回信中，白求恩有意触及史沫特莱的"伤痛"，"现在，我很幸运，成为一名共产党员，而你无此殊荣。"白求恩知道，史沫特莱虽然影响很大，得到中共领导人的信任，但她要求加入中国共产党的请求仍然被拒绝。八路军政治部主任王稼祥亲自找她谈话，告诉她作为新闻记者留在党外比入党对八路军的帮助更大。但这并没有说服史沫特莱，她为此事找过毛泽东、朱德和周恩来，也曾痛哭过好几次。显然，白求恩这样"揭伤疤"的做法不够绅士，亦有失风度。争吵之后，白求恩没有忘记"打一巴掌揉一揉"，他写道："请相信我一腔热忱，请与我并肩战斗直至最后，那么你就会发现，我的确是个值得信赖的同志。这就是我全部的期望。"史沫特莱后来在给友人的信中说："白求恩说我是神经病，这种评价是在我不赞同他的意见或不够尊重他的时候说的。正因为我质疑了白求恩那超人的品质并认为他也会犯错误时，他才说我处于'精神崩溃'的边缘。在此之前，我在他们的眼中可是最清醒、最冷静的女人。"①

史沫特莱最不满意的第三件事情，是白求恩把落实医疗队经费的事情全都压给她。从汉口启程时，史沫特莱给了白求恩200元中国币，相当于30美元。同时也给了尤恩200元，告诉她这是给布朗医生使用的。在汉口，林可胜给了他500元用于购买急需药品。白求恩把所有开销，包括给伤兵购买食物的支出明细列表报告给美国方面和林可胜医生。到达西安和延安后，白求恩在不断给美国援华会写信寻求帮助的同时，也要求史沫特莱为准备建立的流动战地医院向美国方面要钱，同时为他和尤恩解决生活费用。在延安发出的信中写道："请给我们寄些钱来，我身上就剩20美元了，尤恩也差不多。我们得支付一切生活开支，我们不愿意花八路军一分钱。"这封信无可厚非。真正让史沫特莱大动肝火的是那封发自西安的信，白求恩要求史沫特莱为他购买显影设备、胶卷、印刷纸、放大器，甚至买一把连发的口径0.22英寸的来复枪，好用来打随处可见的野鸭和野鸡。他还提到，请到香港买几双羊毛袜，还有咖啡，因为这里除了小米和萝卜没有什么可吃的。他甚至异想天开地要史沫特莱派一个友好参观团来延安,拍一部纪录片等等。并告诉她:"到了延安后,我会向你提出更多要求。"②不管出于什么原因,白求恩的这些要求都不合时宜,因为这不是加拿大和香港,而是在艰苦的敌后战场。也许白求恩抱着调侃和无所谓的态度。但史沫特莱是认真的。看完白求恩的来信,史沫特莱马上给美国援华会写信。她指责白求恩是一个享乐主义者,在大部分边区百姓很难吃到小米和萝卜的时候,他却要美国香烟、巧克力、咖啡,要吃美味佳肴,他根本不适合与八路军并肩作战,应当把他立即召回。看到发出的信没有回音,史沫特莱又追加了一封。她此时的态度,使人不禁想起在汉口时,面对帕森斯的酗酒,史沫特莱将其押送医院,并强行送他回国的故事。

在史沫特莱要求美国援华会对她的要求做出回应时,白求恩也写信状告史沫特莱,同时还指责美国援华会:"你们为何抛下身无分文的我们,这么长时间对我们不理不睬?你们是否忘记曾经许下的承诺?我们会把我们的处境告诉八路军,八路军会说,没有关系,你们是我们的同志,我们来帮助你。但是你们却保持沉默——不可思议的沉默。"③

美国援华会对白求恩与史沫特莱的相互指责也很头疼,索性采取都不理睬的态度。1938 年 8 月,他们通知林可胜,今后美国援华会将把募集的资金寄给香港宋庆龄领导的保卫中国同盟,由她通过中国红十字会医疗救助委员会把钱转交给八路军。至于白求恩,他已经到达延安,隶属八路军管辖。后来,林可胜确实用美国援华会的资金为白求恩购置了所需物资,这是根据白求恩寄给他的购物清单办理的。只是因为战争频繁、道路阻断等原因,白求恩一直没有收到,这成为他最大的遗憾。

其实,白求恩和史沫特莱,都是中国人民的伟大朋友。他们有着共同的信仰、共同的目标、共同的决心和共同的责任,都为中国革命和民族解放事业做出了巨大贡献。但同时,两人又具有相似的性格,他们直率而感性,随时发表看法又能不断修正看法。他们认真而不愿妥协,不会屈服任何外来压力,也不会站在别人的立场上想问题,总是执着地认为,自己才是真理。这就使两人的冲突不可避免。但回顾两人相知相识相处的过程,仍然可以说他们之间是八分合作、两分争执,和而不同,无伤大局。

如果说白求恩与史沫特莱的友情因性格不合不欢而散,那么他与尤恩的交往则是不打不成交,最终成为彼此欣赏的朋友。尤恩第一次见到白求恩是在 1937 年 12 月的美国曼哈顿。当时她刚从中国山东淄博张店一家美国教会医院返回加拿大不到半年,并且很容易地在多伦多圣约瑟夫医院找到一份工作,且薪金丰厚。中国抗日战争爆发后,尤恩非常关心中国的命运。她从报纸上读到史沫特莱描述中国人民正在遭受不幸,呼吁医生护士援华抗战的文章后,内心久久不能平静。她告诉友人:"从我第一次踏上中国土地时起,我就和这个国家有了一种割不断的联系,这是我真正生活了四年,并不时萦绕于心的故土。"正在这时,加共组织部部长山姆·卡尔找到她,邀请她加入援华医疗队。尤恩这才了解到白求恩的一些情况,并被告知,医疗队迫切需要一名助手和翻译,她在中国的经历和一口流利的中国话使她成为理想人选。还有一个没有明说的原因,她的父亲汤姆·尤恩出身于普通工人家庭,是一个铁匠。他潜心研究马克思主义,热衷工人运动,后来成为加共领袖之一,1931 年 12 月,被加拿大政府以煽动罪与另外七名加共领袖逮捕入狱,随后被判刑 5 年。这使尤恩对共产主义有了一定程度的关心,尽管她在信仰上和父亲并不一样。尤恩还被告知,这份工作没有薪水,但她的生活开销无须个人承担。④

尤恩很快接受了邀请,她辞去工作,并于 1937 年 12 月来到美国曼哈顿,她接受了心理医生的测试,结果证明她在心理方面完全能够适应艰苦的工作。随后几天,她和白求恩一道筹集药品、采购物资。谈到对白求恩的第一印象,尤恩写道:"他能够对一个开雪茄店的印第安人施展魔法,让他褪下羽毛。他的语言是那么睿智和辛辣。他拥有远超其职业的多项才艺。她就是女人的梦中情人,她们会奋不顾身地扑向他。"尤恩对白求恩的初次印象多少带有崇拜色彩。

作为医疗队的一员,她看到白求恩和帕森斯的争执,并最终决定支持白求恩,在汉阳高隆庞修女会诊所,她和白求恩连续七天在这里抢救伤员,看到了白求恩不惧死亡、救死扶伤的行为。在北上延安途中,她和白求恩共同经历了生与死的考验,无论处境多么危险,在白求恩给伤员和难民看病或手术时,尤恩都在一旁充当翻译和助手。当然,他们也发生过多次争执,尤恩甚至一度想离他而去。一开始,尤恩最不能接受的是白求恩的坏脾气,一旦开口说话,不是大发脾气就是乱踢东西。尤恩把他比作一只"耳朵里长了疖子的黑熊"。在北上途中,他就直率地告诉尤恩:"我们之间只应是医生和护士的关系,除此之外,不应有任何特殊的关系。你只能称呼我的姓,称名是不合适的。你可以叫我医生。记住,你不能给病人擅自诊断和开药。"尤恩回答说:"当然,你是医生。但你要知道,我在山东诊所工作了四年,看病、护理、接生什么都干过。另外,请不要用训斥仆人的态度和我说话。"尤恩还曾拒绝执行白求恩对一位麻风病人的医嘱。因为根据尤恩的经验,维生素和外科敷料对病人根本不起作用。白求恩压住心头怒火,提议尤恩晚饭后一起散散步。刚刚走出旅店,白求恩就开始训斥起来:"你是一个野蛮、自负的女人,对我没有一点帮助。对你父亲而言也是个羞辱。"尤恩也不示弱地吼道:"我一直都想给父亲蒙羞,到达西安后,我就会离开这个冷酷的医疗队。"望着尤恩扬长而去的背影,白求恩一脸的失望和无奈,后悔自己又一次冲动。

过了几天,白求恩看到他们之间的关系有所缓和,提议不妨再聊一聊。白求恩在山洞前点燃一堆篝火,一边拨弄着干柴一边若有所思地说道:"一开始,我并不赞成让一个年轻的女护士参加这次跨越太平洋的冒险,而且我最初认为,你没有革命倾向,又不懂得马克思主义,也不可能理解你从事的事业的重大意义及其严肃性,我甚至怀疑你能不能适应中国的艰苦环境。但是你这两个多月的表现让我相信,你是一个负责任和可以信赖的护士。"尤恩看到白求恩对自己如此信任,真有些大吃一惊。白求恩随后又和尤恩谈起自己的前妻,他认为婚姻失败的原因在于自己。他的个人生活不顺利,但无力适时做出调整,因此未能让婚姻长久。白求恩的真情告白,让尤恩有了一丝感动。那次谈话后,两人对彼此有了更多了解,也有了更多谦让,尤恩决心跟白求恩到抗日前线为八路军服务。

抵达延安后,毛泽东派人过来说希望立即见面。尤恩坚持同行,白求恩告诉她:"毛泽东有翻译,就不必麻烦你了。"尤恩很不高兴地说:"谁也没有权力阻止我会见毛泽东主席。"白求恩似乎理解了尤恩的愿望,他笑着抬起右手,示意尤恩一同前往。白求恩在延安边区医院担任外科医生时，尤恩也在边区医院担任了护士和营养师，其间，白求恩的火爆脾气几次发作，尤恩帮助马海德不停地劝告他，使平静下来的白求恩后悔不已，他再次向尤恩道歉："护士小姐，我收回对你的工作发表的恶言恶语，你的确是个非常出色的助手。"这使得尤恩哭笑不得。

4月20日，终于等来了一个好消息。加美医疗队的物资已经运抵西安。白求恩马上派尤恩坐上八路军的卡车前往西安取货。他还拿出一份清单，要她在西安采购一些急需的医用材料。没有想到，这趟行程却无意间终结了他们之间的合作。尤恩在途中遇到运输他们医疗队物资的车辆，告诉他们快点赶路，白求恩正在延安焦急地等待。两天后物资抵达延安。白求恩仔细清点，发现一件也没有丢。他高兴地拥抱每件行李，吻了又吻。不停地说："总算把你们盼来了，咱们明天就上前线。"看着像孩子般高兴的白求恩，马海德拍拍他的肩膀说："你的亲吻让我想起教堂的婚礼。"白求恩突然发现，尤恩并没有同时返回，如果她不回来，他也上不了前线。第二天，他给尤恩发出电报："速回，我们马上就要上前线了。"但是尤恩并没有接到这封电报。当她采购结束返回延安时，才发现白求恩和布朗已经北上，还把她的东西一并带走。显然，白求恩这时仍然希望她尽快赶上来。一些研究者怀疑白求恩是有意中止两人的合作，所以提前北上。这个看法至少是片面的。关于这件事情，白求恩在5月23日写给加共总书记巴克的信中有这样的描述："我也不知道琼出什么事了。4月20日那天，她去西安带回我们从美国购买的设备。我告诉她要打电报跟我们联系，并且要尽快赶回来，因为布朗和我都急着上前线。她当时也答应了。她走的时候情绪很高，把她的个人物品都留在延安。两天之后，我们的药品到了，可是琼没有回来。听说她住在西安的客栈里（马海德告诉我们那里不安全，只有住在八路军的营地才是安全的）。我给她发了两个电报让她立即回来，因为我们要去前线了。我们是5月2日出发的，走前让马海德转告她，她回来之后可以自己选择是跟我们走还是留在延安工作。"⑤这说明，在启程北上时，白求恩还是希望与尤恩同行的。

尤恩后来说，马海德告诉她行军路线后，她在八路军战士陪同下沿着白求恩的足迹一路北上。走到绥德时，她接到白求恩写给她的信，其中建议她不要再继续随他们去五台山了,因为那里的艰苦条件不适合像她这样的年轻姑娘。白求恩在信中又重复他在篝火边讲过的话:"你还年轻,还不能理解这份事业的艰巨性和严肃性。"的确,一路的艰苦使白求恩都有不堪重负的感觉,何况是一个年轻的姑娘。白求恩写这封信无疑是在关心她,但白并不了解,尤恩不仅乐观开朗,而且极有韧性,极能吃苦,在救死扶伤的勇气方面,尤恩一点儿都不逊色。

看了白求恩的信,尤恩气得将信撕得粉碎。她称自己要不顾一切地赶到五台山,让白求恩看看,到底是谁吃不了苦,是谁不能理解这份工作的艰巨性和严肃性。一路上,尤恩跋山涉水,不惧疲劳,陪同的八路军战士都感到有些吃不消。抵达清涧后,尤恩看到八路军药品仓库管理不善,马上帮助建立完善造册登记制度。在120师后方医院,她不得不停下来培训一批年轻的男护士,并不时鼓励他们要成为前线部队最好的卫生员。6月底,尤恩抵达了山西岚县——120师司令部驻地。贺龙给她讲了部队缺医少药的困难,建议她留在军医部门工作,并告诉她这里就是前线。直到这时,尤恩才放弃去五台山的想法。而白求恩看到尤恩没有赶上来,就认为尤恩已经理解了他的关心,留在延安工作了。

岚县靠近前线,和延安相比,条件更为艰苦,药品、设备也很匮乏。尤恩和医疗站仅有的3名医生商量,把服务地域划分成4片,她主动承担第四片的管理工作。她还帮助制定各种手术的操作规程,协助卫生部门开展卫生清洁运动。在晋绥解放区的四个多月中,尤恩不但要组织照料数百名伤病员,给老百姓治病,还要随时跟随医疗队到前线抢救伤员。艰苦的战争环境和长期的营养不良,使尤恩的健康受到极大损害。她回忆说:我"消瘦了许多,以至穿着制服就像麻袋挂在篱笆的秸秆上。"[6]120师的伤病员对能讲一口流利山东话的尤恩非常赞赏,给予了很高评价。

1938年10月,准备回国养病的尤恩又一次来到武汉。她请求英国领事馆给予帮助,但他们表示无能为力。周恩来知道后马上伸出援手。10月12日,周让她随李克农和王炳南夫妇一同搭乘八路军的"新升隆"号前往重庆,后来轮船被日机炸沉,尤恩幸免于难。在周恩来的再次关照下,尤恩辗转湘、桂,转道越南巴牙港来到上海。在上海,尤恩秘密会见了新四军军医处处长沈其震大夫,这次会见改变了尤恩预定的回国日程。

沈大夫向她详细介绍了新四军大批伤员因得不到及时治疗而痛苦死去的情况,希望她帮助筹集药品送到皖南。英国驻上海的公使阿奇博尔德·克拉克·寇尔也在领事馆会见了尤恩,公使望着瘦弱的尤恩缓缓说道,希望她能把这批药品送往新四军总部,其中有一种叫"百浪多息"的消炎药,是世界上刚刚生产的,在中国还没有被使用的最新产品,对救治伤员非常重要。但同时告诉她,英国对中日交战双方持中立态度,如果她被日本人抓住,英国政府将不能给她任何帮助。⑦

尤恩清楚这项使命的危险性,但还是义无反顾地接下这个任务。1939 年初,她和沈大夫从上海乘一艘意大利商船去温州,登陆后穿过日军封锁线,躲过沿途关卡追查。在浙江金华,国民党军顾祝同派私人卫队在尤恩和沈大夫入住的旅馆布岗,实行"保护性拘留"。这让尤恩不胜其烦,她实在想不明白,国民党为什么阻止他们把药品带入皖南解放区。最终,他们冲破重重阻力,抵达安徽泾县云岭的新四军总部,叶挺军长亲自迎接这位加拿大姑娘。让尤恩没有想到的是,在这里她见到了史沫特莱,原来,这项使命的策划人正是白求恩不想再与之合作的"麻烦制造者"。

任务完成后,尤恩本可以安全返乡,但看到新四军急需医务人员,善良的尤恩主动推迟归期。在新四军驻地云岭小镇,尤恩帮助重建被炸毁的医院,到前线救护所抢救伤员,忙得顾不上休息。看到新四军医务人员缺少必要的知识和技能,她又一次办起培训班。她和其他医生做尸体解剖,并把解剖图汇编成册,这在当地还是第一次,在培训人员中引起很大轰动。1939 年 5 月底,第一期"小抗大"培训班的 35 名学员毕业,这是新四军训练中心的一个里程碑,叶挺军长出席了毕业典礼,尤恩出席了这个活动。1939 年夏天,尤恩启程回国,叶挺军长专门为她送行。尤恩回忆说:"他郑重感谢我做的一切,并说他和战士们永远不会忘记琼。"后来,在加拿大教会和英国领事馆的帮助下,尤恩几经辗转,从上海回到了加拿大温哥华。

回到加拿大的尤恩,始终牵挂着白求恩。她去看望白求恩的母亲,讲述他在中国的事情。并说她一直对前妻怀有内疚之情。白求恩的母亲告诉她,他们的婚姻失败完全是儿子的责任,真不知道她的儿媳如何忍耐了那么久。说到对白求恩的评价,尤恩说:"他是一名伟大的医生和一个杰出的外科专家","他的神态能给病人以信心。他心地善良,真如传教士一般,他对人类怀有极大的博爱之心"。"他永远保持着他为自己定下的工作节奏,似乎永远不曾松弛一下"。"他对待病人和伤员的态度,说明他是一个为全人类服务而献身的人"。⑧

尤恩也一直没有忘怀中国。新中国成立后,她两次给周恩来写信,表示衷心的祝贺和问候,并将白求恩的图片和相关史料寄给他。1976 年 8 月,白求恩故居纪念馆落成,尤恩不远千里,坐着轮椅、抱病出席这一揭幕典礼。早已半身瘫痪的尤恩还以极大毅力完成了《在中国当护士的岁月》一书的写作工作。1981 年,此书在加拿大出版,3 年后,中译本由北京时事出版社出版。尤恩还在家乡维多利亚市发起成立加中友好协会。1979 年中国人民对外友好协会会长王炳南访问加拿大时,专程去拜访她,有关部门多次向她发出访华邀请。1985 年 5 月,她终于克服一切障碍,在女儿陪同下,坐着轮椅飞越太平洋,第三次踏上中国的土地。她会见了吕正操、王炳南、马海德、艾黎、爱泼斯坦等老朋友,共同回顾他们与白求恩相处的日子。她说,这是她生命中最辉煌的一段,感到由衷的自豪。1987 年 10 月 31 日,尤恩在维多利亚市病逝,终年 75 岁。在遗言中,她希望把她的骨灰安葬在中国。1988 年 5 月 20 日,河北省唐县军城晋察冀烈士陵园举行了隆重的安葬仪式。她的墓碑旁边是中国人民为白求恩修建的陵墓。从那时起,人们在祭扫白求恩墓时,都会在她的碑前驻足哀思。2014 年 10 月 14 日,来自加拿大白求恩纪念协会的 40 多名加拿大医生来此扫墓,他们每人手持两朵白菊,一朵放在白求恩墓前,一朵放在尤恩的墓碑旁。她同白求恩一样,在这片古老的土地上成长、战斗,并在这里安息和永生。⑨

二、一次艰苦忙碌的行军

白求恩在苦等医疗物资时,得知布朗医生到了延安。这让白求恩一下子兴奋起来。原来,布朗医生从汉口回到商丘后,就向医院告假,准备利用4个多月的休假到延安为八路军做些事情。1938年4月6日,他和另外一位加拿大传教士医生,当时担任中国北部和中部地区国际红十字会代表的麦克卢尔同行。到达西安后,他们从国际红十字会那里申请到一批医疗器械和药品,然后搭乘国际联盟流行病联合会的汽车启程延安。临别西安时,布朗在给妻子的信中写道:"每个人都羡慕我的机会,我满怀兴奋,激动不已"。⑩4月11日,他们抵达延安。布朗和麦克卢尔都是第二次和白求恩相见,但白求恩显然对布朗更加热情。几句寒暄后,白求恩把布朗拉到一旁,责怪他来得太迟,并且低声质问:"你不知道晚来一天会有多少伤病员致残和死亡吗?"好脾气的布朗做了解释,并表示愿意和他一起上前线,白求恩转忧为喜,又高兴得像个孩子。而麦克卢尔没过几天又返回西安。

布朗的到来对延安同样是一个新闻,马海德和白求恩陪同他参观了边区的政府、医院、学校。宣传部门还组织了欢迎会。4月13日,毛泽东接见了布朗医生,对他支持八路军的医疗工作表示感谢。当知道他的传教士身份后,毛泽东建议他给延安的信教群众搞一次礼拜仪式。这让布朗医生非常高兴。4月15日,布朗来到会场,看到会场上飘扬着一面加拿大国旗(当时加拿大的国旗是英国商船旗)。有超过两千多名基督教徒前来听讲。布朗围绕着《圣经》故事进行布道,号召教友们为苦难的人们献出爱。白求恩对布朗医生的宗教信仰不以为然,嘲笑他居然对基督教的传说信以为真。而布朗却非常看重这次布道,应他的要求,八路军还把会场上的那面旗帜赠送给了他。1963年,加拿大国家电影局为拍摄有关白求恩的纪录片采访他时,他特意把这面旗帜带到现场。⑪

没过几天,他们又应邀出席电影晚会。没有想到的是,毛泽东来到现场,并在放映前介绍了白求恩、布朗和尤恩,他告诉士兵和老乡,他们是来帮助我们救治伤病员的,引发一阵掌声。一个战士要求外国医生唱一首歌,引起大家的共鸣。白求恩起身演唱了一首加拿大民歌,布朗随后把歌词大意翻译给观众,又引起一阵掌声。白求恩很是兴奋,来了一个西班牙式的敬礼。

在尤恩前往西安安排取货事宜时，白求恩和布朗也在日以继夜地忙碌，因为姜齐贤部长通知白求恩做好出发准备。去往前线的第一站是距延安以北200多公里的神木。然后向南去贺家川的一所后方医院，最后抵达山西五台山晋察冀军区司令部。5月2日，一辆满载医用物资的卡车整装待发，同行的还有一个班的八路军战士。白求恩惦记着他的警卫员何自新，唯恐这个小鬼跑掉。

原来，八路军接待处的管理员担心何自新个子小，身单力薄，难以在路上照顾好白求恩，于是，给他选派了一个身材高大的战士。白求恩看了那个战士一眼，摆摆手说："我不要，我不要大个子，只要一个小鬼就行了。"过了一会儿，管理员又领来两个小个子战士，白求恩看到他俩背着枪，马上又说："不要带枪的，我只要小个儿的小鬼。"何自新后来回忆说："为什么白求恩大夫单单要我这样一个小鬼呢？当时我不太懂得，后来在去前方的路上，每次部队派战士护送，他都一口回绝。他说：'我带这么多人是要减弱部队战斗力的，让他们到前线打仗不是更好吗？'这时我才明白，为了中国人民的抗日战争早日胜利，白求恩大夫想得真多啊，相反，他对个人的安危总是毫不考虑。"⑫正是白求恩的这个决定，使何自新一直陪伴他生活战斗了18个月，直到他去世。40年后，他还铭记着当时的情景："白求恩走进我的宿舍，拿起我的背包放在车上。又走到我面前，说了声'小鬼，走'，拉着我上了汽车。"

离开延安后，白求恩在二十里铺做了短暂停留。他对那里药品供应站的情况很是吃惊。他写道："药品都在露天堆放着，一些贵重药品无人看管，我们永远见不到那些物资的明细清单。我建议搭一些架子，把药品码放好，还要做明细清单和库存薄。我们申请的药品只搞到一小部分，这里人浮于事，效率低下。我对他们的拒绝帮助感到非常遗憾。"后来，白求恩把这一情况向毛泽东做了汇报。⑬

关于一路的行程，白求恩在5月3日写给加拿大的一封信中说："从延安到延川的路况很差，从清涧到绥德的路很好（就本地而言）。所有的道路都是压实的土路，路面坚硬。在路上不能更快行驶的原因，是这些道路没有整修或弄平。在清涧和绥德之间有一道绵延的高山，被称作九里山,地势越向北越陡峭。我们要过八条河,而且河上都没有桥。如果下雨的话,车上路后根本无法行驶。"⑭让白求恩不幸言中的是,在快到绥德的时候,他们遇上大雨,路上一片沼泽,卡车深陷其中。白求恩和战士们奋力把车推出泥沼,他自己也被雨水泥水弄得脏兮兮的。

5月3日下午两三点钟,白求恩一行抵达设在绥德县城的八路军兵站,喝了一点儿水后,于当晚赶到米脂县城兵站,再往前就没有公路了,他们必须要在米脂解决交通工具——骡子和毛驴的问题。

艰苦的行军并没有泯灭白求恩乐观的天性。他在信中写道:"我们路过两口石油井,至少有一口仍在出油,再往前走,就是露天煤矿,这里的煤都是上好的无烟煤。将来有一天中国工业化后,这里一定会成为世界上最富庶的地区之一。"白求恩的预言今天成为现实,由于石油和煤炭的开发,陕北成为"中国的科威特",成为西部富庶的地区。⑮

时任八路军第一兵站医院二所的指导员薛峰,曾作为向导陪同白求恩从陕北清涧县师家园村出发直至神木县贺家川村,和他朝夕相处15个日夜。他回忆说:"白求恩有两个大铁箱子,里面装有医疗器械、药品、医学书籍、英文打字机、一套小餐具、行军床和衣服等生活用品。因为箱子体积大,又很重,牲口驮不动。为了能把这些东西带走,只有改装成小箱子,才能继续行军。"

"第二天一早,白求恩让我请个木匠来做箱子。他对我找来的木匠比画了一阵子。木匠胆怯地说'做不好,做不好'。白求恩把木匠打发走,告诉我买一些木板和钉子,借一把锯子和斧头。等一切置办齐了,已经到了中午开饭时间。白求恩固执地说:'我不吃,先把它做出来。'再劝他时,他已经开始干活了。同时吩咐我,'给我买几个烧饼就行'。就这样,白求恩在窗台旁一个石板床上嗞——嗞——嗞地锯起木头,锯一会儿拿起烧饼咬几口,又接着锯几下。"薛峰回忆道,"我心里很纳闷,白求恩是个医生,莫非他还会木匠活?只见汗水湿透了他身上的背心,他全然不顾,干得很带劲儿。下午两三点,锯好的木板整齐地堆放在院里,白求恩也休息了。四点钟,他用自己带的小锤又起身干活。不大工夫,6个大小适中的扁长型箱子就做好了,装满东西,一个有50多斤,一个牲口驮两个是没有问题的,看着改好的箱子,白求恩脸上露出满意的微笑。"⑯

从米脂到佳县是国共两党的统战区,也是红军时期的游击区。沿途有国民党军队驻防。为安全起见,姜齐贤部长亲自找到驻米脂的八路军警卫一团团长贺晋年,请他派人护送白求恩一行通过该区。贺团长二话不说,派了一个排长带领一个班前往护送,并安排到佳县大会坪后再由那里的部队接力送到前方。

与此同时,薛峰也在张罗着雇用牲口。3匹牲口分别给白求恩、布朗和姜部长当乘骑,其余10匹用来驮箱子。白求恩拒绝战士给他牵缰绳,说自己可以驾驭。没想到两头犟骡子不给面子,把他掀翻在地。不服输的白求恩最终降伏了一匹牲口。于是,这支医疗队才踏上征途。薛峰回忆说:"我们脚下的路实际上是一条黄河边上崎岖不平的羊肠小道,驮着箱子的骡子举步维艰,稍不留神就会跌下山崖。只要碰到路窄的地方,就得先卸下货物,搬到路宽的地方,再重新搭在骡背上,这时,白求恩、布朗医生就会过来帮忙。一路上,两位加拿大医生有时骑牲口,有时就干脆拄着棍子跟着走。"⑰

白求恩是一位看见病人和伤员就不想走的人。一路上,他总要停下来为伤员和村民疗伤。晚上食宿老乡家,常常是刚刚安顿好,就忙着给伤病员看病,有时顾不上吃饭。在米脂,他们检查了30名八路军伤员。在佳县,虽然没有八路军伤员,白求恩和布朗还是为国民党军队的几百名伤员忙碌了好几天。布朗回忆说:"这是一次极其艰苦和忙碌的行军,沿途到处都是伤员,许多人得不到照顾,有些伤员几个月就一直躺在肮脏的床上。在一个地方,许多伤员完全光着身子,没有衣服穿。半数在挨饿或因败血症而慢慢死去……对所有病人的常规血液化验,血液血红蛋白平均70%,它意味着需要100个医生花费一年的时间来医治这些人。许多伤员因冻伤而失去肢体和手指,发展成坏疽,必须立即援助一批衣物,以减轻他们的痛苦。""我们抓紧时间考察伤病员的医疗状况,尽可能多地为伤病员动手术,并帮助整顿医院和诊所。"⑱

三、难以想象的贺家川后方医院

白求恩一行经过 6 天的艰苦行军，于 5 月 11 日傍晚抵达贺家川。这是一个 50 户人家的小村庄，周围荒凉多山，坐落在黄河以西 20 华里、长城以南 150 华里的地方。120 师卫生部医务主任张汝光亲自迎接他们。来到贺家川后方医院驻地，很快有人为他们打好洗脸水，送来了开水。

刚卸下行装的白求恩，边喝水边问张汝光主任："你们的伤员在哪里？"张赶忙说："你们先休息一下，吃完饭再谈工作。"白求恩马上说："这里是重伤员的收容所，我就是为看伤员来的。"姜齐贤部长知道白求恩的脾气，就以商量的口吻劝道："是不是吃完饭再去看？"白求恩连连摆手说："不行，不行，一定要看过伤员再吃饭。"

姜齐贤、张汝光和贺家川后方医院院长王恩厚、值班医生、护士长等只好陪同白求恩、布朗去看望伤员。眼前的景象让白求恩一下子想起马海德在延安跟他说的话："贺家川的条件比起延安不知道要差多少倍。"这所医院有 175 名伤员，分别住在老乡的窑洞里，全村几乎每家都有。除少数人睡土炕外，多数伤员都睡在用麦草铺的地铺上。伤员们盖的，有的是一件大衣，有的是一条旧毛毯，还有一些伤员衣服上爬满了虱子，连条床单和毛毯都没有。由于医院缺少接受过医护培训的工作人员，除了偶尔给伤员伤口拔脓，换点衣服外，大部分伤员就这样在地铺上躺上好几个月。白求恩写道："所有伤员都出现贫血、营养不良和脱水的症状。他们所接受的外科处理只是包扎一下伤口，使脓液向下流向感染的骨头。他们生命垂危，将死于败血症。这些伤员都需要手术，而且手术的风险很大。"[19]白求恩一个不漏地全查看了一遍，心情非常沉重。

吃完饭，天已经黑了。

白求恩问姜部长："吃完饭没有？"

"吃完了。"

"走，咱们再到病房看看伤员去。"

姜部长心疼地说："不行不行，你太累了，还是先休息，明天再去看。"

白求恩用毫无商量余地的口气迸出一个字："去！"边说边拿起笔记本和手电筒。跟随查房的薛峰对这一幕终生难忘，在回忆文章中写道："白求恩整整一天的行军，饭前已经查了房，吃完饭连口气都没有喘，又要去看伤员。伤员啊，伤员，你们在白求恩的心中占有多么重要的位置啊！"[20]

于是，大家再一次陪同白求恩去查房。贺家川后方医院护士长邹年芳回忆说："这次查房，白求恩看得很仔细，边看边记录。记录的内容包括负伤部位和伤势轻重程度等。这位初来乍到的外国医生在不到3个小时里两次查房的举动，不仅感动了医院的医护人员，就连伤员都感到过意不去，纷纷劝说白求恩早点儿休息。"[21]

白求恩坚持早晚查房的习惯，一开始让医院的每个医护人员都觉得吃不消，但后来大家发现，查房制度，特别是手术前后的查房，对伤病员的治疗是多么重要。很快，这种不习惯变成了习惯。

看着时候不早了，白求恩请姜部长和张主任先去休息，自己则在屋里支起行军床，做出要睡觉的样子。谁知，两人刚走，白求恩就打开箱子翻腾起来。只见他把自己的毛毯、线毯、衣服、鞋子、袜子等二三十件物品堆在院子里的石板床上。布朗医生问他干什么，白求恩悄悄跟他咕噜几声，不一会儿，布朗医生也拿着几件衣物放到石板床上。

虽然已是午夜时分，白求恩还是把王恩厚院长找来。他指着那一堆衣物对王院长说："伤员们太苦了，请你今晚无论如何要把这些给伤员送去。"看到这么多衣物，王院长激动得一时说不出话来，他知道，既然白求恩说送给伤员，你就得非收下不可，不然他会生气的。可是天这么晚了，大多数同志都已经睡了，怎么送呢？停了一会儿，他用商量的口气说："白大夫，明天一早就送，行不行？"白求恩一听就急了，他板着面孔厉声说："不行，现在就派人送去。"王院长见拗不过白求恩，就连声说："好！好！好！"随即叫起两位向导和通讯员、理发员四个同志。

白求恩又把这30多件衣物数了数，看着笔记本上记录的伤病员情况把东西放在他们怀里。"这条毛毯送给那位腹部受伤的，这条线毯送给那位左上肢负伤的，这件衣服送给那位右下肢负伤的，这双鞋子请送给……"每件东西他都分配好，甚至一双袜子要送给谁他都清清楚楚，看到四位同志抱着东西离去，白求恩这才拖着疲惫的身体躺在行军床上休息。白求恩入睡了，几位分发东西的工作人员却久久不能平静。多少年后，白求恩亲切的话语、诚挚的举动仍然浮现在他们眼前。他们回忆说，在当时，一般中国人都难以做到的事情，白求恩却做到了，而且做得那样自然，那样真诚。

第二天一早，天刚蒙蒙亮，白求恩又叫上张汝光主任查房，他要看看哪些伤员急需手术，哪些伤员需要留置观察，也要看看他和布朗医生送去的衣物是否如数发给伤员了。当伤员告诉张汝光主任他们身上穿的、盖的都是白大夫送来的之后，张主任非常感动，也很惭愧。他对白求恩说："我们的工作没有做好，让伤员受苦了，也让你付出这么多。""另外，你们送这么多衣服，自己没有穿的怎么办？"白求恩笑着说："我还有衣服，这是第一次为这么多八路军伤员治疗，就算做个纪念吧！"[22]

吃早饭的时候，他告诉张主任："经过仔细检查，175 名伤员中，有 35名急需外科手术。我马上要看一看你们的手术室、换药室在哪里？"王院长早有准备，事前让人打扫了这几个房间。但现场的情况还是让白求恩非常失望，他连连摆手说："不行不行，这样手术时，屋顶的灰尘落到伤口上怎么办？我们要对每个伤员尽责。"他沉思片刻，问王院长："这里有没有白布？"王回答说："有。""有没有缝纫机？要有，我自己会踏。"王院长一脸茫然。要知道，那时的陕北农村，别说没有缝纫机，人们连见都没有见过。于是，医院买来白布，在白求恩指点下，缝制了一顶像大蚊帐似的，足够几个人一起做手术的帐篷，消毒后，撑起来果然像个手术室。

解决完手术帐篷，白求恩和布朗又花了几天时间对医院的基础设施进行改造。在一个宽敞些的院落，他们把两间相通的房子彻底清洁之后，当作手术室和康复室，又把几间窑洞作为术后病房。接着，白求恩和布朗又带领医务人员用棉花、棉线做成纱布、口罩、毛巾、床单和被罩，再把稻草填入被罩中。白求恩写道："我们缺少棉布、卫生桶和纱布等等，伤员需要用稻草填充的床垫，否则床垫很快就变得潮湿不能用了。我们把做好的绷带、纱布、毛巾、袖套等放进高压锅里消毒。"

在贺家川后方医院，白求恩反复告诫医务人员："手术并不是治疗过程的重点,术后护理最重要。"一天,前方送来一位十八九岁的伤员,他的右腿被子弹打穿。医生给他清洗了伤口,上了夹板。可是伤口继续恶化,伤员出现高烧症状。白求恩取出一点脓液嗅了嗅,又将探针插进伤口,真没想到,竟夹出一团棉球。白求恩举起镊子大声质问:"这是谁干的?"一个十五六岁的卫生员惊慌地挤过来说:"是我。""你为什么这样疏忽?"白求恩大声说。伤员支撑着坐起来想为卫生员揽过。白求恩沉痛地说:"由于这个棉球堵住伤口,大量细菌进入骨髓并形成病灶,结果……"他停顿一下,弯腰对伤员说:"同志,你必须把腿锯掉啊!"伤员一听就哭了。白求恩打开伤员的病情记录:高热的体温,只有 4.5 克的血色素,大面积骨质腐烂和营养不良。不做手术,随时会引起败血症。他耐心地说:"孩子,不做手术会有生命危险。"伤员痛苦地点点头。白求恩亲自手术,那位小卫生员等在手术室门口,见到白求恩,又一次把头埋在胸前。这件事对大家教育很大。尽管这样,又有两个伤员在术后 5 天时,仍然发现伤口里长了蛆。这让白求恩异常愤怒,他对医护人员吼道:"你们不仅缺少经验,更重要的是缺少责任心!"从这以后,医院的护理工作有了很大改进,伤员的术后康复率也大大提高。

在接下来的半个月里,白求恩和布朗忙着给伤员做手术并进行术后的康复治疗。手术前,白求恩再一次全面检查了 35 名伤员,并按伤情轻重分成三个级别。一级伤员需要马上手术,主要因为脓肿形成后,加剧了骨头的感染。二级伤员可以稍等一段时间,三级伤员没有感染,可放在最后。尽管这些伤员病情都很严重,但在白求恩、布朗医生的精心救治下,只有一位没有保住生命,其余都恢复了健康。

白求恩在中国战场第一次把自己的鲜血输给伤员的事也发生在贺家川后方医院。他在为一名重伤员做下肢截肢术时发现,由于伤口感染,伤员十分虚弱。白求恩和布朗商量后认为需要输血治疗。在场的医务人员都没有见过输血,见此情形,白求恩果断地说:"输我的吧!"说完就躺在那个伤员的旁边,伸出胳膊,让布朗把他的鲜血直接输给伤员。这时有几个同志醒悟过来,连忙挤上前去抢着说:"输我的,输我的。"白求恩摆摆手说:"输谁的都一样,我是 O 型血,万能输血者,输你们的还要检查血型,这次就先输我的吧!"这次白求恩输血 300 毫升。在随后几天的手术中,又有一个医生和两个护士给伤员输了血,使手术进行得十分顺利。看到医务人员认识到输血治疗的重要性并主动要求输血,布朗医生非常高兴,他笑着对白求恩说:"贺家川的输血可比延安的输血顺利多了。"白求恩知道布朗医生又在提给抗大一名伤员验血输血的事。白求恩叫人连抓带摁把血型适合者制服,勉强给伤员实施了直接输血。布朗当时就对白求恩说:"这种强制措施无法增加志愿献血者的数量。"此后,白求恩先后4 次为八路军献血。

在白求恩和布朗医生的努力下,贺家川的伤员救治和医院管理发生很大变化。为了回报他们的帮助,医院特意送给白求恩一套用自己生产的土布做的军装(布朗医生是基督徒,没有接受这份礼物),白求恩高兴极了,马上穿在身上。他还特意让警卫员何自新找来两面大镜子,前后照着,左端祥,右打量,笑得合不拢嘴,连声用刚学会的中国话说:"很好!很好!"并使劲儿拍着军装说:"我现在也是一名八路军战士,不过我都快50 岁了,也许,我是八路军最老的一名战士。"何自新回忆说:"白求恩大夫非常珍惜这套军装,平时舍不得穿,只是在开大会或会见首长时才穿上。回来就脱下叠得整整齐齐的,用一块大红布包好放在箱子里。从这里我看到,白求恩对八路军战士凝聚着多么深厚的感情啊!"㉓

白求恩和布朗医生在救治八路军伤员过程中,始终惦记着周围的老百姓。经常到农民家中做手术。当时的陕北农村,根本谈不上什么卫生设施,一般农民都是小病拖成大病,实在不行,只能等死。姜部长深有感触地对白求恩说:"陕北这个地方医疗卫生条件太差了。"白求恩的到来,让一些老乡绝处逢生。他们当中,有的头上长个疱,有的跌伤后伤口不愈合,还有的身上长瘤子,眼睛有毛病,白求恩发现后,总是不厌其烦地给予治疗,他随身带的药品和敷料因此用去不少。但是,让白求恩不满意的是,每当他在屋内做手术,屋外总是围着一大群人叽叽喳喳叫个不停。白求恩命令何自新把他们赶走,但没过多久,又聚拢了很多人。有一次,白求恩实在忍不住了,他走出土房,老百姓见到他的双手和围裙沾满鲜血,还挥舞手术刀,吓得一哄而散。不过老百姓都知道,这个外国医生是个好人,没有他看不了的病,谁找上门来都会热情接待。

四、给延安总部的工作报告

在贺家川后方医院,医护人员发现白求恩有一个雷打不动的习惯,晚上总要坐在打字机前不停地写信和整理资料。由于陕北的麻油灯太暗,他随身携带了很多用于照明的蜡烛。

5月17日晚,他开始给延安八路军总部和毛泽东写报告,详细阐述了途经二十里铺、延川、米脂、贺家川看到的八路军医院的情况,特别指出了贺家川后方医院存在的严重问题:一是医疗物资严重缺乏,手术环境极其恶劣,如不是进行紧急准备,根本无法开展医疗工作;二是35名重伤员极其危险,必须马上手术,尽管有极大风险;三是医生和护理人员严重匮乏且缺少培训,如果护理得当,至少有20个人可以不必拄拐。后来,他把贺家川后方医院形容为"一个应该立即封锁的瘟疫区——因为这里条件太艰苦,缺医少药,医生和护士人员职业素质差"。

5月22日晚,他继续完成报告的内容。他语重心长地写道:"如果进行预防,许多残疾不致发生。这些预防措施是能够,而且必须在受伤时或在伤后不久立即进行。在什么场合呢?——就在前线。受伤24小时内,必须及时清创,骨伤应立即上夹板(如由于某种理由,股部和小腿骨折不能上托马氏夹板,可以用木制夹板)。"

如何解决医务人员训练严重不足的问题?白求恩写道:"到八路军工作以来,经常听说必须忘却我们在别的军队里所受的种种训练,因为在八路军的医疗工作中,设备和训练有素的医务人员极少,在现有情况下,它已经尽力而为了。我们很快就同意了这种说法。我们目睹医务工作者在最原始的条件下恪尽职守。但是这个阶段快要过去,援助正源源而来。条件的变化必促成组织上的变化,最主要的一环是培训医务人员。我们不应掩饰医务人员训练不足的事实。"

针对上述问题,白求恩提出三点建议:"改进医务人员的训练,争取更多的物资和设备,建立特种医院——特别是为需要矫形的病人。"他强调说："最后一个问题涉及使失去战斗力,但能从事其他工作的战士得以康复和接受培训的大事。我们必须同时从当前和长远的观点出发,来研究这些问题。我们深知自己在八路军中的工作经验很少,对其涉及的政治问题认识更为不足。"

尽管如此,白求恩仍然为解决问题绞尽脑汁,对人员培训他提出3条建议:由加美医疗队做示范培训,由中国红十字会开展培训,到中国的外国教会医院进行2至3个月的专门训练,并报告说布朗医生已决定将3名医护人员带回他所在的医院进行培训。

对药品的使用与管理,他提出4条建议:为部队医疗单位拟定一份标准的药物清单,提供合乎标准的、统一的浓缩合剂,编写一部药物辞典印发各医疗单位,编写内外科手册,讲解常用药的用法。他还建议举办自我批评学习班,把不称职的医生降为护士,把称职的护士提升为医生。

对争取外援,他提出6条建议:向汉口国际红十字会申请,为供应假肢提供一半的补助,请延安外事委员会(关于这个委员会,白求恩离开延安前,已呈送备忘录一份)起草一份呼吁国际援助的文件并向国内外散发,在中国各大城市做募捐演讲,为八路军医院筹款,请求国际红十字会为残退军人在绥德建立截肢站和疗养院,边区政府要和国际红十字会协商,争取八路军医院和教会医院同等待遇,申请款项不应少于25万美元,向美国和英国发出呼吁,尽快派遣矫形医疗队和战地流动手术队。

关于建立特种外科医院,他写道:"创伤病人多得惊人,从贺家川转移到延安,一名伤员耗费80美元。因此,这所医院要离前线再近些,目前这所医院可设置在黄河沿岸的佳县,日后可设在山西中部的铁路线旁。"

在报告中,白求恩提出要和布朗医生到八路军战区考察一下伤员的数目和伤情,并对前线的治疗方案给予指导,只有"到前线去,采取合理措施,才能预防更多的伤员沦为现在这种状况"。而且"布朗医生可以把视察取得的第一手资料写成报告,他的报告极为重要,可以公开发表"。他还提议尽快为自己物色一名翻译和助手,以便布朗医生走后能够不影响工作。

白求恩的这份报告,特别是给出的10多条建议,有很多是可行的,有的经过努力是可以做到的。而且后来的实践证明,他的这些建议,例如建立特种外科医院,在战地对医护人员培训都发挥了很好的作用。编写教材、手册等工作,他自己也完成得很好。也有一些建议,是由于他对当时的战争形势和八路军的困难不甚了解,因而不太符合实际。例如护送医护人员到汉口接受教会医院培训,要求获得比现在多十倍的医用物资等。但不管怎样,今天,每一个中国人重温白求恩的这份报告时,都会想起一句话,白求恩是一个毫无自私自利之心的人,他确确实实把中国人民的解放事业当成了他自己的事情。㉔

白求恩在给延安总部和毛泽东书写报告时,也没有忘记给美共领袖白劳德、加共领袖巴克写信,他说:"我已经给美国援华会的多德写了十几封信,始终得不到任何回音","我认为他们已经停止工作,请把这封信交给现在履行职能的部门"。在给巴克的信中,他呼吁加拿大人民给中国八路军以更多支持:

"加拿大人必须帮助这些人。他们正在为中国和亚洲各国的解放事业而斗争。我知道我们也不富裕,还有西班牙革命需要援助。但是这里更需要援助。他们只要一息尚存,就会无怨无悔地把事业进行到底。

"五个月来,美国援华会一直保持沉默,我没有收到他们的任何答复。我没法向毛泽东交代,并因此深感愧疚……加拿大人应该伸出援手,除了派出医护人员之外,是否可以在经济上援助这支流动手术医疗队,难道加拿大方面不能独自担负起这个使命吗?我们不能再花八路军的钱了,这简直是奇耻大辱。"㉕

在给白劳德的信中,白求恩重复了以上内容,同时赞扬了布朗医生的贡献,他建议白劳德按照当时美国援华会跟自己和帕森斯的约定,能够每月给布朗的家人提供100美元的津贴。从这件小事可以看出,白求恩是一个对同事关怀的热心人。

结束了贺家川后方医院的工作,白求恩和布朗继续东进。5月27日,他们进入黄河谷地。5月30日,他们到达山西岚县,这里的情况同样令人担忧。布朗医生回忆说:"山西西北部由八路军120师占领,我看到一个村子里就有1400名伤员,而这里完全没有医疗设备和手术器具。我和白求恩大夫在这个村建起第一个手术室,但我们能给他们留下的仅是很少一部分我们自己也不充足的设备。在陕西东北部另一个八路军基地,有七个医院。在这个区城内,很多镇和村子都住满了伤员,大约有4000人(八路军战士和敌后游击队员),老百姓尽量地照顾他们。"㉖

得知一位通讯员要从岚县去延安,白求恩和布朗请他捎上几封信。在给毛泽东的信中,白求恩写道:"我必须告诉您,我们在这里工作很愉快,见证了中国人民为祖国和亚洲解放事业进行的壮丽事业,我为自己能尽绵薄之力而深感自豪。"

在给马海德的信中,白求恩写道:"真希望你能和我们在一起,很难想象布朗医生离开后,不懂汉语的我该怎样工作和生活。"布朗医生给史沫特莱写了一封信,描述自己和白求恩一路上抢救伤员的情况,强烈请求她尽最大努力提供帮助。

1938年6月7日上午,在山西岚县120师师部所在地。白求恩和布朗医生受到贺龙师长、关向应政委、萧克副师长、周士弟参谋长的热烈欢迎。晋察冀军区副参谋长郭天明同志也专程赶到岚县陪同白求恩一行北上。贺龙对白求恩万里援华的国际主义精神倍加赞赏,对他们在贺家川后方医院给几十名重伤员成功实施手术表示感谢。

白求恩与贺龙相见恨晚,交谈得十分愉快。白求恩说:"我在加拿大,在斯诺的《西行漫记》中,已经知道了你两把菜刀闹革命的故事,它鼓舞我用手术刀去战胜伤残和病魔。你是八路军最有威望的将领之一,我非常敬慕你。"贺龙谦虚地摆摆手说:"在我们见面之前,天天有人提到白求恩大夫,八路军伤病员和我们的医护人员都非常爱戴你,尊敬你。我们非常感谢美共、加共和两国人民对八路军的无私援助。你已经看到,八路军的物质条件很差,你从富裕环境来到贫困的地方工作,靠的就是战胜一切困难的坚强意志和百折不挠的革命精神。八路军能够发展壮大,也靠这些。靠与人民群众同甘共苦,靠革命的乐观主义。"白求恩见贺龙的烟斗很大,又开起了玩笑:"贺龙将军,你的烟斗不亚于你的菜刀,我看有个大的烟筒会更好,""可惜我的嘴挂不住。"说罢,贺龙一阵大笑。

随后,贺龙指示周士弟参谋长:"白求恩和布朗医生要去晋察冀前线,你要做好准备,确保他们的安全,一定不能出事。"当天下午,120 师为白求恩和布朗医生配备了两匹战马,有 25 名全副武装的战士参加护送。几天后,又有 75 名战士加入队伍。因为他们马上要穿越日军占领区。一个月色晴朗的午夜,战士给马蹄裹上软皮,悄悄穿过日军封锁线,来到相对安全的山区。接下来的 4 天行程相对轻松,白求恩兴致很高。他写道:"过去一个月看到的都是荒山,现在眼前高耸的山脉和绿色的山谷仿佛把人带入天堂,真让人赏心悦目,这里的空气湿润芳香,到处都可以看到潺潺的流水,听到鸟儿的欢叫。"㉗

注释:

① 〔加拿大〕罗德里克·斯图尔特:《不死鸟——诺尔曼·白求恩的一生》,中国青年出版社,2013 年版,第 439 页。

② 〔加拿大〕拉瑞·汉纳特编著:《一个富有激情的政治活动家》,齐鲁书社,2005 年版,第 294、295 页。

③ 同①,第 308 页。

④ 宋家珩主编:《加拿大人在中国》,东方出版社,1998 年版,第 86 页。

⑤ 同②,第 325 页。

⑥ 〔加拿大〕琼·尤恩:《中国——我的第二故乡》,陕西人民出版社,1992 年版,第 125 页。

⑦ 同④,第 99 页。

⑧ 同④,第 25 页。

⑨ 同④,第 103 页。

⑩ 同④,第 38 页。

⑪ 同①,第 440 页。

⑫ 毛泽东:《纪念白求恩》,人民出版社,1979 年版,第 244 页。

⑬ 同②,第 318 页。

⑭ 同②,第 314 页。

⑮ 同②,第 314 页。

⑯ 《延安白求恩国际和平医院》,解放军出版社,1986 年版,第 33 页。

⑰ 同上,第 37 页。

⑱ 同④,第 40 页。

⑲　同②,第 319 页。

⑳　同⑯,第 38 页。

㉑　同⑯,第 39 页。

㉒　同⑯,第 40 页。

㉓　同⑫,第 245 页。

㉔　同⑫,第 88 页。

㉕　同②,第 325 页。

㉖　同④,第 42 页。

㉗　同①,第 318 页。

第七章　创办
　　　八路军模范医院

一、"金刚库村遇金刚"

1938年6月16日下午,白求恩一行经过九天的艰苦行军,抵达山西省五台县豆村晋察冀军区第二分区司令部。分区司令员赵尔陆、卫生部部长贺云卿率五台县军民进城欢迎。白求恩看到街头悬挂的欢迎标语和飘动的旗帜,有数百人用掌声和欢呼声夹道迎接他们,这使他想起初到延安时的热烈场面。他下马对贺云卿说:"边区人民的热情让我感动,希望你现在就安排我们去检查伤员。"赵尔陆司令员告诉他:"县城距离最近的后方医院有两天的路程,今晚你们要好好休息。""那就是说,我们两天后才能看见伤员。"白求恩显得有点儿失望。赵尔陆安慰他:"你们明天的目的地是金刚库村,那里是晋察冀军区司令部驻地,你们可以见到聂荣臻司令员。"白求恩很高兴,他早就渴望看看"五台山的鲁智深"是什么模样,那可是毛泽东的爱将啊。

6月17日,天刚蒙蒙亮,白求恩一行就离开五台县,时近中午,军区司令部派出骑兵通讯员跑出十多里打探情况。下午二时,医疗队出现在金刚库村头,驻地军民近千人列队欢迎。聂荣臻司令员身着整齐的军装,精神焕发,站在队伍前头。参谋长唐延杰、政治部主任舒同也显得非常兴奋。白求恩远远地跳下马,跑步前去,行了个西班牙敬礼,大声说道:"司令员同志,加美医疗队诺尔曼·白求恩向你报到。"聂荣臻向他还礼后,连声说:"欢迎、欢迎。"布朗医生未曾见过这么大的欢迎场面,有些不知所措。聂荣臻拉着他的手说:"辛苦了,早就知道你要来这里。"布朗用流利的汉语道谢,这让聂很是吃惊。

金刚库村位于一座大山脚下,不到二百户人家。村南有一座古佛寺,寺前有一条叫清水河的溪流。五台县志没有古佛寺的建寺记载,当地却有"未开天地,即有古佛""先有古佛寺,后有五台山"的传说。相传古代南山寺有普济和尚路经此地,见殿倒屋塌,遂起愿修佛。古佛显灵:"真佛在此,何必远求。"普济和尚于是在五台山附近四处化缘,两年化得白银七万两,终于实现了重修古佛寺的心愿。

聂荣臻的驻地是一个有围墙的宽敞院落,青砖黛瓦的房子很有气派,屋顶四角的龙形装饰说明房子的主人是一个富裕人家。聂荣臻把客人引到房间坐下,茶水还没有端上,白求恩就站起来问道:"司令员同志,我们的工作岗位在哪里?"聂笑着拉白求恩坐下,对他说:"白求恩同志,你们是不是休息一下再谈工作?"白求恩又站起来说:"我和布朗医生是来工作的,不是来休息的,我想尽快知道工作的安排。"

聂看白求恩这样着急,没有再说什么。他请白求恩谈谈自己的想法。白求恩坦言:"我希望在晋察冀组建一支流动医疗队,并到离火线最近的地方抢救伤员。此外,医疗队还应担负培训医务人员和运送物资的任务。"聂非常支持他的想法,同时告诉他,晋察冀边区有 10 万八路军战士和游击队员,划分 10 个分区,每个分区都有一所后方医院,两三个诊所,每个诊所有 50 名医务人员,能接纳 200 名伤员。"你会看到,按照西方标准,这里的医务人员全部不合格,而且由于我们管理的区域太大,现有的医院根本应接不暇。我希望你尽快熟悉八路军的医疗工作并提出你的建议。"白求恩认真听着,不时在本子上做着记录。"关于你们的工作安排,我是这样考虑的,"聂用征询的口吻对白求恩说,"我们想聘请你担任晋察冀军区卫生顾问,到军区后方医院工作。"

"我完全同意,什么时候出发?""白大夫,看得出你是个急性子,到后方医院还有一天的路程,明天早上就出发吧。"白求恩点点头,此时,他恨不得马上飞到后方医院去。他后来写信给马海德说:"我感到无上的光荣。我现在的头衔是:诺尔曼·白求恩大夫,晋察冀军区卫生顾问。"①

当天下午,在古佛寺庙前的小树林里,召开了欢迎加美医疗队大会。军区直属部队、边区政府机关、附近村民一千多人参加了集会。政治部主任舒同在致欢迎词后,对白求恩说:"我要为你介绍一位新朋友,他叫董越千,是聂司令员亲自为你挑选的翻译。就在前几天,他还在阜平县当县长,他可是我们晋察冀的宝贝。"白求恩喜出望外,他看着中等身材、胖胖的一副学生模样的董越千,握着他的手说:"我太高兴了,你可不能离开我。"

舒同请白求恩讲话,有董越千当翻译,白求恩顿时来了精神。他说:"我万分幸运能够到你们中间和你们一起战斗和生活。我要向你们表示,我要和中国同志并肩战斗,直到抗战的最后胜利……"讲完话后,抗敌剧社演出了文艺节目。

看天色未晚,舒同又陪同白求恩参观了古佛寺。面对狰狞怒目的金刚,白求恩不解其意。舒同告诉他:"这是金刚大力士,佛教中的护法卫士,他手持之物为金刚杵,为金、铜、铁和岩石做成,是古印度兵器。传说他能伏妖魔、断烦恼、坚利智。"他笑着对白求恩说:"我们的聂司令员就是金刚大力士,我们的抗日战争就是伏魔妖,我们的步枪就是金刚杵。"一席话说得大家哈哈大笑。后来,白求恩在舒同陪同下还参观了五台山,他有感而发:"鲁智深醉打山门不好,他破坏了寺庙,而聂荣臻抗击日军,保护了老百姓,也保护了五台山的寺庙。"②

当天晚上,聂留下白求恩和布朗吃饭,并特意吩咐炊事员杀了一只鸡。餐桌上三盘素菜加一盆炖鸡,这在当时算是最"丰盛"的晚餐了。更让白求恩意想不到的是,他还可以在这个地主家的豪华浴室里享受一下,他写道:"在这个石头砌成的大浴盆里泡个热水澡真像是来到了天堂。"③

6月18日凌晨,一弯残月还挂在西山峰顶,白求恩就整好行装,牵马来到司令部,向聂荣臻告别。望着白求恩渴望战斗的目光,聂关切地说:"白求恩同志,多保重,祝你工作顺利。"白求恩告诉聂:"我想好了,我们首先要到后方医院工作,然后去分区医院巡诊,我会综合各医院的地理位置和医疗需求,尽快制定出适用于整个边区的行动方案。""我一定努力工作,司令员同志。"说完,白求恩翻身上马,和医疗队的同志疾驰而去。

当天中午,白求恩一行抵达后方医院驻地五台县松岩口村。晋察冀军区卫生部部长叶青山带领卫生部和后方医院的同志们早就在此迎候。一见面,白求恩就问:"这是什么地方,伤员在哪里?""这是卫生部,伤员都在老乡家里。"叶青山解释说。"那我们现在就去。"说完,白求恩转身向院外走去。叶部长对白求恩的急性子早有耳闻,也就不再劝他休息。白求恩边走边对叶说:"你们不要把我当成老古董,要把我当成一挺机关枪使用。"④

　　白求恩和布朗医生来到后方医院的第一个星期,就为500多名伤员做了检查,平均每天要检查70多名伤员。这些伤员大半是从平型关战斗下来的,有部分是友军从南口受伤下来的。由于医药缺乏,他们已经在医院躺了很长时间。受战争形势所迫,晋察冀军区后方医院分布在60多平方公里的山区,不但松岩口、河西村、河北村三个后方医院接纳了大批伤员,还有一些交通不便的小山村也住满了伤员。白求恩定下目标,绝不能漏掉一个伤员。每天晨光熹微,白求恩便率队沿着崎岖山路走上十几里,甚至几十里。每到一个村落,他都要认真查看每个伤员情况,并认真做好记录,每天晚上,他对着记录写出救治方案,一忙就是一个通宵,最后确定有110个伤员需要手术。

　　在接下来的3个星期,他和布朗医生做完了全部手术,有的手术难度极大。由于没有合格的手术室,每到一地,白求恩就和大家在临时腾出的空房重新布置,在天棚上挂上白布,在地面洒水,把四壁的尘土蜘蛛网扫干净。每天手术完,白求恩都要求马上清洗手术器械,连夜煮沸消毒,以备第二天再用。就是在这样的条件下,白求恩和布朗医生凭着精湛的医术和顽强的毅力,每天要完成十几个小时的手术。他们既是手术医生,又要指导麻醉师,还得帮助护士观察病情。常常是一个伤员的手术刚做完,白求恩就不停地喊:"下一个,下一个!"

　　回忆这个月的紧张工作,白求恩给林可胜的信中写道:"布朗和我在25天内做了110例手术。这里什么都缺,你能给我一些吗啡、可待因、外科手术器械、砷苯胺和卡巴腙码(这里很多人得了痢疾)吗?"在给马海德的信中写道:"我每天最多时要做10—15例手术,""今天我做了8例手术……为两名病人输了血,尽管很累,但我仍然十分满足。"⑤

　　叶青山部长在回忆白求恩来到晋察冀军区一个月的工作时写道:"白求恩急于工作,在摆好茶水的桌旁坐也没坐,就让我陪他到松岩口后方医院。从这天起,紧张的救治伤员的工作开始了……第一个星期,他检查了520多名伤员,第二个星期安排手术,在一个月内做了100多例。这些伤员经过短期治疗和休养,又带着健康的身体,重返抗日前线。"实际上,加上之前在沿途的手术,白求恩和布朗医生共完成手术147例。⑥

对晋察冀后方医院的工作,白求恩于7月1日给聂荣臻和延安写出报告。他在报告中说:按西方国家的标准,八路军和游击队没有真正的医院设备。各"后方医院"的350张病床并不是真正的病床,这些医院也不是真正的医院。这里的情况比贺家川要好一些,但是伤员仍然睡在铺着干草的土炕上,穿着肮脏的制服。工作人员尽到了他们的责任,但他们当中没有受过相当训练的人员。这里没有麻醉药,没有正规的手术室,也没有一件外科手术器械。"也许,加美医疗队拥有的医疗器械,数量超过了整个八路军的医疗部门的器械。纱布绷带洗了又洗,晾干再用,缝伤口的线是自己做的,药品大部分是自制的丸散膏丹,功效并不可靠。归根结底,能够用来照顾伤员的只有我们带来的药品、器械,我和布朗医生的技术,五个本地训练的医生,以及那些热心服务但未经训练过的义务工作者。"⑦

面对这样的困境,白求恩并没有气馁。在另一则报告中他写道:"布朗医生返回后,我是这个地区1300万人中唯一合格的大夫。我需要照顾15万游击队员,他们正在进行一项伟大的事业,理应得到帮助,我想我应当留在这里。"

7月20日,白求恩又向毛泽东递交了一份工作报告,对河北村、河西村和松岩口后方医院的情况做了更为详细的汇报。其中取得重大进展的卫生工作他列出14项,正在落实的改进措施列出7项,并对下一步的医疗工作提出很多建议。

精力旺盛的白求恩不知道自己的作用是否已经发挥到极限。松岩口医院尽管很忙碌,但是听不到枪声,这让一心要上前线的白求恩又躁动起来。他有空就去打听八路军的120师、115师、129师在哪里打仗,并向聂荣臻提出上火线的要求。虽然聂对他一再劝说,白求恩还是给毛泽东写信,表示如果战事一直这样平静他将离开五台山,并要求毛支持他的意见。白求恩还在金刚库村偶遇美军上尉埃文斯·卡尔森,他是一位搜集八路军信息的武官。白求恩向他讲述了他和布朗医生在八路军医院的工作,并表示自己将不辱使命。卡尔森建议白求恩每月为英国《曼彻斯特卫报》投稿两篇。白求恩爽快地答应了。因为每月的稿费收入会帮助八路军减轻一些负担。后来。白求恩完成了一篇将近两万字的新闻稿,只是没有发表。

二、"打上共产党印记"的传教士医生

在五台山抗日根据地,白求恩和布朗医生的手术合作十分顺利。后者理解白求恩救死扶伤的强烈愿望,对十分密集的手术安排安然接受。布朗对白求恩在工作中发明一些手术工具和小窍门,然后毫不吝啬地传授给中国同行很是佩服。他甚至和白求恩展开"手术竞赛"。为数百名伤员废寝忘食地连续手术。20世纪60年代,他在接受加拿大广播公司(CBC)采访时回忆说:"在和白求恩相伴的日子里,我们尽可能多的为伤员动手术,""我的日记告诉我,在三个月内我一共做了365例手术。"在离开五台山根据地的前一天,他给家人写信:"今天,除了许多访问之外,我做了9例手术,这些手术是取出子弹、炮弹片和坏死的骨头。"⑧

当然,由于信仰和个性原因,两人的矛盾在所难免。布朗医生深谙中国国情,入乡随俗,如鱼得水,白求恩则不肯适应文化差异,我行我素。在五台山喇嘛寺,白求恩对和尚的打坐跪拜大肆诅咒,布朗却能给予尊重;布朗医生待人谦和,很少与人发生争执,白求恩则厌恶与自己意见相左的人。他们之间经常会讨论一些政治和宗教问题,这时白求恩会拿出他的党证和绣有共产党标志的衣服给布朗看。后者会告诉他:"你的表现更像是一个僧侣,一个同情弱者的圣人,""也许称你是上帝的圣徒更合适。"布朗医生严格律己,白求恩却改不掉爱喝酒的习惯,有时为缓解紧张情绪,他甚至为自己注射吗啡,这让布朗心生反感;白求恩医德高尚,要求体恤付不起账的患者。布朗则劝告他,不能要求所有医生都远离贪欲……尤恩后来在西安见到布朗,询问他和白求恩相处得怎样?布朗笑着说:"我们还能相处。"

有的研究者认为,白求恩和布朗合作得并不愉快,两人甚至有时互相

敌视。如果看一看彼此后来的相互评价，我们就会发现，在两人相处的3个月中，尽管有分歧，但在专业领域的合作是愉快的。白求恩是共产主义的信仰者，布朗是虔诚的基督徒，但两人人道主义的信念和救死扶伤的决心却是不谋而合的。

布朗对白求恩抛弃舒适生活，到华北敌后最艰苦的环境中支援中国抗战评价甚高，他写道："在中国的一段岁月，白求恩为贫穷、受压迫的人服务，这是一种明显的奉献。尽管有这样或那样的弱点，他却以热切的渴望，采取医疗上的、政治的或其他方式去帮助受压迫者。他感到帮助受压迫者比当一名卓越的、在社会上享有盛誉的胸外科医生，比拥有高水准的生活更能使他得到心灵的快乐。""我从来没有看到一个人像他那样保持清醒和谈话直到深夜，他总是想去做那些他没有时间和精力去做的任何事情。"⑨

白求恩尽管是一个挑剔的人，但对布朗医生的评价却赞赏有加。在1938年5月3日写给加拿大的信中写道："理查德·布朗医生真是个好家伙，他的汉语说得跟中国人一样地道。"在5月7日的信中写道："我和布朗医生在日常工作中紧密配合，遇到问题我们就共同商讨。"在给毛泽东的信中他称赞布朗是"八路军真正的朋友"。在给加拿大朋友的信中写道："我对布朗医生的敬意无法言表，他给予我巨大帮助。如果没有他，我们的工作不知会是什么样子……布朗医生中文流利、脾气温和、善解人意，而且是个不错的旅伴。"

布朗医生的假期很快就要到了。7月13日，他踏上返回西安、开封的旅程。临行前他告诉白求恩，他需要先回开封的圣公会医院看看，然后前往汉口募集资金，用以支持晋察冀边区的医疗工作，到时候，他会回来再和白求恩继续并肩战斗三个月。白求恩祝他好运，希望他早点回来。但让白求恩失望的是布朗因为忙于更重要的事情没有回来。与布朗同行的还有美联社记者霍尔多·汉森。这个26岁的年轻人是第一个到达晋察冀边区的外国记者，后来他根据采访经历写了《人道主义的奋斗》一书，介绍了白求恩和布朗在敌后战场的贡献。后来没有想到的是，从五台山到西安这段650公里的路程，他们走了42天。

返程途中,布朗医生在陕西东南部访问了八路军总司令部,见到了朱德总司令和彭德怀副总司令。朱德交给他一封公开信,代表八路军对来自传教士的援助表示感谢。信中写道:"八路军对在反抗日本侵略军的战争中对中国提供帮助和支持的外国传教士表示衷心的感谢,特别是有些医生和护士是在非常困难和危险的情况下坚持工作的。他们的工作不仅帮助了中国军队,而且为中国的难民和军民提供了巨大的帮助。我希望我们的国际友人继续支持中国人民的反侵略战争,在战争前线服务的外国医生和护士将能继续坚持工作。此外,我们欢迎外国友人采取更广泛,更实际的行动援助中国,特别是帮助照顾那些在战区的伤病者。八路军对传教士没有偏见,相反,我们欢迎他们并希望与他们合作。我们的抗战不仅是为了中华民族的独立与自由,同时也是为了维护世界和平,在这方面,我们的目标是一致的。"公开信署名是八路军总司令朱德。

朱德听了布朗和白求恩在松岩口后方医院的工作情况后非常高兴,他告诉布朗,这里也特别需要一所医院。后者爽快答应筹集到资金后就马上回来。后来,布朗说服国际红十字会提供了一笔经济援助,并于1938年12份启动了山西辽县教会医院的建设,这所医院后来为八路军伤员做了许多工作。在与朱德的第二次会见中,他建议朱德给西安教会发一封信,声明八路军非但不会为难教会,而且对他们给予的医疗援助表示感谢。朱德的公开信发表后,产生了积极效果。要知道,受当时国民党宣传的影响,许多传教士都持有强烈的反共立场。

为了争取教会的理解,布朗在准备去辽县筹建教会医院之前,给他所在医院写了一封信,信中说自己决意"要和中国的兄弟姐妹患难与共……这项工作困难重重。作为唯一的外国人,我会一如既往地入乡随俗,与中国人融为一体。我并不是作为一名共产主义者来从事这个事业的,相反,我并不支持共产党的理念,始终牢记自己是一名信仰基督教的医生"。对于有人因为他与共产党的联系而倍加责难一事,他的回答是:"我是否应该提醒他们,中国目前陷入战争中,国家千疮百孔,民不聊生,基督徒不应当向他们献出自己那份微薄的爱吗?"

8月中旬,布朗医生回到开封,没有想到,迎接他的却是一纸被圣公会除名的通知。布朗知道，他与圣保罗医院早有分歧，他曾批评教会和医院没有尽职为老百姓服务，没有尽力去帮助减轻战争给中国人民带来的苦难。这次的晋察冀之行，更是受到教会的多方责难。布朗说："更坏的是，我被打上了共产党的印记，所以除了分手之外，没有别的选择。"⑩

同月，布朗前往汉口，多方为八路军争取医药援助。在加拿大多伦多圣公会档案馆关于布朗医生的卷宗中，可以查到他在1938年8月27日给华中国际红十字会秘书马克斯韦尔博士的信，信中写道："我曾访问过山西省和陕西省。在山西北部和陕西，我看见到处都是受伤的战士和游击队员，许多人由于不能及时做手术，从而再也不可能康复了。在许多地方，我看到伤员因败血病而慢慢死去，这对宣布要对贫穷和无助者实施求助的人来说是一种挑战。""最受罪的是老百姓，日本军队烧毁了许多城镇和村庄，他们无家可归，即将面对寒冷的冬天。"

布朗呼吁："我要求华中国际红十字会尽可能地给予药品、手术设备和钱财的援助，以便我能开一个大医院，医治这些伤病员，并为老百姓特别是妇女、儿童建立一个临时收容中心……"他说，"我打算立即筹款十万元以应急需。我请求红十字会至少能提供给我一半的款项，那一半我将自己去筹集。"⑪

布朗医生说干就干，他前往上海、香港募捐。在演讲会上，他介绍了八路军将士英勇抗战的事迹和缺医少药的困境，讲到他的同胞白求恩在孤军奋战，并向听众宣读朱德给他的信件，他的行动得到了中国人民和国际友人的支持。他用筹到的款项很快在陕西辽县建立了一所教会医院。"这所医院发展很快，到1943年，已经有920名医护人员，组成了12个巡回医疗队，为河北西部和陕西西南部地区军民提供了大量的紧急医疗服务。"

布朗医生后来为了照顾家庭在青岛行医。20世纪40年代初，他加入英国军队，担任医务官。后来担任联合国的医务官员，他的晚年和家人度过，1963年于温哥华去世。

布朗医生用行动证明，他和白求恩都是中国人民的朋友，在当时极其困难、危险的情况下，他顶住压力，援华抗战，为支援八路军的医疗事业付出了极大热情与心血。正如他对加拿大朋友怀特回忆这段岁月时所说的:"我将作为一名信仰基督教的医生,去救治'红三角'(指晋察冀边区,作者注)地区的病人……那里的需求非常迫切,我希望自己能为其他传教士医生做个榜样。这个饱受战火摧残的国家正是需要朋友的时候,我非常愿意做这样的事情。"平心而论,因为各种原因,布朗在中国没有得到应有的称赞,他的贡献被白求恩的功绩所遮盖。事实上,中国人民不会忘记所有曾经在抗战期间帮助过中国人民的国际友人,布朗医生将同白求恩一样,永载中加人民友谊的史册,永远活在中国人民心中。⑫

三、"医生不应该在伤员面前昂首而过"

白求恩是一个严谨细致、极端负责的医生,从踏上中国土地的第一天起,他就用这种精神引导中国医生。在他看来,工作中的混乱是不可原谅的,马虎大意是不能接受的,工作中的相互推诿是不能容忍的,对待伤病员的任何怠慢和不负责任都是不可饶恕的"罪行"。

白求恩一到松岩口后方医院,就发现伤病员登记很不规范。他马上把院长找来,重新设计登记表册和统计项目,并亲自示范如何填写登记表,他告诉院长:"没有准确的登记,就不可能有准确的统计;没有准确的统计,就不可能有准确的分析;没有准确的分析,就不可能有准确的方法,就等于蒙着眼睛走路一样。"⑬

白求恩对医生、护士要求极严,不允许有丝毫差错,他的目的只有一个:"伤员在战场之外不能再遭受痛苦。"白求恩每天查房时,要求相关人员必须在场,谁也不能缺席。到了病房,先核对伤员人数,如有空位,马上追查原因,如果伤员外出,一定要找回来,一个不漏地进行问、听、视、诊。一次,他发现护士给一名重伤员换药时,药瓶的标签和药品不符,马上拿起刀子把标签刮掉。他严厉责备道:"你知道换错药是会置人死地的吗?"他看到一个医生用手术刀削梨吃,立即把他推出手术室,大声说:"手术刀只能用来做手术,你这种亵渎行为不配在手术室工作,请走吧。"一个医生用错误的方法给伤员上夹板,白求恩一把将他推开,重新给伤员上夹板。然后训斥说："如果在战场上犯这样的错误，无异于是对伤员的第二次伤害。"他看到一个护理员用笤帚蘸着水给病人清理伤口，气得一脚把他踢开，"你是在虐待一个伤者啊。"白求恩愤愤不平地说。白求恩告诉医护人员，我们没有化验设备，但用鼻子去闻闻伤病员粪便的味道，也能迅速判断病情，并亲自做了讲解示范。医助米振芳不愿意这样做，只是远远地象征性地闻了下，他有点怕臭。白看见后，立即走过去，一手端容器，一手按住米振芳，让他继续闻。米有点儿不高兴，白求恩就摁着他的头，直到鼻尖触到为止。⑭

白求恩对医疗作风看得很重，认为一个不负责任、不爱伤员的医生不配在八路军医院工作。他对八路军医疗队伍中的不良倾向敢于揭露。他在7月初写给毛泽东和聂荣臻一份长达5页的报告中说："我最无法容忍医生们拖沓的工作作风，和对下属的放任自流。最普遍的现象是给别人下达命令，却不去监督执行。一些重要而紧急的工作应该由医生亲力亲为。'互相推诿'是个最基本的问题，还有健忘、粗心、人浮于事等。许多人都在那里聊天，对工作拖拖拉拉。必须树立新的工作作风——迅速、机警、各负其责。中国的古语说得好：'一个和尚挑水吃，两个和尚抬水吃，三个和尚没水吃。'"白求恩以这种方式爱着八路军医院和伤病员，他在报告中动情地说："我是本着布尔什维克主义的精神给出上述批评的，出发点只有一个：为了病人的舒适和健康，这是我们首先要考虑的问题。"⑮

在观摩手术时，他发现有的医生把两手插在衣兜里，马上纠正说："手术室没有旁观者，每个工作人员都要将双手伸出来，做出随时准备的姿势。"他看到一个护士一只手托着换药盘，一只手放在口袋里，马上要求他双手托盘，"要知道，托盘碰掉了，治疗就会中断。"他的告诫让护士们如梦初醒。

时任晋察冀后方医院院长的林金亮是白求恩格外器重的医生。他回忆说："有一次，白大夫正在指导一个医生给新到的伤员检查伤口，我有事从担架旁匆匆而过，忽然听到白大夫在后面叫我：'林大夫，请你回来。'我莫名其妙地转身向他走去，他严肃地问我：'你不觉得你刚才的行为不正确吗？'这时周围也围拢来了一些医生、护士，他们和我都很愕然。

白求恩大夫向我们说：'一个医生或者护士是不应该在伤员面前昂首而过的。'我们开始明白了他的意思。他说：'怎样才是正确的呢？我现在给大家做做看。'接着，他就开始演示。他走到担架旁，俯下身子，认真仔细地询问和查看伤员的伤情，并亲切地安慰了伤员几句，然后起身走回来，继续说：'这样做是不是有些虚伪呢？不是的，对这些负伤的战士，我们除了给予最大的注意、关怀和技术处理之外，没有别的办法来补偿他们为我们所忍受的痛苦。因为他们负伤不仅挽救今日的中国，而且是为了实现明天伟大的没有阶级剥削的新中国，为了全人类的解放。'他的话使伤员和我们都深受感动。"林金亮说："就这样，白求恩利用我的一次小过错，非常生动形象地给大家上了增强爱护伤员观念的一课。"⑯

后方医院驻地有许多石阶。一次白求恩发现有一段路少了一块台阶石，走在前面的医生一抬脚跳了过去。白求恩问他："伤员能跳过去吗？""不能。""这是伤员经常要走的路，要马上修好。"说完，白求恩亲自动手，和大家把一块大石头垫上。他还特意在上面踩了踩，直到感觉很稳很平，才继续往前走。

白求恩不但用严格的管理和深入浅出的道理让医护人员懂得什么是良好的职业道德和职业修养，而且处处身体力行，率先垂范。8月15日，叶青山部长一行陪同白求恩到离松岩口40多公里的后方医院一所检查伤员。下午5时，从前线送来一名伤员，他是晋察冀第三分区的朱元新团长，一块芸豆大的弹片嵌进他的太阳穴，额骨已经裂了，伤口感染很重，情况十分危险。白求恩看到，如果做手术取出弹片，弹片上尽是尖利的棱角，很可能会划破脑子，脑部一旦出血，伤员就很难抢救了。如果不取出弹片，伤口继续感染，病情会继续恶化，生命同样危险。更不巧的是，白求恩的头部手术器械留在了松岩口。他当机立断，一面请后方医院尽快把手术器械送来，一面召集大家研究手术方案。他说："我们不能看着伤员走向死亡。手术是唯一的选择。如果失败了，我来承担这个责任。当前最急迫的工作是想尽办法控制感染，为手术创造条件。"叶部长完全赞同白求恩的意见。

白求恩问："有滴瓶吗？我们需要将药液滴入伤口。"

"没有。"几个医生同时为难地说。

白求恩想了想说："没关系，我们可以用药瓶来代替。"

只见他拿起一个药瓶，在瓶口塞上一点棉花，然后双腿跪在炕上，弯着腰，一手向伤员头部伤口里滴着药水，一手拿着接水器接着从伤口流下来的药液。伤员的头动一下，他的药瓶和接水器也随着动一下，使药水准确地滴入伤口。白求恩默数着每分钟滴药的次数，神情十分专注。见此情形，几个医生争着要做。白求恩一个个点着名说："你们三个刚输完血，不能担任这个工作，其他同志马上准备手术，你们更熟悉这里的情况。"

时间在寂静中逝去，天色渐渐暗了下来，护士不声不响地在窗台上点燃了蜡烛。两个小时过去了，陪同的医生腿都站麻了，白求恩仍然跪在那里，坚持给伤员滴药水。谁想替换他，或劝他先吃饭，他都不理会。所长忍不住了，强行把他拉起来，护士长硬从他手中夺过"滴瓶"。大家看到，白求恩是跟跟跄跄走出病房的。

大约过了半个小时，白求恩又回来了，他看着护士长专心致志的神态、耐心细致的动作很是满意，微笑着说："好吧，我们两人可以轮换了。"他们就这样轮换着滴药，一直到深夜十二点钟，伤员情况有所好转，白求恩才答应休息。[17]

第二天早上五点钟，白求恩又来检查伤情，由于昨晚一夜的努力，伤员完全可以进行手术了。经过两个多小时的努力，白求恩终于将弹片取出。望着转危为安的伤员，白求恩露出满意的笑容，手术台旁的医生和护士都禁不住流出泪水。要知道，一个年近50岁、腿部受过伤的白求恩，是以怎样的惊人毅力在践行着希波克拉底誓言，在为八路军伤员无私燃烧着自己的生命之火。

关于这台手术，白求恩写道："他是一个团长，我希望他活下来，但他的情况非常严重。头骨裂了，脑浆都出来了，必须要除去4片碎骨和部分额叶。手术后他看起来不错，神志清醒，没有一丝瘫痪的迹象。""那个团长恢复得很好。所以我很高兴。因为做手术时他的伤口有些不干净，而我又没有戴手套，所以我的一个手指感染了。这是在所难免的，这已经是两个月中第 3 次被感染了。"⑱

还是在后方医院一所。一天深夜,359 旅从前线送来九名重伤员,考虑到白求恩午夜十二点才做完手术,护士长没有惊动他,由其他医生做了处理。第二天凌晨五点,白求恩看到有护士出来倒尿,马上就知道有伤员来了。他叫护士长过去,刚进接待室,翻译董越千就问护士长:"白大夫问是不是有伤员来啦?"还没等到回答,白求恩就指着伤员问:"什么时候送来的? 为什么不报告我? 我向你强调过的规定,你还记得吗?""记得,凡是伤员送到医院,只要你在,必须立即报告,由你直接参与处理。"护士长回答说。"你明知有这个规定,却不执行,这是在破坏纪律,我请你解释,当初我为什么做出这个规定?"白求恩接着大声责问。

"白大夫,你解释过这样规定的目的。第一,便于及时发现丹毒、破伤风等传染病,及时采取隔离措施;第二,便于对重伤员及时抢救;第三,你亲自检查,能保证及时采取有效措施。"

听了护士长的回答,白求恩立即接口说:"你丢了最主要的。你想过没有,从前线送来的伤员,特别是夜间送来的伤员,有几个不是重伤员? 战斗中,他们争分夺秒,因为时间就是胜利。我们抢救伤员,也要争分夺秒,因为时间就是生命。""我们后方医院的同志,为了他们三五个晚上不睡觉又有什么关系。请记住,我们为他们服务,不是恩赐,而是责任。记住这一点,你才会爱护伤员胜过自己,才不会因为照顾我而不立即报告。我说得对吗?"护士长难为情地搓着手,回答说:"对,白大夫,我完全明白你的意思,也会按你的要求去做。"⑲

紧接着,白求恩拿起登记簿,把 9 名伤员重新检查一遍,并把检查结果和登记表写的逐条校对,还做了补充登记。然后,他叫人把头部负伤和下腹部膀胱负伤的两名伤员抬进手术室,立即给他们做手术,直到上午 10 点钟,手术才做完。这时大家才想起,白求恩还没有吃早饭。

时任晋察冀军区后方医院护士长的董兴谱回忆说:"白求恩每天查房时,一进门先用鼻子到处闻,哪儿有味道,往往就是那的伤员伤口起了变化,于是他就先进行处理。他走到伤员身边的第一个动作是伸手到褥子下面去摸,如果是湿的,他当场找护士解决。如果碰到伤员身体时他猛一动弹,白求恩马上知道伤员生了褥疮,他会批评说:'病人生了褥疮,是我们医生护士的罪过。病人本来就很痛苦,生褥疮更增加了痛苦。病人不能动,我们要帮他翻身,病人的被褥湿了,要马上换干的。'一天晚上,一个伤员把被子弄湿了,恰在这时,白求恩来查房,要我立即给伤员换上干净的被子。我解释说:'已经找不到干净的了,我换完药就去想办法。'白求恩没等董越千翻译完,转身就走。不一会儿,他抱着自己的被子走进病房,掀掉湿被子,把自己的被子盖在伤员身上。伤员拉着白求恩的手,眼泪扑簌簌地掉下来。我们心中十分惭愧。"

叶青山部长听说后,走进白求恩的房间。只见他蜷曲着身子睡得正香。身上盖着自己的大衣,脚下压着翻译的棉衣。叶把自己的大衣轻轻盖在他身上,又端来一盆炭火放在床前。掩门出来后,这位久经沙场的老红军心头发热,鼻子发酸,他对董兴谱说:"要是在加拿大,白求恩会躺在柔软的钢丝床上入眠,或是坐着沙发转椅,在灯光下撰写论文。可他抛弃这一切,和我们一起受罪,连被子也让给伤员,我们一定要照顾好他。"几天之后,又有一个生褥疮的伤员褥子湿了,他们正要去换,白大夫来了。看到这个情况,他转身回到自己房间,一把扯下棉布门帘,拍干净上面的土,亲自给伤员铺上。医生和护士们说:"白大夫心里装着伤员,经常是每天只睡几个小时。我们把他从手术台上替换下来,他又到病房去忙。你把他从病房拖回宿舍,他一会儿又在换药室出现。"白求恩这挺机关枪从来没有停止过战斗。[20]

白求恩把爱护伤员视为好医生好护士的首要条件,同时也非常注重提高他们的技术水平和管理能力。一次,白求恩脚上长了一个脓疮不能走动,他想请林金亮为他做手术。林在准备器械时,白求恩问:"你准备用哪种方法麻醉?""用局部麻醉呗。""不,你要用全身麻醉。"见到林诧异的神情,白求恩接着说:"今天我教你一种简单的麻醉方法,你在我身上做试验。"只见白求恩仰卧在床上,把双手举起来说:"现在可以手术了,试试看。"林按照他交代的步骤做起来。见白求恩双手一倒,立即切开脓疮,排了脓,塞好油布条,绷带还没有扎完,白求恩笑着坐起来,高兴地说:"你看,麻醉和手术配合好,就可以缩短麻醉时间,使伤员少受麻醉和手术痛苦,还可以节省越来越少的麻醉药品。"

当时,各后方医院的物质条件很差,医疗用的纱布、棉花、绷带都是洗净后再用。白求恩发现,医院对旧敷料的消毒很不规范,他马上召集医务人员开会。他严肃地说:"你们不要小看消毒工作,要知道敷料上还有病菌,敷在伤口上,就会引起发炎化脓,甚至引发严重后果。我们要像消灭敌人一样来消灭敷料的病菌。"随即,他提出了有名的"消毒十三步法",规定所有敷料必须按照 13 个步骤进行浸洗、晒干、整理、消毒,所需时间不能少于 11 个半小时,并要建立有专人负责的消毒小组。后来,这个方法推广到晋察冀军区所有的后方医院。几个月后,白求恩专门把"消毒小组"一节,写入《游击战中师野战医院的组织和技术》一书。

时任晋察冀军区后方医院外科医生的王道建,曾是白求恩的助手。一次,一个伤员右手的 5 个手指全部被打烂,白求恩问他:"你认为手术方案应当怎么制定?"王报告说:"五个手指需要全部切除。"白求恩指着血肉模糊的大拇指问:"你看这个手指是否可以保留呢?"王仔细一看,伤员拇指的上节已经没有了,下面的一节也不成样子,伤员拇指这一丁点儿管什么用呢?白求恩似乎看透了他的心思,对他说:"手是劳动的器官呀!留住这一节手指,对伤员的生活是大有益处的。如果在这节手指上,套一个带指套的小勺,伤员就可以自己吃饭,如果再保留小指的一节,伤员就可以依靠两节残指夹住东西。这将给他生活带来多大的方便啊!"最后,白求恩为这名伤员做了手术,为伤员成功保留了两节手指。王道建回忆说:"这件事不但让我学到了战地外科技术,更让我懂得,手术的目的是让伤员获得生活能力,并能重返前线。"[21]

四、旋风般的"五星期运动"

7 月 17 日,白求恩来到晋察冀军区整整一个月了。在这一个月的时间里,白求恩认真履行卫生顾问的职责,大刀阔斧地进行了一系列改革。他建立了一系列规章制度,并把它们张贴到墙上:他建立周会制度,使医院管理步入正规化;他为每个病人建立档案,并为他们配发金属牌;他建立卫生制度,从扑灭苍蝇到焚化垃圾;他开设医学知识和医疗技术讲座,以帮助那些根本没有接受过培训、无法胜任工作的医生护士尽快提高本领。在他的努力奋斗下,松岩口后方医院发生了很大变化。他告诉马海德:"喊叫、眼泪和笑容终于在这里创造了奇迹。"

但是白求恩认为,目前所做的一切,都不带有根本性和长远性。在晋察冀军区卫生部召开的会议上,他把自己的想法和盘托出:"我们应当在现有基础上办一所示范性的医院,我们就叫它模范医院吧。它不但要救治伤员,更要帮助八路军培养自己的医生和护士。没有器械我们自己做,没有教材我们自己编。没有制度我们自己订,这样用不了多长时间,我们就会培养出一批有经验有技术的医护人员。"叶青山对白求恩的这个想法心存疑虑,白求恩接着说:"建设模范医院是我在延安时期就有的梦想,如果你们同意,我就报告聂司令员和毛主席,争取让他们批准。"

7月20日,白求恩给聂和毛的报告中提出"要为八路军建立一家最好的医院",并认为经过5个星期的努力,就可以实现这个目标。看到毛没有回信,8月7日,白求恩前往金刚库和聂继续商讨此事。聂赞同办培训学校的想法,并请他担任校长,但不赞成建立永久性医院。他告诉白求恩,在敌后游击战中,每一个据点都是临时的,"今天被我占领,明天就可能被日军占领。敌人很容易穿过山区对我进行出其不意的袭击,到那时,我们必须转移,医院也不会保住。"

白求恩百思不得其解,在晋察冀边区几十万平方公里的土地上,难道就找不到一块安全之地用来建设医院吗?再说,我们为什么不能和日军正面作战呢?8月12日,他再次致电延安八路军军事委员会,名义上是对延安8月11日来电,要求聂将军每月付给他和尤恩100元津贴之事的答复,实际上仍然在坚持建立模范医院的想法。

他在电报中说:"我本人不需要钱……这笔钱可以建立一个'特别烟草基金',为伤员买些香烟。"随后介绍了自己在松岩口后方医院的工作和所需经费的情况,电报最后说:"所有上述不包括建立一个永久性医院的庞大计划,这将耗资近5万元。我将写信给您汇报建立一个永久性后方医院的计划。我们目前进行的只是利用已有的材料进行重建工作,但

是这离我们的理想还很远。"㉒

白求恩不愿坐等上级指示，他要董越千拿着他的报告副本继续找聂做工作。聂有些无奈地说，那就把他的建议提交延安决定吧。他告诉董："白求恩刚来边区时，我们双方还不能理解彼此的感受。他走到哪里都是牢骚满腹，认为我们封闭落后，我知道，他不太了解我们的处境，""你的任务不单纯是当翻译，而是要增进白求恩与中国同事的相互了解，为顺利开展工作创造条件。我们必须帮助他尽快适应中国的客观条件。"

几天后，聂转来了毛泽东的电报。毛在电报里表示："白求恩担任军区卫生顾问，对他的能力完全信任。批准白关于建设'模范医院'的报告，并按照他的计划办理。并指示聂一切请视伤员需要酌情办理。"

毫无疑问，聂对白求恩的"模范医院"持保留态度，但考虑到白求恩的出色工作和满腔热忱，还是批准了他的这个不太实际的计划。

在后来的一次谈话中，聂说道："白求恩初到边区时，不太了解战争环境的特点，不了解落后的边区的情形。一开始就提出建设医院的方案，规定要那些设备。当时我很为难，因为照他那样做吧，行不通；但加以拒绝吧，一开始就给他一瓢冷水也不好。当时我便想用折中的办法，不根本推翻他的意见，我告诉他说：'你的办法是科学的，不过不能运用到具体环境中来。'当他在耿镇布置医院房子一间也弄不起来时，我就说好吧，在一切尚未妥当前暂且改造一下庙宇，把建筑计划暂放到第二步吧。接着，伤病员就来了，组成了所谓白求恩模范医院。"在和时任晋察冀军区卫生部副部长游胜华谈到这件事时，聂对模范医院建成后能不能保住并不看好，他说："现实可能会给白求恩一个教训。"㉓

有了聂和毛的支持（尽管是有保留的支持），白求恩信心满怀，干劲十足。要做的第一件事是改造松岩口村旁一个废弃的龙王庙。龙王庙的建筑格局和北京的四合院一样，也有正房、南房和东西厢房，有一个大约200平方米的石板院落。改建最大的工程是铺地、吊顶、做隔断。卫生部和后方医院的同志，周围村庄的老乡都来帮忙。场面十分热闹。白求恩和民工们把面目全非的龙王请离神位，放到一个大的柳条筐里抬着它，飞快地向河边跑去，清水河激起一片水花，龙王爷回到它的老家去了。

龙王爷没有了,它前面那张供香火的案桌被改造成一个漂亮的手术台。房梁上吊起了顶棚,门上挂上带红十字的粗布门帘,南墙上新开了4个5尺见方的窗户,一个新的手术室建成了。按照西方标准,这个手术室仍然极其简陋,但无论如何,在整个边区这是第一个真正的手术室,一个可以用来进行示范教学的手术室。白求恩将一块写着"手术室"的木牌,端端正正地钉在门楣上。

东西厢房那些供奉用的杂物搬走后,宽敞的房间被改造成消毒室、换药室和病房。大家上山采石伐木,很快就把30张病床的问题也解决了。白求恩在医院外边选了一块地方,叫人把它整平,安放了一些舒适的椅子,成为休养员的活动场所。一间附属于这个庙宇的房子本来是个厨房,现在给改成了一间俱乐部——游乐、演讲、开会、看书、写信的地方。

白求恩要做的第二件事情是打造紧缺的医疗器械。手术室和病房建成后的第二天一早,他把木匠、铁匠、锡匠召集在一起,拿出他连夜绘制的草图,不慌不忙地说:"来吧,伙计们,咱们自己动手,也能打出大工厂制造出来的好东西。"炉火烈焰翻腾,把白求恩和工匠师傅们映得通红。一个铁匠师傅一边拉着风箱,一边惊奇地看着白求恩手里上下起舞的铁锤。不大一会儿,一副标准的托马氏夹板就完成了。白求恩又拿起一块扁平的铁板,使劲儿地锉起来,随着铁屑飞溅,一把晶亮的刀柄又制成了。几位老铁匠连声称赞:"白大夫,你打得真好,以前干过我们这一行吧!"

白求恩直起身板,笑着说:"一个战地外科医生,同时应当是一个好的木匠、铁匠、缝纫匠和理发匠。"接着又把一块铁板放到火里。在白求恩的帮助下,工匠师傅们对着草图互教互学,一个个抢起铁锤,拉起风箱,抄起锯斧大干起来。伤员急需的金属夹板、大腿骨折牵引架、病人的木床和各种木料器具连夜赶制。没有几天工夫,100多件医疗器械打好了,并送进了手术室。

白求恩要做的第三件事就是发动群众支援医院建设。他发动村里的妇女试做了50套病员用的衣服、枕头、毛巾、被子以及油布床单,并把它们用在刷过浆、消过毒的病房。松岩口的伤病员是晋察冀军区后方医院中最先穿上病员服和睡上床单的人。他组织了几个清洁队负责垃圾、残食、污秽纱布绷带的清除工作。他又从村里找了一些人，教给他们如何做胳膊和腿的简易夹板、担架、座椅、靠背、病员证章、保存食物用的盆桶，以及敷药用的标准托盘。他还教锡匠制作钳子和镊子。每天白求恩做完手术，也会加入到施工队伍中，亲自拿起工具操作，并向工匠解释自己的设计意图。

白求恩要做的第四件事情是对医务人员进行培训。原本他希望10月份开展这项工作，但医生护士的现状使他心急如焚。授课是隔一天一次，从下午五点到六点进行。他站在一块黑板前一边讲授解剖学、创伤学、生理学知识，一边在黑板上飞快地画着图，医务人员则盘腿坐在地上，聚精会神地听他讲课。除了上课外，白求恩还开办了一个属于这个医院的卫生学校来训练初来的护士和医生。他拟定了全部课程，动手编写了有许多插图的简化课本。他给毛泽东写信说："如果这本手册成功，我要再写一套关于公共卫生、预防医学等的小册子。"[24]

白求恩似乎有使不完的精力。在日以继夜的忙碌中，他还抽出时间视察了周边的7所医院。从8月份写给加拿大朋友的信中，我们会感到他的心情是愉悦的，他为聂和毛的全力支持感到高兴，为同事们的友好合作感到满意，也为伤病员对他的尊重而感动。

在他的笔下，松岩口后方医院似乎是一个世外桃源："医院在一座寺庙里，它位于河谷底部的一块高台上，两侧高山耸立，清澈的溪水缓缓流淌……院子里开满了各色野花，大朵的睡莲犹如丰满的贵妇。玫瑰、风铃草和夹竹桃把门廊点缀得分外艳丽。橘树上晾晒的方纱巾像一朵朵木兰花……伤员们三三两两的在台阶上休息，系着白围裙的护士紧张地忙碌着。太阳在蓝天映衬下更加温暖和慈祥，一朵朵白云慢慢飘过山巅，怡人的空气中不时传来鸽子的咕咕声、树叶的沙沙声和远处潺潺的流水声。"[25]

在他的笔下，他成了这个世界最幸福的人："我的确感到很疲倦，但我觉得很长时间没有这样开心过了，内心非常满足。因为我做着自己喜欢的事情……这种被需要的感觉极大满足了我的虚荣心。我有厨师、勤务员、住房，还有一匹日本战马……我在这里受到国王般的待遇，已经没有任何奢求了。对我而言,我的同事就是我最大的财富。他们把共产主义视作一种生活方式。一种质朴而深刻的理想。就像膝跳反应一般成为本能,像肺部呼吸一样悄无声息,像心脏悸动一般自觉发生。"

在他的笔下,他成为伤病员最尊敬的人:"为他们治病是件快乐的事情,我为他们处理好伤口后,他们都会起身,深深地鞠上一躬。一个截肢男孩的父亲更是跪在地上向我叩头示谢。"

旋风般的"五星期运动"从8月上旬一直持续到9月中旬。1938年9月15日,模范医院落成仪式在松岩口村隆重举行。

会场就设在龙王庙——现在的模范医院驻地松岩口村里戏台前的广场。医院入口处挂着两块朴素洁白的横匾,一块写着"中山医院",一块写着"毛泽东医院"。作为模范医院的创始者,白求恩脸上浮着兴奋的微笑,他穿着一身崭新的灰布军装,左臂上戴着白色的臂章。军区聂司令员,边区行政委员会宋劭文主任,一、二、三、四军分区和冀中军区的卫生部部长,群众团体的代表,部队医务人员、机关代表,以及驻地群众两千多人参加了落成典礼。

台前挂满了庆贺的旗帜,白求恩拿出几张西班牙反法西斯海报贴在主席台两侧。大会的第一项议程是由白求恩做战地救护、伤员分类和手术示范表演,接着,是边区军民代表向白求恩献旗。8面锦旗上分别用中文和英文写着:

> "白求恩,我们的同志!
> 白求恩,我们的战友!
> 白求恩,我们的医生!
> 白求恩,我们的模范!
> 白求恩,我们的导师!
> 白求恩,我们的卫生顾问!……"

当白求恩从代表手中接过锦旗时,会场响起雷鸣般的掌声。接着,晋察冀边区政府的几位领导讲了话。聂荣臻最后走向讲台,他肯定了白求恩对边区卫生工作的重大贡献,希望模范医院在八路军卫生工作中承担起更重要的任务。然后,他请白求恩讲话。白在董越千陪同下走上主席台,向全场潇洒地敬了个军礼,台下响起一片热烈的掌声。他掏出准备好的发言提纲,深思了一会儿,开始了来中国后的第二次演讲(第一次在延安)。

白求恩不愧是杰出的演说家,他的风采使人们想起他在美国和加拿大30多个城市长达半年的巡回演讲。虽然这次演讲已经过去了77年,但今天的人们读到它时,依然感到是那样谈锋犀利、思想深刻、振聋发聩、催人奋进。他的开场白是那样亲切:

"同志们:感谢你们送给我这么多美丽的旗帜,以及对我说了那么多友好的话。今天是我们大家生命里一个重要的日子,也是我们前进道路上的一个重要里程碑。现在,千百万爱好自由的加拿大人、美国人和英国人的眼睛都遥望着东方,他们怀着钦佩的心情注视着正与日本帝国主义进行殊死决战的中国人民。这所医院的物资是外国朋友支援的,我不过是他们派来的代表,我为此感到光荣。你们不要惊讶,为什么远隔万里在地球另外一边的人们要来帮助你们。因为你们和我们都是国际主义者,没有任何种族、肤色、语言、国界能把我们分开。日本和战争贩子们在威胁着世界和平,但他们终将失败,因为他们阻碍了伟大的历史进程。正因为加拿大、美国和英国的工人以及同情你们的自由主义者明白这一点,所以他们愿意帮助中国人民来保卫自己美丽可爱的国家。"

白求恩进一步拉近他和八路军的距离:"我在这所医院已经工作了3个月。过去我常认为它是'你们的医院',现在我已把它看成是'咱们的医院',因为我们共同创造了它……我从各位身上学到了宝贵的经验,无私奉献、团结合作和一往无前的精神。我感谢你们给了我这些,当然,作为回报,我也教大家掌握了一些技术。"

白求恩演讲中最具思想性的是他关于技术的看法,这也使人们想起毛泽东的一句话:"白求恩……对技术精益求精,……这对于一班见异思迁的人,对于一班鄙薄技术工作以为不足道、以为无出路的人,也是一个极好的教训。"他讲道:

"通往胜利的道路上我们必须掌握技术……日本能在不足50年的时

间里从一个第十等的落后国家转变成一个世界强国,部分原因是它采用了西方先进技术……中国必须仿效日本,学习他们的技术并且超越他们,我们能够用技术为千百万人民的幸福服务,使中国成为世界和平的伟大力量。对八路军的医务人员来说,我们的敌人是死亡、疾病和伤残,虽然技术不能战胜所有这些敌人,但可以战胜其中的绝大多数。""掌握技术要有正确的方法。正确的叫'有效的技术',错误的叫'无效的技术',我们必须学习和掌握有效的技术,因为这意味着可以更多地救治伤病员。"

白求恩演讲中最有针对性的是关于责任心的剖析:"大夫、护士和护理员的责任是什么?只有一个,那就是使我们的病人快乐,帮助他们恢复健康和体力。你必须将他们看得比你的父兄还要重要,如果不是这样,不但八路军医院没有你的容身之地,实际上,八路军中也没有你的容身之地。"如何做一名尽职尽责的医务工作者,白求恩幽默地告诉大家:"你要急切地寻找工作,做两三名大夫所做的工作,不断地提高技巧,时刻挂念你的病人。如果别的大夫一天看一次病人,你就一天去看两三次。一段时间后,聂司令员就会知道你,就会任命你为主任大夫。到了那时,你仍然像从前那样拼命工作,并且指导别人。毛泽东就会知道你,将任命你为八路军卫生系统负责人。然后,由于聂不同意你离开这里,在聂和毛之间就会有一场友好的争夺,看谁能抢到你。"白求恩的妙语连珠,加上董翻译的绘声绘色,让台下听众不时爆发出笑声、掌声、欢呼声。

白求恩演讲中最关心的是培养人才:"我们不但需要技术,而且需要领导人才来运用技术。这种需要甚于需要枪支和粮食。这样的领导者应当具备组织的能力、教导的能力、监督的能力。我们这个医院的一项重要任务就是培养领导人才。"然后,白求恩话锋一转,"今天我想说的领导,不是将军、上校和边区主席,而是小单位的'小'领导人。要想进行革命,就必须从培养'小'领导人开始。虽然你只领导自己,但每一个领导者都是先从领导自己做起的。"白求恩兜了一个大圈子,把每个医生、护士都列入了"小领导人"的行列,这让大家忽然发现了自己的价值,会场上响起会心的笑声。

白求恩接着说:"我们因为有点儿经验而领导你们,但我们正在费尽心机给你们让位子。我们急切地盼望你们来担当我们现在的工作和责任。到那时候,我们就可以坐下来休息,并且怀着友善的嫉妒来赞美你们这些胜过我们的人。"当董越千笑嘻嘻地翻译完这段话,会场上又一次响起掌声。

白求恩郑重地向医生护士提出要求:"大夫们,你们要给你领导的小大夫、护士、护理员树立一个精神饱满、不顾自己、体贴别人的榜样。护士们,你们要给护理员树立一个做事勤快、独立工作,不要有他人帮忙的榜样。如果我们大家一齐努力,拿出精神、拿出热情就会使这个医院成为全中国军队中最好的医院……如果我们中间有一个人不尽职,大家就会遭殃。因此,我们要毫不留情地批评一切个人虚荣心,不要管年纪、地位和资历……"

白求恩不忘感谢所有为建设模范医院出过力的人,他感谢木匠,感谢铁匠,感谢锡匠,感谢照顾伤员的老百姓,感谢管理科和勤务班。最后,他开始感谢董越千:"董是我的化身、助手和翻译,没有他的耐性、好脾气和聪明,我一定是不知所措的。"董越千没有想到白求恩最后会把"矛头"指向自己,一时语塞,说话变得吞吞吐吐。为了让大家明白他的意思,白求恩双手拥抱董,引起会场的一阵欢呼。

白求恩的结束语依然是那样动人:"我要对伤病员的勇敢精神和从无怨言表示钦佩,我们只能用最大的体贴、爱护和技术去报答他们。他们流血牺牲,不仅是为了抢救今日的中国,也是为了实现明天那个自由、民主的新中国……也许我们不能活着看到新中国,但是我们都在用今天的行动帮助它诞生……让我们提高声音,让那些躺在病房不能行动的人也能听到我们的讲话。同志们,在那些牺牲战士的墓前,让我们说,我们一定牢记你们的牺牲,并为我们的目标勇往直前。那样,我们就可以确信,即使我们不能活到胜利的那一天,那些后来人将有一天聚集在这里,像今天一样,不只是来庆祝模范医院的诞生,而是来庆祝新中国的成立。"

白求恩激动地举起双臂向听众示意,人群中有人高喊:"白求恩!"接着,到会群众发出响亮的呼喊:"白求恩,我们朋友;白求恩,我们的医生;白求恩,我们的模范……"

注释:

① ［加拿大］泰德·阿兰、塞德奈·戈登:《手术刀就是武器》,生活·读书·新知三联书店,1979 年版,第 236 页。

② 冀国钧、张业胜:《诺尔曼·白求恩在中国》,中国协和医科大学出版社,2007 年版,第 105 页。

③ ［加拿大］罗德里克·斯图尔特:《不死鸟——诺尔曼·白求恩的一生》,中国青年出版社,2013 年版,第 318 页。

④ 冀军梅、侯志宏:《白求恩的故事》,河北少年儿童出版社,1996 年版,第 98 页。

⑤ ［加拿大］拉瑞·汉纳特编著:《一个富有激情的政治活动家》,齐鲁书社,2005 年版,第 348 页。

⑥ 毛泽东:《纪念白求恩》,人民出版社,1979 年版,第 222 页。

⑦ 同⑤,第 321 页。

⑧ 宋家珩主编:《加拿大人在中国》,东方出版社,1998 年版,第 39 页。

⑨ 同上,第 29、25 页。

⑩ 同上,第 41 页。

⑪ 同上,第 42 页。

⑫ 同上,第 43 页。

⑬ 同⑥,第 226 页。

⑭ 同④,第 247 页。

⑮ 同③,第 443 页。

⑯ 同⑥,第 224 页。

⑰ 同④,第 83 页。

⑱ 同⑤,第 373 页。

⑲ 同④,第 84 页。

⑳ 同⑥,第 234 页,同④,第 100 页。

㉑ 同⑥,第 239 页。

㉒ 同①,第 240 页。

㉓ 同③,第 321 页,同④,第 93 页。

㉔ 同①,第 242 页。

㉕ 同⑤,第 368 页。

第八章　创造
奇迹的野战医疗队

一、毁于战火的模范医院

白求恩的演讲像磁石一样吸引着听众,特别是吸引着医务工作者。多年后,董越千回忆说,他演讲时诚挚的话语给大家留下深刻印象。虽然他更多的是讲卫生工作,但对做其他行业的人来说,同样发人深省。他告诉我们,每个人都应当从自己的岗位出发,奔向那个崇高目标——迎接抗战的胜利,迎接新中国的诞生。

延安把模范医院落成当作一个重要事件,派来一个代表团参观学习,随行的还有几名记者。各分区后方医院也都派人观摩这里的手术和护理工作,并争相抄下贴在墙上的各项规章制度。这让白求恩一时间声名大噪,晋察冀军民都知道有一个帮助中国抗战的"大鼻子"医生白求恩,他的故事被编成歌曲,他的传奇在北方流传——"他一个人能做很多人的工作而不休息,他只有在没有一点儿工作剩下来的时候才去睡觉,有时在露天,有时在茅屋,有时在窑洞。他的眼睛总是流露出慈爱,对所有伤病员的第一句话都是'我的孩子……'"①

接下来,白求恩应邀来到金刚库参加晋察冀军区召开的"纪念平型关大捷一周年"庆祝活动。有趣的是,山西友军阎锡山部的代表也来到会场,他们对白求恩在后方医院救助过他们的伤员表示感谢。并告诉白求恩,阎长官对他的医术和勇敢精神深感钦佩,如有可能,欢迎他去山西工作,那里的条件要比这里好得多。白求恩直截了当地回答说:"武汉的刘长官(国民党军医署副署长)曾请我去重庆,现在阎长官又来请我去贵部,我认为,我应当在距前线最近的地方工作,现在这个地方更适合我。"

庆祝活动结束后,聂荣臻将一匹刚刚缴获的栗色战马送给白求恩,这让他喜不自禁。但更让白求恩高兴的是,聂批准了他到各分区医院视察的报告,并请他尽快做好准备,早些出发。白求恩求战心切,策马而归,过去一天的路程,这次提前了两个小时就赶回了后方医院。董越千笑着说:

"白大夫，你驰马飞奔的样子让我想起'春风得意马蹄疾'这句古诗，如果不是聂批准了你的要求，咱们到掌灯时也赶不回来。"白求恩爽快地说："还有什么比上前线更令人'得意'的事呢？"

9月20日上午，在距模范医院不远的卫生部驻地河北村，叶青山部长正在主持晋察冀军区第一次卫生工作会议。白求恩和一、二、三、四军分区、冀中军区的卫生部部长，各后方医院的领导共20多人出席会议。会议即将结束时，一封加急信件送进会场。看完信的内容，叶青山一脸严肃。他告诉大家："日军正在调集3个师团和一个混成旅共5万多人，又以步、骑、炮兵2万3千多人，配合空军和机械化部队，准备对五台山抗日根据地发动秋季大'扫荡'。军区决定，暂时放弃五台山一带。立即转移到河北平山县去。"

不用说，刚刚落成的模范医院也必须放弃。白求恩实在心痛。他不解地问："为什么要转移？我们的部队为什么不打呢？"

"要打的，不过不是在这里，也不是马上就打。只是我们暂时要避开敌人的锐气。当它被我们拖到疲惫时，才是我们歼灭它的时机。这叫作争取有利时机，各个歼灭敌人。"叶青山解释说。

"伤员怎么办？"

"聂司令员指示，伤员随军区机关转移。担架队已经组织好了，明天行动。"

白求恩放心不下伤员："那里有医院吗？"

叶摇摇头说："没有，分散住在老乡家里。"

"分散居住？就是说还是模范医院建立以前的样子？"

"是的，伤病员分散居住，治疗和照料都很不方便，可是有什么办法不转移呢？我们总不能把一个没有防御能力的医院留在这里。"叶耐心地解释道。

"好吧，我坚决执行命令。"白求恩虽然想不通，但回答得很痛快。②

第二天，松岩口及附近村庄的农民收拾好行李，赶着牲畜，向大山里转移。白求恩站在村口，和每一个伤员告别，叮嘱护送的同志记住每个伤员的情况。另一支队伍担着担架，把重伤员送到平山后方医院，白求恩为他们掩好被角,直到担架走远。

医院已经空荡荡了,白求恩仍然在院子里转。他端详着改建一新的手术室,刚刚开了窗户的病房,供伤员学习用的"救亡室"……在一个角落,还有一堆没有移走的木屑,他抓起一把放到鼻子下闻了闻,一股新木的清香扑鼻而来。他扔掉木屑,愤怒地喊道:"迟早我们要打回来,要让日本强盗知道,谁是这里的主人!"

在大家劝说下,白求恩跨上马,一步一回头地离开这空荡而寂静的地方。这个医院仅仅运行了18天,想到自己的心血即将成为敌人袭击的目标,白求恩既愤怒又痛苦。在后来写给马海德的信中。我们可以看出他当时的心情:"由于严峻的军事形势……我们心爱的、凝聚了我们无数心血与工作的模范医院也向东撤离,……日本鬼子就在我们25公里之外。作为一个流动手术医疗队,我们正在经受一场严重的进攻。"

一连6天,他们向南沿着太行山脉的十八盘山路行进,这里是山西与河北交界处,山高路险,道路崎岖。医疗队带上全套的手术器械、可折叠的手术台、25副木制夹板、10副铁制夹板、消毒纱布和药品等医疗物资,跟着部队在山里与敌人周旋。白求恩惊奇地发现,尽管不时传来隆隆的炮声,但根据地的军民却异常镇静,农民在地里干活,儿童团照常站岗放哨,支前民工有组织地转运伤员,游击队员有计划地配合大部队行动,八路军在行军休息时,还不时响起战斗的歌声:在那密密的树林里,到处都安排同志们的宿营地,在那高高的山岗上,有我们无数的好兄弟……白求恩被紧张有序的战斗景象所感染,他告诉随行的医疗队员:"我看到边区的军民融为一体,人人都怀着必胜的信念,这和我在西班牙看到的'死亡之路'上的情景完全不同。我毫不怀疑,胜利一定属于中国人民。"在这6天里,白求恩有时住在老乡家,有时在山洞里过夜。走到哪里,就在哪里设立救护站,先后医治伤员142名,做手术105次。③

9月27日上午,医疗队来到平山县蛟潭庄。让白求恩意想不到的是,他在这里遇见了聂荣臻。聂看到白求恩平安抵达很是高兴,他坚持要留白求恩吃饭。白求恩急切地问:"松岩口后方医院的情况怎样?"聂告诉他:"你们离开的第二天,日军就扫荡了金刚库,几乎把村里的房子都烧光了。另一股进攻松岩口的日军也把村子夷为平地,你的模范医院也没能幸免。"白求恩听后一声长叹,坐在那里一声不吭。

1979年5月10日,聂荣臻在回忆这段往事时写道:"1938年9月的一天,我接待了从战地归来的白求恩……同他一起吃饭时,又谈起他建立的模范医院,在日寇'扫荡'中被烧毁了。他以坦率的自我批评,讲了他在残酷的敌后游击战争环境里建立正规化医院的想法,是不合实际的。我说:'是啊,我们是要建立正规化的医院的,但是敌人不让啊。后方医院的建设,要更加从实际出发,注意内容。他频频点头。……他就是这样,用科学家的求实精神,共产党员诚恳的自我批评,严格要求自己的'"。在这次谈话中,聂还告诉白:"军区部队刚刚在石盆口打了一个漂亮的伏击战,打死了日寇指挥官清水少将,歼灭了日伪军七八百人,缴获了一批武器弹药。"白听后非常高兴,他开始意识到,通过建立永久示范医院来实施战地救护不是明智之举,他必须另想办法。④

10月29日,白求恩在蛟潭庄再次见到聂荣臻。聂怕他为放弃模范医院而难过。首先是安慰他。没想到白求恩非常坦率地检讨说:"我过去不了解游击战争的特点,也低估了法西斯的残暴。你们的意见是正确的,在敌后要建立正规化的医院,这想法是不全面的。应当搞流动医疗队,哪里有伤员就到哪里去。"

董越千在回忆这次谈话时写道:"一开始,白求恩坦率地提出他不理解军区为什么不以重兵固守外围,这样做,后方医院可以不转移。司令员很高兴他这样坦率地提问,根据毛泽东的持久战略思想,同他畅谈了当时的抗战形势、军区作战方针和战斗部署。白求恩受到很大启发。"

虽然模范医院未能适应残酷的敌后环境而夭折,但这所医院的建立仍然发挥了一定作用,并对晋察冀军区卫生工作产生了一些积极影响。首先它让八路军后方医院第一次了解了现代医院应具备的管理模式,为后来后方医院的科学管理提供指导。其次它让许多医生学会了正确的手术操作,为提高救治水平打下坚实基础。一分区卫生部部长张杰、二分区卫生部部长贺云卿就是在模范医院学会了正规的腹部手术操作,并传授给其他医生的。最后是白求恩近乎苛刻的严格要求,使医务人员逐步养成了良好的医疗作风。

当年,日军炮火将模范医院变成废墟,只有一棵小松树逃过劫难。1974 年,模范医院在旧址上重建并修建了纪念馆。如今,那棵小松树已经长成参天大树,每个前来参观的人都会在此留影,因为它不仅是模范医院仅存的历史见证,更是白求恩国际主义精神的象征。

二、破解敌后生存之谜

白求恩既是一个行动者,也是一个思想者。他的朋友麦克劳德回忆说:"他对每一项造福人类的真知灼见,每一个社会难题,都会做出自己的反应。对此,我不能不深为赞佩。"加拿大作家拉瑞·汉纳特评价他:"白求恩很少停止思考,他在很多事情上都有独到的见解,即使是一些与医学无关的事情。"⑤作为医生,他不满足治疗病人的躯体,总要探究疫病产生的社会原因和如何解决"科技有余和健康不足的矛盾"。作为访问学者,他不满足于仅仅了解俄国肺结核患者下降的比例,而是思考加拿大在这方面落后于俄国的制度原因。作为战地输血技术的首创者,"他不满足于如何为濒死的伤员输血,更愿意研究和回答如何制止流血"。刚刚踏上战火燃烧的中国,他对一个弱国能否战胜强国心存疑虑。武汉与周恩来会见后,他开始关注中国命运和抗战前途。延安和晋察冀几个月的所见所闻,使他对中国革命产生浓厚兴趣,他要破解中国军民屡败屡战、绝不屈服的信念从何而来;破解八路军敌后生存、发展、壮大之谜;破解曾经一盘散沙、相互争斗的利益集团怎样在统一战线的旗帜下共赴国难,抗击强敌;破解为什么中国抗战会演变成威武雄壮的人民战争。这一时期,白求恩不仅收获了战地救护经验,而且收获了关于中国革命的思考。

"持久战是中国唯一的出路"。面对毁于战火的模范医院,白求恩想起他和毛泽东在延安窑洞的谈话:"速胜论、亡国论、持久战、游击战、敌后战场、野牛、火阵⋯⋯"这些似懂非懂的概念让他陷入思考。中国抗战已经坚持一年多了,北平沦陷、南京沦陷、武汉沦陷⋯⋯虽有平型关、台儿庄大捷,但面对东方最强大的帝国主义日本发动的全面侵华战争,落后的中国怎样才能取得最后胜利?白求恩又想起武汉时,一群外国记者在辩论中国抗战前途时,一个德国记者的发言:"中日力量太悬殊,抗战必败。"白求恩不赞成,但也不知怎样驳斥。现在,他决心弄清这些问题,当一个清醒的国际主义战士。

董越千后来回忆说:"在以后的日子里,他要求我把毛泽东的《论持久战》逐段翻译给他听,他仔细研读,并把学到的东西贯彻到医务工作中,做出了一系列的创造和革新。"

对于日军宣称的"胜利",白求恩并不认可。他以事实告诉朋友:"日本人宣称他们'控制'了这个地区(指晋察冀边区),这种断言纯属荒诞。与此相反,他们所控制者,仅为该地区的大城镇。全区有22座城市,都在他们控制下,100多个大镇,他们占有75个,而两万多个村庄却全在他们治外。而且控制犹如'骑虎',一旦疏于防备,后果不堪设想。八路军在平型关成功的伏击战就是证明。"

对于日本灭亡中国的野心,白求恩认为:"这是力所不及的,他们没有足够的军队。而且中国幅员辽阔,人口众多,人民对侵略者恨之入骨。即使在目前,日本军队也只能起到警察的作用,他们的攻势已经被扼制,而中国却正在建设一支两千万人的大军,并将很快转而采取攻势。"⑥

对于抗日战争的作战形式,白求恩过去推崇阵地战和正面固守。现在他相信毛的结论:"整个抗日战争中,中国将不会以阵地战为主要形式,主要和重要的形式是运动战和游击战。"

关于中国的游击战争,白求恩写道:"游击战是这场战争的基础,并且发挥着越来越重要的作用……晋察冀地区的这一军事战略,已经成为中国整体战略的组成部分。""虽然单纯的游击战无法取得战争的最后胜利,但他们的活动减轻了正面战场的压力。他们一刻不停的活动,牵制了大量敌军。""现在,规模越来越大的游击战争阻止了日本势力的扩散,粉碎了日本想利用华北的人力资源和物资来侵略中国其他地区的计划。"⑦

白求恩尤其认同毛泽东的持久战理论,一有时间就和董越千讨论这个问题。董告诉白,毛的《论持久战》这篇5万多字的文章是他用七天七夜时间写成的。他在深思中右脚布鞋还被火盆烧了一个洞。这篇文章5月26日发表后，不到3个月已经传遍中国和世界。国民党高级将领白崇禧读完《论持久战》后大为赞赏，认为这是克敌制胜的最高战略方针。他向蒋介石报告他的看法，蒋也十分赞同。在蒋的支持下，白把《论持久战》的精神归纳为"积小胜为大胜，以空间换时间"，并取得周恩来同意，由国民政府军事委员会通令全国，作为抗日战争的战略指导思想。"他是一个巨人和真正的统帅。"白求恩再次重复他在延安时对毛的评价。同时他也意识到，持久战已经成为中国军民的强烈共识和钢铁意志，成为中国走向解放的唯一出路。他写道："人民已经意识到这是一场旷日持久的战争，目前要取得决定性胜利是不可能的，至少准备打10年，甚至更长的时间，不管怎样，胜利终将属于中国。"⑧

"为了民族解放的统一战线"。白求恩在晋察冀发现："八路军和共产党在这一地区的力量十分强大，如果他们想建立一个苏维埃政权是相当容易的事情，但是他们没有这样做。相反，八路军和共产党坚持在此建立统一战线政府，在总共9名政府成员中，只有2名是共产党员……共产党甘愿在政府中居于次要地位。"此外，"在这个地区建立统一战线政府，需要符合国民党中央政府的规则，需要统一的军事指挥，共产党又该如何保持独立性呢？"为此，他曾向聂荣臻请教，向贺龙请教，与来访的美军特派观察员卡尔森争论，向一切他认为可以交流的人探讨，并逐步理出自己的头绪。

白求恩说："在过去一年的战争中，所有中国人都认识到，中共的《抗日救国十大纲领》是唯一有可能将中国从敌人手中拯救出来的纲领。除了少数条款，这个纲领几乎全部被国民党中央政府所接受……这并非中央政府接受了共产主义，而是这个纲领得到了来自各个阶层的巨大支持，并且与现实紧密联系。"

纲领不但被接受，而且变成了现实。在晋察冀，无论是国民党留下来的孟阁臣的部队、孙殿英的部队、吕正操的部队，还是没有撤走的县镇官员，如蔚县县长张苏、阜平县县长朱玉文、阎锡山的代表宋劭文等，都赞成聂荣臻建立一个长期稳定的政府的建议。白求恩写道："实在令人难以置信的是,我们竟然在敌后建立了一个坚强的政府。这在中国历史上是史无前例的,在世界上也是如此,甚至我们中国人(白求恩似乎忘记自己是一个加拿大人)到战前还认为这是不可能的。"

晋察冀边区政府主席宋劭文(时任阎锡山晋东北地区政治部部长)告诉白求恩:"在这个政府里,共产党、省府官员、军队和国民党之间存在着良好合作。所有人都在抗日的基本纲领基础上团结起来……日军正在集中力量夺取武汉,这给了我们继续发展游击武装的时间……即使今后日军向这里集中部队,并决心夺取整个地区,我们仍然能够坚持在晋察冀边区的依置。"白求恩写道:"对于这一地区的发展,我持乐观态度。"⑨

白求恩深刻的洞察力在于他准确把握了中共统一战线的出发点和归宿点,并做出清晰阐述。他写道:"为了赢得对日战争的胜利,建立一个新的民主共和国,不失去个性的联合是必要的,这不是机会主义,而是在革命时期的现实主义。既然国共双方的直接目标是一致的,那么共同的行动方向就是最佳的选择。"白求恩进一步分析说:"在中国,一个无阶级差别的社会主义共和国不可能一蹴而就,因为中国的政治、经济发展水平较低,阻碍了这种可能性。最终的目标是遥远的……这个目标可以通过合作达到,因为统一战线每天都在扩大。共产党是统一战线的真正领导者,他们成为群众的楷模,并以一种坚定而自豪的谦逊姿态,保持着自己的领导权。"⑩白求恩不但赞赏中共的统一战线,而且认为,这个统一战线应当扩大到全世界。此后的日子里,他不但通过书信频繁地向世界发出呼吁,而且号召"凡有一技之长者:医师、卫生工作者、工程师、技术员等都来援助中国人民"。今天,我们再来捧读这些熠熠生辉的文章和书信,就会发现,白求恩不仅在感情上融入了中国革命,而且在理论上、思想上、行动上成为我们志同道合的战友。

"人民是大海,我们是游鱼"。白求恩对毛泽东的人民战争思想尤其感兴趣。董越千告诉他,毛在《论持久战》中讲道:战争不仅是经济力和军力的竞争,也是国际关系和民心的竞争。中国进行的是正义战争,得道多助。日本进行的是侵略战争。失道寡助。最重要的是,中国人民万众一心,抗战到底的精神是持久的和不可战胜的。"只要我们把侵略者置于我们数万万站起来的人民之前,使它像一匹野牛冲入火阵……就非烧死它不可"。

白求恩相信,动员和依靠群众,是八路军敌后生存、发展、壮大的法宝,人民战争是最终打败侵略战争的唯一有效形式。他写道:"抗战的胜利将来自所有中国人民的抵抗,而不仅仅是军队的抵抗,这是游击战争的经验。如果西班牙效仿中国的做法,可能已经取得了胜利。""八路军战士正在以小分队的形式告诉同胞们,这场战争必须由中国人自己来打,并将最终取得胜利。"⑪

白求恩写道,在平山县洪子店小镇,农会主席告诉他:"一名12岁的小男孩仅仅因为唱了一首八路军的歌曲而被日军枪杀,这激起了人民的愤怒。当地农民组成自卫队打击日伪军,只有3支枪的8名男孩竟消灭了6个敌人。"白求恩听到:"一个农民会从村民们口口相传中得知他的祖国正陷入危难之中,他可能听说和看到日军的残暴。面对废墟和被杀害的同胞,他会在八路军的鼓励下参加游击队,通过军事训练和政治思想教育,一种决心誓死抗日的精神出现了。""他们最大的优势是熟悉这里的每一寸土地、每一棵树、每一条羊肠小道、每一条溪流和每一条大河。平时,他们像深水中的鱼那样难觅踪影,抓住他们就像抓住天空中的飞鸟一样困难。但是只要日本兵一离开他们坚守的铁路公路,就会遭到游击队的破坏,日军不可能'控制'或'征服'这里的人民,也不会得到更大的经济利益。""人民的仇恨是日军最大的障碍。"⑫

白求恩感触最深的是八路军卓有成效的群众工作。无论是农会、工会、青年会、妇救会,都知晓抗战不仅要把日本赶出中国,也要把封建枷锁从自己身上解脱出来,他们对八路军的拥护是真诚的。"无论八路军走到哪里,都在群众中留下深刻的印象。这是一支真正的人民军队,同人民永不分离。""假如你看到一个老乡穿着破烂的旧蓝布大褂,戴一顶破草帽,但是肩膀上荷一条旧的燧石发火枪,带着一个团的八路军沿着陡峭狭窄的山间小道前进时,你就看到了一副生动绝妙的战争景象。"⑬

在每一个住着八路军伤员的村庄,白求恩听到村干部最多的话是:"最后一栋房,留给伤员住;最后一床被,留给伤员盖,最后一顿粮,留给伤员吃。"看到最多的是："村民抬着担架送来伤员,伤员要占他们一半的房子,但他们没有一句怨言。"如果没有村民的掩护和帮助,伤员几乎活不下来。边区军民亲如一家的景象使白求恩感慨万分,他说："在这里,人民是大海,我们是游鱼,大海和鱼不能分。"与此相反,白求恩发现："阎锡山也在宣称发动群众、武装群众,但实际上山西的群众从来没有得到武器……为什么这里的群众不能像河北的群众一样拥有武器呢?为什么阎锡山没有实现自己的承诺呢?因为他像其他军阀一样,害怕提高了觉悟的和武装起来的人民。"白求恩的分析可谓一语中的,一针见血。

"我见证了'东方魔力'"。斯诺的《西行漫记》给了白求恩深刻的影响。他在这本书中读到了"毛泽东穿着打满补丁的衣服,朱德用马尾巴毛做的牙刷,周恩来睡的土炕,彭德怀用缴获的降落伞做的背心,林伯渠用细绳缠着一条腿的眼镜,他们和士兵吃着一样的伙食……"读到了"以窑洞为教室,以石头砖块为桌椅,以石灰泥土墙做黑板的延安抗大。"斯诺把这种艰苦奋斗的作风称之为"东方魔力"和"复兴之光",认为"这种独特的精神会产生一种一往无前的伟大力量,这是红军战胜一切对手的魔力所在。"

延安使白求恩见证了"东方魔力",与晋察冀军民的相濡以沫,使他"真正体味到这场惊天动地的斗争中奇异而崇高的精神"。他说："中共交给八路军的不是精良的武器,而是经过二万五千里长征锻炼的战士。有了这样的革命精华,我们就有了一切。"虽然晋察冀边区处于日军层层封锁之下,但坚决抗日的火焰却在人民心中燃烧,随之而来的是一个新的民主的共和国的远景……这个地区就是未来中国的希望和雏形。⑭

白求恩是一个不惧死亡,更不惧艰苦的人,他对援华抗战可能遇到的艰难困苦有着充分的思想准备。但来到中国后,还是对这里环境之苦、行军之苦、宿营之苦、生活之苦、精神之苦感到诧异,特别是医疗条件之苦和伤员之苦超出他的想象。他写道："想想吧!这里有2500多名伤员,却只有5个大学毕业的中国医生,50名未经训练的医生和一个外国人在做这项工作。"谈到后方医院,他说："在晋察冀军区各后方医院,我看到10个伤病员挤在硬土炕上,他们的食物只有小米粥,所有人都贫血,营养不良。

晚上非常冷,有的伤员因冻伤产生的坏疽而失去双脚。""这里什么都缺,从药品到器械。我们医疗队拥有的医疗器械,数量超过了整个八路军医疗部门的器械。"在白求恩对八路军简陋到最低限度的医疗条件和医护人员奇缺感到吃惊的时候,他也看到很多医务工作者忠于职守和自力更生的精神,他说"这像神话一样令人难以想象"。更让白求恩深受感动的是八路军是中国薪水最低的军队,普通士兵每月 1 元,排长 2 元,连长 3 元,营长和技术人员 4 元,团长以上直到毛泽东一律 5 元,聂荣臻名义上是 5 元,但他只拿一元。白求恩没有想到的是,毛泽东要给他和尤恩每月 100 元。白求恩说:"在毛泽东、聂荣臻每月只同意拿 5 元,其他大夫每月仅拿 4 元薪水的时候,我不会接受每月 100 元的照顾。另外,我所需要的一切都已经免费提供了,所以我不需要钱。"并建议用这笔钱为伤病员建立一个烟草基金。他还说:"我从所有同志那里得到无数的帮助和照顾,我必须向他们致以诚挚的谢意。上自聂将军下到最年轻的勤务兵,所有人体贴与合作都达到极致,我不可能受到比这更好的待遇了。"⑮

反观国民党军队,武汉失守后,蒋介石宣布:"二期抗战,以游击战为重点。"先后有 50 万国民党军队进入敌后,蒋介石还请八路军指挥员给"南岳游击干部训练班"讲课。八路军告诉他们:"游击战的根本前提是军民一家,官兵共苦。"听课的学员无不叹息——不要说军长、师长,就是要求连长过与士兵一样的生活也办不到。因为吃不了苦,有的部队逃回大后方,有的当了伪军。这也是国民党军队在敌后战场无所作为的重要原因。听了董越千的介绍,白求恩才明白在敌后战场,为什么国民党军队越打越少,而八路军却越打越多。他说:"在这里,战争不是由显赫的职业军人赢得,而是由穿军装和不穿军装的农民赢得。他们的抗日热情被唤醒,大量兵源补充到八路军队伍里。"⑯

关于自己的情况,他写道:"我的生活条件非常简陋,有时可以说十分艰苦,这让我想起年轻时候在加拿大北部丛林中度过的岁月。然而我不介意日常的辛苦——热和极冷、脏、虱子、食物单调且不合口味,也不担心山间行军和没有炉子、床,不能洗澡。我发现我都能适应,而且能在不干净的佛教寺庙里做手术。背后一尊 20 英尺高的面无表情的佛像从我肩上盯着我,我感觉就像在现代化的手术室做手术一样——那里有自来水,好看的绿瓷砖、电灯以及成百上千的附属设施。"

白求恩把对艰苦生活的适应归功于中共领袖和八路军对自己的影响,认为"从他们身上学到了许多宝贵的经验,学到了无私奉献、团结合作和一往无前的精神"。他说:"我感谢大家给了我所有这些,当然,作为回报,我可能也教大家掌握了一些技术。"白求恩在中国不但见证了"东方魔力",而且成为"东方魔力"的化身,从而赢得八路军的尊重。尤恩回忆说:"白求恩结识中共领导人,真是英雄惜英雄。他被他们接纳,并且被授予打开这个王国的所有大门的钥匙。"⑰

白求恩对中国抗日战争战略问题和中国革命道路的研究探索,如同他对医学之谜的寻根问底一样孜孜不倦。在探求真理的道路上,只要是他涉足的领域,不管是自然界还是人类社会,是熟悉的还是不熟悉的,他都会倾心倾力,弄个明白。聂荣臻回忆说:"白求恩回国前希望与我面谈一次,他说到中国后,一直忙于医疗工作,对中国革命的许多问题,没有来得及深入思考,为了进一步理解中国革命,希望同我详细地面谈一次,由他提问题,我来解答。我被他这种探求真理的革命热情深深感动,表示很高兴与他共同探讨有关中国革命的各种问题。但不久,日寇对我边区的冬季大扫荡开始,他不顾同志们的劝告,毅然参加'反扫荡'战斗。就在这次紧张的战场救护工作中……他划破了手指,链球菌侵入伤口……限于敌后的医药条件,尽管当时我们进行了全力的抢救,终于没有能够挽救他的生命。我热切期待着的与这位伟大的国际主义战士的谈话,因此未能实现,成为终身憾事。"从聂的回忆中,我们不难发现作为思想家、政治家的白求恩是怎样探求真理的。

三、"你们对伤员的处置令人不能容忍"

从9月28日离开蛟潭庄到11月初,白求恩一直带着战地医疗队在几个分区的后方医院检查工作。在游胜华医生(晋察冀军区卫生部副部长)、王道建医生协助下,白求恩检查了303名伤病员,并为其中的132人做了手术,其中75%是清除伤口腐肉的手术。

除此之外,白求恩为每所医院都制定了卫生管理制度,组建了随时可以上前线的战地医疗队,为医务人员讲解手术技术和护理知识,特别对转变医疗作风提出很多具体要求。他把这种方式称之为"流动教育",并认为这种"流动教育"很适合后方医院"远、小、散"的特点。

让白求恩高兴的是,虽然松岩口模范医院毁于战火,但它向全区后方医院展示的管理、技术、护理,已为大家接受。他写道:"医护人员的技术取得极大进展,病人和病房条件也随之取得巨大进步,大家都渴望学习新的方法,所有人都获得了最佳合作","在谢家河、南平、常峪等后方医院情况会更好些"。白求恩因此得出结论:"无需任何理想的'模范医院',只要我们有充分的组织和精力,每一所医院都可以成为模范医院。我们未来教育工作的目的,是将农民普通的脏房子变成适合伤病员养病的干净的、舒适的病房。这听起来是可能的,做起来也更为简单,但是需要投入极大力量,教育我们的医务人员正视存在的问题并坚决改正它。"

除了取得的进步,白求恩也指出存在的问题,特别是在有的医院,"病人的疾苦常常被忽略"。他指名道姓地点出不负责任的医生,并建议让他在一周时间内"靠边站",看看合格的医生是怎样做的。[18]

11月6日,白求恩率医疗队离开平山县常峪村,前往山西北部后方医院巡视。深秋的雁北地区已经非常寒冷,白求恩穿着聂荣臻送给他的战利品,一件带有保温层的日军飞行服骑马走在队伍前头,董越千告诉他,沿着这条山路向东北方向走,就会到达他曾经工作过的阜平县。

到了第三天,漫天大雪埋没了山路,整个平原和山峦都埋在厚厚的白雪之下。尖利的山风在他们身边呼啸,很快吹干了背上的汗水。他们来到阜平县,在董越千安排下,他们住进了有热炕的房屋,受到了热情款待。董也抓紧时间帮助他的继任者处理了几件工作上的事情。

停留一天后,他们又继续向北进入大山,结冰的山路又滑又陡,下面就是险峻的峡谷。大家步履艰险,相互提醒着缓慢行进。为了尽快赶到下一个宿营地,他们经常是不吃不喝不休息,一口气走上十几个小时。有时为了抵御零下20摄氏度的严寒,他们不得不在避风的地方燃起一堆篝火,烤一烤冻僵的肢体。经过艰苦的行军,他们终于在 11 月 19 日傍晚抵达了下观村的一家后方医院,并受到 359 旅卫生部部长顾正钧的接待。

和往常一样,白求恩下马后的第一件事情是检查伤员。他接过没有加糖的热茶,还没有喝上一口就问:"病房在哪里?"董越千连忙劝道:"走了一天的山路,还是早上吃的饭,是不是……"没等董说完,白求恩已穿上大衣:"我们走了很远的山路,伤员们也是一样啊。"说罢头也不回地走进外面的黑夜里。

病房就在村边的一座破庙里,在一间狭窄的房间里,30 多个伤员沿墙躺在一排土炕上。白求恩发现他们连一条毯子都没有。他压住火问主治医生:"他们晚上盖什么?"主治医生慌忙回答:"还没有给他们找到盖的东西。"白求恩不再听他申辩,径自推开顾正钧的办公室,劈头吼道:"你们对伤病员的处置令人不能容忍。""我以晋察冀军区卫生顾问的身份告诉你,这儿的医院是八路军医院中最差的一个。这里存在严重的官僚主义作风,医生不到病房去,护士对伤病员不关心。我们的工作要面向伤病员,少在办公室……"说罢又冲出房间,不一会儿抱着一条毯子塞到顾的手中。白求恩大声说道:"伤病员是我们的同志,在一切事情当中,要把他们放在最前头。被子应当给他们先盖上。我们不能让伤病员不盖被子,而我们自己盖被子。"顾已经知道白求恩发火的原因,命令主治医生马上把工作人员的毯子、被子收上来,确保每个伤员都有盖的。顾坦诚地承认了错误,并汇报了解决问题的办法,并劝白求恩把自己的毯子拿回去。[19]

一波未平,一波又起。11 月 20 日,白求恩做了 7 台手术。11 月 22 日上午,白求恩率队来到涞源北面的转岭口,这里是 359 旅司令部所在地。刚刚安顿好,前线的第一批 35 名伤员就陆续送到。这时白求恩已经和大家把手术室准备好,他开始检查伤员的情况。

刚查了几名伤员,白求恩已经是满脸愠色。查到最后,白求恩终于憋不住火了。"叫带队的同志过来。"他冲着董越千喊道。

带队的同志和一名卫生员跑到白求恩面前,他们不知道白求恩要说什么,显得很紧张。白求恩严厉地问道:"这些伤员从火线到这里,已经走了三天三夜。从第一次上过药后,他们没有得到任何照顾,甚至连一条绷带都没有换,这是为什么?"他指着伤员对他们吼道:"难道你们的任务就是把他们抬下来,好像他们是行李,而你们是医务人员,不是骡子!"

护送伤员的卫生员忐忑不安,他小声解释说:"从涞源到这里,没有休息站,也没有救护站,我们没办法。"

"这难道是理由吗?没有休息站,事先为什么不考虑设几个?没有绷带,你们的衬衫就可以代替!"白求恩越说越气,他转身来对董越千说:"立即派一个通讯员到王震旅长那里去,我以晋察冀卫生顾问的身份,请他亲自来这儿一趟,看看伤员从交通线送来时的情况。"

董越千考虑前线战事紧张,对白求恩说:"白大夫,我们是不是先找卫生部的领导反映一下这里的情况?"

"不,伤员的情况这么严重,一定要请王旅长来一趟。"白求恩斩钉截铁地说。董越千只好从命,让通讯员马上向王震报告。

批评完卫生员,白求恩指挥医疗队马上开始手术。

手术室里挂着一盏汽灯,七八个医护人员围在手术台旁没有一点声音,只有汽灯在嘶嘶地响着。一个伤员被抬上来,他脸色苍白,左小腿上缠着满是脓血的绷带,伤口散发着一股臭味,一块犬牙状的长骨露在外面,腿斜着向内翻着,这是伤后治疗没有上夹板所致。

"啪"的一声,白求恩把手术器械扔在器械桌上,他生气地质问:"这是谁干的事?"没人回答,又问了第二声,359旅卫生部医务处主任潘世征走上前欲言又止。

"是你?"白求恩既惊奇又恼火。一个旅的医务处主任干出这种事来,显然不是一个技术问题。"你为什么不给他上夹板?你知道你面前躺着的是什么人?这是经过二万五千里长征的战士,是我们八路军的精锐,是我们亲爱的同志,我不能容忍你不负责任的行为。"站在一旁的顾部长知道白求恩误会了,想解释一下,潘世征制止了他,并诚恳地做了自我批评。

白求恩依旧不依不饶,"我要报告旅长,假使一个连长丢了一挺机关枪,不用说是要挨处分的,枪可以再从敌人手中缴获,可是失掉一个战士的左腿,这种损失是无法弥补的!你知道吗?因为不上夹板,必须截肢!"说完,白求恩俯下身子,惋惜地对伤员说:"我的孩子,你的左腿要锯掉,因为只有这样才能保住你的生命。"说罢,白求恩眼圈也红了。

伤员的眼泪泉涌般地向外流,他显然不曾想到自己将失去一条腿。他拉住白求恩的手痛苦地闭上眼睛,"请相信我吧,孩子。"白求恩再一次安慰这个伤员。在场的医务人员都不禁流下热泪。

已经被白求恩培养成为麻醉师的董越千给伤员上了麻药,麻醉的深醉还要等一会儿,白求恩利用这一片刻给医务人员讲起了离断术的历史:"最初的时候,止血是用烙铁的。16世纪时,一切创伤都是用烙铁烧灼,或注射沸油作正当治疗……"[20]

手术开始,锯骨的声音吱吱地响着……白求恩握着离体的下肢,用钳子夹起一条肌肉,对大家说道:"从技术上看,它还活着,这可是生命啊。在海洋里,在日光下,至少是一百多万年的进化史啊……"

直到深夜十二点,才把安排好的手术做完。顾部长请白求恩吃饭,白求恩仿佛没有听见,脱下手术服,又跑到病房去看望做过手术的伤员。"好不好?"他用生硬的中国话问道。伤员没有叫的,也没有哭的,都平静地回答"好",白求恩很高兴,这才回来吃饭。

晚饭后,白求恩又提起伤员没有上夹板的事,顾部长刚刚做了一点解释,马上遭到白求恩的反驳:"你们老说没有足够的夹板,没有就应当马上做。""还有今天的手术室和我看到的病房,消毒不严密,手洗得不干净,伤口也洗得不干净。"看着顾部长一脸的无奈,白求恩补充说,"今天的手术准备工作很快,值得表扬。"

第二天上午,王震旅长来到后方医院,得知白求恩正在做手术,王震耐心地在门口等了一会儿,看到那名伤员被抬走了,他才走进屋去。

"你好,白求恩大夫,我是王震。"

"久仰大名,王将军。"白求恩也热情地打了招呼。接着脸色"晴转多云",话锋一转:"聂将军告诉我,你是一位英勇善战的将军,359旅的战斗力是无可批评的,但是你们对伤员的处置却是非常糟糕的,不能容忍的!"

王震对白求恩的性格和工作态度早有耳闻，今天刚一见面就听到他直率的批评，并不感到突然。他恳切地说："白大夫，我今天来就是听你批评的，我们的卫生工作需要你的帮助。"

白求恩把王震领到伤员住处，叙说他们三天三夜无人照料的情况，他指着一个伤员溃烂的伤口，用极慢的语速解释说："造成这种恶果的原因是无人照料。"这样董就可以一字不漏地翻译给王震听。他又指着两名伤员因使用止血器后未能继续关照而发生坏疽，不得不截肢的情况说给王震听。看得出来，王震的心情很沉重，"白大夫，你的批评像手术刀一样尖锐，但你的话是正确的。我们的卫生工作缺少器械，缺少训练有素的人员。你的批评使我认识到，我们必须马上改善这种情况。我今天留在这儿了，等你做完手术，我们一起商量下一步应当采取哪些措施。"

白求恩看到王震对自己的意见这样认真这样重视，很是感动。他对王震说："等我忙完手术，我们抓紧谈。"

手术结束已经是深夜了。白求恩和王震都没有倦意。他们很快确定了具体的改进措施：在前方与后方每隔30里设一个救护站，站上的医务人员要携带必要的器械对后送伤员进行初步治疗；要动员更多的群众加入担架队，加快后运速度；最重要的是，每次战斗都要派一支手术小分队接近战场，以降低伤员的伤残率和死亡率。

王震非常感谢白求恩的帮助，他说："我非常赞成你的想法。而且我们最近就可能打一场大的伏击战，你能准备好，和我们一起行动吗？"白求恩一听来了精神："是真的吗？请尽早通知我们，我们保证及时赶到。"

"好，一言为定。"王震紧紧握着白的手，两人会心地大笑起来。

四、一场无与伦比的战地救护

11月26日，白求恩率医疗队向西开拔，穿过陡峭的山路，来到位于灵丘县杨家庄的军区后方医院第一休养所。该所原来设在五台县，9月底"反扫荡"时奉命迁至这里。

杨家庄是一个有200多户人家的小山村。地处阜平与灵丘两县交界的深山里,自然环境好,便于伤员隐蔽和治疗休养。白求恩一进村,就看到墙壁上写满抗日标语,小河岸边的树枝上晾着许多刚洗过的纱布绷带和伤病员的衣服。病房就设在老乡家,土炕被改造成病床,屋内干净整洁,井井有条。这样的病房有100多间。院子里有不少妇女在为伤员换药、包扎伤口、洗头和缝补衣服。整个村庄就像是一所医院,民房就是病房,男人就是担架员,妇女就是护士,白求恩看后兴奋地说:"这才是适合游击战的模范医院。"

第二天,他们给60多名伤员做了检查,确定有40人需要手术。当天深夜,王震旅长派人给白求恩送来一封急信。信先交给董越千,他翻译完后,立即交给同住杨家庄的军区卫生部副部长游胜华。

"王旅长给白求恩来了一封信,信上说,两天内一场伏击战要在灵丘北面打响,请他率医疗队参战。我们什么时候通知白求恩?"董越千问。

"明天一早吧。"

"不行,他会非常生气的。白求恩这几天做了40多例大手术,已经很长时间没有睡过整夜觉了。"

"但如果他知道把信晚交给他,一定又要发脾气。"

"发脾气总比他不休息强,你没看到吗? 他的体重已经减轻很多。"

游胜华一边说,一边拿过信来读。

看完信,游胜华也改变了主意。"这是王震旅长的亲笔信,信上说,这次战斗非常重要,我们必须及时通知他。"

董越千径直来到白求恩住处,只见他正在编写教材,桌上铺满了手稿。董把王震信中的内容扼要地说了一遍,白听后一脸兴奋:"这次可不能耽误,上次洪子店战斗就没有赶上。"他指的是上次战斗通知他晚了。

白求恩在屋里兴奋地走来走去,不时挥舞着拳头:"我要像马德里那样亲临前线了。"白有理由血脉贲张,因为这是他来中国后第一次有机会接近战场,他要向王震旅长,向聂和毛证明,及时抢救可以极大降低伤员的死亡率。他要董拿来地图,为他指明伏击战的地点和手术小分队的具体位置。董告诉他,杨家庄距离前线大约90公里,而且都是山路,两天时间是很紧张的。[21]

"那我们现在就出发。"白恨不得插翅飞到前线。"现在已深夜了,我们明早七点出发吧,""不行,六点出发。"白求恩又提前了一小时。

11月28日拂晓,雁北山区,寒风刺骨,气温骤降,飞扬的雪片打得人睁不开眼睛,山路上铺满冰雪。他们排成一列纵队行走,马蹄敲在坚硬的地面上,发出清脆的声响在山谷中回荡。山路越来越窄,他们只得牵马行走。这一天,他们翻越了鹅毛岭、大岭、二岭、佛爷岭、玉皇岭等5座山,除了中午在蔡家峪一个老乡家要了点儿开水,吃了点儿干粮外,一直在赶路。夜深了,他们走到翟家峪过夜,这里距前线还有不到30公里的距离。

11月29日上午,医疗队赶到359旅指挥部,王震和大家一一握手,连声道:"同志们辛苦了。"白求恩急切想知道战斗情况,王震告诉他:"日寇正在准备冬季大扫荡,他们在广灵到灵丘的公路上运输十分频繁,我们准备在公路两侧山丘设伏,伺机歼敌。"

"我们的救护站设在哪里?"白求恩问。

"已经安排好了,按照部署,你们今天下午到达预定位置。"王震不慌不忙地说。

"急救站距前线有多远?""12华里。""能不能再近些?"

"不能再前移了。"看王震布置已定,白求恩也不再说什么了。

当天下午三时,医疗队到达一个叫黑寺的小山村。这个村庄只有五六户人家,村东有一座小庙,周围是一片柏树林,手术室就布置在庙里。黑寺离发动袭击的公路有6公里,距前线不到5公里。白求恩发现,先期抵达的战士已经做了很好的准备,他们用木板在小庙里搭起一个顶棚,还燃起了一大堆篝火,用来烧水和取暖。

看到这一切,白求恩心生感动,他在后来的一封信中写道:"下午三点我们到达后,发现旅长已经给我们急救站做了极为完善的准备工作……旅长又组成了一支很好的担架队。我们下午五点十五分就接收了第一批伤员,也就是在他们受伤七个小时十五分钟之后就得到治疗。"[22]

从第一例手术开始,紧张的气氛就弥漫在小庙里。4架日机从东北方向飞来,不断在黑寺村投弹,一颗炸弹就在小庙附近爆炸,随即一堵外墙倒塌了,雨点儿般的石头土块砸在手术室顶棚上,游副部长要求白求恩暂时躲避,白求恩边手术边回答:"和日本法西斯作战本身就不安全,只有消灭了法西斯才能获得安全。如果只为个人安全我就不会来中国了。"同行的359旅政治部的向导也劝白求恩,等到空袭结束再做手术也不迟,白求恩一挥手,断然拒绝了对他的"保护"。董越千在回忆这件事时写道:"敌机在手术室上空盘旋投弹,炸弹就落在小庙旁边,同志们劝他暂时转移,他昂然回答:'前方战士的岗位在战斗的火线,我们的战斗岗位在手术台,前方战士不会因为轰炸而停止战斗,我们也不能因为轰炸而停止手术。'"㉓

天色渐渐暗了下来,担架手们又送来不少伤员。医疗队员借助两盏昏黄的马灯和白求恩的手电筒照明,继续奋战在手术台上。此时,大家都有些筋疲力尽。第一个倒下去的是董越千,他因扁桃体发炎而发起高烧,但仍然坚持充当麻醉师,白求恩看着满脸通红、前额滚烫的"自己的化身",命令他躺下休息,并让他吃了点镇静剂。其他三名医生也有些顶不住,白求恩只得鼓励他们:"一定要坚持,早一分钟手术,伤员就多一分生的希望。"说罢,他向警卫员何自新喊道:"小鬼,拎一桶冰水。"

何自新不知白求恩用冰水干什么,赶快拎一桶冰水走进手术室,只见白大夫一头扎进冰水里,等了半天才把头拔出来,他用毛巾擦干头发,再继续走上手术台。他让三个医生轮流休息,而他自己却一刻没有停止手术。只是坚持不住的时候,再一头扎进冰水里。

11月30日凌晨三时,一个腹部被子弹打穿的伤员送到急救站,白求恩马上为他做肠吻合术。手术中,伤员血压下降,病情危险。白求恩果断地说:"输血。"王道建医生回忆说:"我当时感到很惊奇,这是我第一次经历野战条件下的输血。白求恩又说:'输我的血'。我们好几个同志抢着说:'输我的血,我们年轻,你岁数大了。'白求恩用命令的口吻说:'我是O型血,万能输血者,来吧,快!快!'白求恩拿出一个1.5毫米的针头要我在他的左臂静脉上刺入,血液急速地向一个有抗凝剂的消毒杯中流去,白求恩为使血流压力加大,还不断地握拳。一个加拿大共产党员的300毫升友谊之血,输到了中国八路军战士的身上。血压回升了,伤员得救了。白求恩非常高兴。我也为他这种一心为伤员的高尚精神,受到极大的鼓舞。"可是,谁能够想到,在随后的30个小时内,白求恩仍然像一匹不知疲倦的老马在拼命工作。如果说有过"休息",那也是他躺在伤员身旁实行臂对臂输血的时候。㉔

没过多久,又一个伤员因失血过多发生休克,王道建医生毫不犹豫请示白求恩:"这次来输我的血。"白求恩没有说话,只是赞许地拍拍他的肩膀。

意想不到的情况再次发生。接替董上麻药的游副部长突然说:"麻醉药没有了。"

白求恩望着游副部长,用目光询问:"怎么办?"游走出手术室,用电话向各处联络麻醉药。不一会儿,他回来告诉白:"现在,我们只能在无麻状态下做手术了。""无麻手术?"白怀疑自己听错了。"是的,在迫不得已的时候,我们也曾这样做过,当然,只是处理一些简单伤情。"游解释说。

一个手臂受伤的战士被抬上手术台,他要取出两块弹片。白求恩几次把贴着皮肤的刀刃抬起来,他怕这个战士承受不了。伤员似乎看出了他的心思,诚恳地说:"白大夫,你大胆做吧,我挺得住。"白的内心一阵感动:"好孩子,谢谢你,记住,这是日本法西斯的罪过。"

手术后的伤员被抬下去,手术台上留下一片汗渍。白求恩抹了抹额头的汗水,准备下一个手术。正在这时,一个浑身血迹的游击队员跟跟跄跄冲了进来,他从怀里掏出一个布包,急忙打开:"吗啡,几十支镇痛用的吗啡。"

原来参战部队接到游副部长的求助电话后,马上决定把刚刚缴获的吗啡送来。部队领导派一名战士和熟悉地形的民兵完成这个任务。他们在穿越日军火力网时都身负重伤,那个战士牺牲了,这个民兵拖着受伤的身子,终于找到了急救站。"我来晚了……耽误你们用了……"这位民兵说完倒在白求恩身上。白感动得热泪盈眶,大声说:"我们先抢救他。"说着赶忙把这个民兵抬上手术台。

当天下午三时,两名从延安医疗队赶来的医生和359旅卫生部的一名医生加入到抢救队伍,这让白求恩松了一口气。他写道:"3位医生缓解了我们当晚的燃眉之急,使游医生、王医生和我可以得到少许休息。"

天快黑时,王震赶到黑寺急救站,他带来一些缴获的罐头和香烟,并告诉白求恩,现在部队有了一个新的作战口号,"冲啊!白求恩在我们后面。"王震学着战士们冲锋的样子说道。白不好意思地笑了。王震又说:"战斗很快就要结束,这次消灭了400多名日军,但敌人的增援部队很快就到,你们要在今晚撤走。"白求恩指着20多名伤员说:"必须先给他们做完手术,我们才能离开。"说干就干,白求恩和5位医生并肩战斗,一直忙碌到12月1日上午十点,最后一名伤员被担架送往后方医院。

40个小时,医疗队共为71名伤员做了手术。他们的勇敢精神和专业技能都堪称无与伦比。白求恩不忘表扬这些好医生,在给聂的报告中写道:"王大夫捐了500毫升血后继续工作了12个小时,我们应当对他致以崇高的敬意,我希望你能对他进行嘉奖。我还想提董同志的工作,他虽然得了严重的扁桃体炎,又发高烧,但仍然实施了50多例麻醉。另外,游大夫和贾大夫的工作也都非常出色。"㉕

担架队将这批伤员运回曲回寺村的后方医院。12月2日,白求恩跟随他们到达后方医院后,立刻检查伤员情况。让白求恩高兴的是,虽然路上没有换药,但三分之一的伤员没有感染。他相信,如果中途换一次药,会有三分之二的伤员避免感染。白求恩写道:"不受感染的直接效果,是能大大缩短伤员待在医院的时间。""这是一个巨大的进步。""如果及时手术和中途休息站有敷料这两个因素能控制的话,感染率会更低。""现在被耽搁的时间最少是7小时15分钟,最多为40个小时,所有伤员平均被耽搁了24小时,我认为在现有条件下,这是最令人满意的,因为战场在山区,而且交通极差。"

在给聂的报告中,白求恩总结道:"这次救治伤员的方法令我们和部队指挥官们都很满意。大家希望这种方法能够使目前卫生机构的责任观念发生根本转变。大夫等待病人到来的时代已经结束,大夫必须去找病人,而且越快越好。每个旅都应该有一个由它支配的、同我们一样的流动手术医疗队,他是团救助营地与后方医院之间的联系纽带。"

"当然,我十分清楚,在游击战争中恰当地组建战地手术队有多么困难。但是,再多的困难,例如因不可预料的突发的战斗,来不及通知手术队到达战斗地点,手术队闻讯后也应立即赶往前线,并准备在路上迎接伤员,抢救更多人的生命。"㉖

黑寺战地救护是一个奇迹,救治效果大大超过西班牙战场的救治水平,也超过了白求恩在延安向毛泽东所做的救治率达到75%的保证。在庆功会上,王震旅长特别表扬了白求恩和野战医疗队的同志们,号召全旅官兵,向白求恩学习。白求恩也在欢呼声中走到台前:"同志们,这次战场救护的成功。确实值得庆祝,因为它开创了新的世界纪录,比西班牙战场的疗效高得多。但是,你们不应当表扬我。因为创造这个奇迹的不是白求恩,而是你们英勇杀敌的战士、在炮火下运送伤员的担架员、冒着枪林弹雨支援我们的群众。我还要提到王震将军,感谢他通知我们来,并亲自布置我们的黑寺急救站。再就是我们医疗队的其他医生和董翻译,他们同样战斗了40个小时。"王震在1984年10月撰文回忆这场战地救护时说:"在离火线12华里的黑寺手术室……白求恩日以继夜地给前线下来的伤员做手术,连续40多小时不休息……71名伤员中只有一名死亡,85%的伤员疗效都是良好的。此情此景,我至今记忆犹新。"㉗

注释:

① [加拿大]泰德・阿兰、塞德奈・戈登:《手术刀就是武器》,生活・读书・新知三联书店,1979年版,第263页。

② 盛贤功等:《白求恩在中国》,人民出版社,1977年版,第119页。

③ 同上,第121页。

④ 毛泽东:《纪念白求恩》,人民出版社,1979年版,第13页。

⑤ [加拿大]拉瑞・汉纳特编著:《一个富有激情的政治活动家》,齐鲁书社,2005年版,第387页。

⑥ 同④,第214、135页。

⑦ 同⑤,第335页。

⑧ 同④,第135页。

⑨ 同⑤,第338、341页。

⑩ 同⑤,第319页。

⑪ 同⑤,第 394 页。

⑫ 同⑤,第 334 页。

⑬ 同⑤,第 441 页。

⑭ 宋家珩主编:《加拿大人在中国》,东方出版社,1998 年版,第 18 页。

⑮ 同⑤,第 389 页。

⑯ 同⑤,第 460 页。

⑰ 同⑭,第 33 页。

⑱ 同⑤,第 389 页。

⑲ 同④,第 186、188 页。

⑳ 同④,第 186 页。

㉑ [加拿大]罗德里克·斯图尔特:《不死鸟——诺尔曼·白求恩的一生》,中国青年出版社,2013 年版,第 338 页。

㉒ 同②,第 128 页。

㉓ 同④,第 215 页。

㉔ 同④,第 238 页。

㉕ 同⑤,第 405 页。

㉖ 同⑤,第 406 页。

㉗ 章学新:《白求恩传略》,福建人民出版社,1984 年版,第 4 页。

第九章　　"特种外科医院
是我最重要的成就"

一、两位独臂将军的故事

1938 年 11 月 20 日,白求恩来到杨家庄附近的上寨村。

他要和两个助手为 7 名重伤员实施手术。当晚他们认真检查了伤情,第二天忙了整整一天。晚饭后,白求恩刚想休息一下,一阵急促的马蹄声传来,不一会儿,一名气喘吁吁的通信员跑了进来。

他是从灵丘河淅村 359 旅后方医院第一休养所赶来的。他报告说,719 团一营教导员彭清云在前不久的伏击战中右臂严重受伤。当他们用担架把他抬到下观村时,白求恩已经离开,他们又将彭抬回后方医院。医生对伤口进行了紧急处置,但右臂动脉出血不止,几次结扎都未能成功,护士只好轮流捏着他的动脉血管。王震旅长请白求恩尽快前往。

白求恩听完情况,马上吩咐王医生:"快,准备止血手术器械,我们现在骑马赶去。"刚一上马,白求恩就头也不回地挥鞭疾驰,60 公里的路程,他用了两个多小时就赶到了。

原来,彭清云在此次伏击战中被任命为突击队长。他是八路军有名的神枪手,战斗打响后,他发现一个日军指挥官依托汽车后轮子,挥舞着战刀命令士兵冲锋。彭清云拿起"三八大盖","叭"的一声枪响,那个指挥官应声毙命。后来得知,被他击毙的是日军独立混成第 2 旅团长常岗宽治中将。彭清云也在冲锋时被子弹击中右臂。

白求恩检查时发现,彭的右肘关节被子弹打穿,由于伤口溃烂,造成动脉血管破裂出血。白当机立断:马上输血,然后手术。同志们围上来要求验血,白求恩挡住大家说:"不要耽误时间了,还是抽我的血。""不行,还是输我的。"王道建医生赶忙阻止。白求恩一边挽袖子一边说:"战士们在前线流血牺牲,我输点血算什么?"大家知道拗不过白求恩,只好迅速消毒抽血。就这样,他的 300 毫升鲜血,汩汩流进彭清云的血管。

手术开始后,白求恩原想保住彭的右臂,但由于肢体肿胀很粗,组织广泛坏死，不得不改变方案。白告诉王医生："准备截肢吧！"王发现截断锯没有带来，忙问医院有没有，回答是没有。正当大家一筹莫展之际，护士找来一把从日军那缴获的工兵锯。白求恩看了看说："就用它吧。"反复消毒后，由白求恩为彭清云做了截肢手术。手术后，他指着截下的残肢对我们说："他是为一个伟大事业致残的，是光荣的。"

当天夜里，白求恩一直守在彭的身旁，直到他苏醒过来。手术后第8天，白求恩又专程从前线赶回来看望他，并检查了伤口愈合的情况。他笑着告诉彭："伤口恢复得很好，你脱离危险期啦。""谢谢，白大夫，是你给了我第二次生命。"

关于这次手术，王道建回忆：手术后，白求恩把医护人员召集到一起，他说："战伤出血对伤员来说是个严重问题，及时止血又是我们医生必须采取的刻不容缓的紧急措施，止血越早越好，一分钟甚至几秒钟也不能耽误，今天这个伤员的出血已经非常危险了。你们应该一方面派人给我送信，同时抬着伤员向上寨村前进。我接到信后，迎着伤员走，就可以和伤员在30公里处相遇，而不是让伤员等行走60公里的时间。止血术不一定要在手术室做，在游击战争情况下，只要有一间老百姓的房子就可以做了。"①

两个月后，一战成名的彭清云伤愈出院。他向王震要求再回719团。王震看了看彭清云空荡荡的右袖筒说："你暂时不要去战斗部队了，等生活适应后再说。""怎么，不要我当兵了吗？我还有腿有左臂，有白大夫给我输过血的身躯，照样能打鬼子。"彭清云宣誓般地说。后来，王震安排他到旅教导营当了政委。新中国成立后，彭被授予少将军衔，后任解放军总参谋部政治部主任。他一直以白求恩为榜样，为军队和人民努力工作。1988年11月，是白求恩为彭清云做截肢手术50周年，彭特意写下一首诗，表达对白求恩的深切怀念："血脉勃勃五十载，长忆英雄白求恩。逝者已矣生者老，满江春水满江红。"

与白求恩结下生死之交的另一位指挥员是359旅717团参谋长左齐。1938年11月16日晨，717团奉王震之命来到蔚（县）涞（源）公路明堡村附近设伏，消灭日军田原运输大队。经过一天一夜爬冰卧雪的坚持，终于在17日凌晨等来了日军的30多辆运输车。当日军进入伏击圈后，左齐一声令下，开始围歼田原运输大队。激战正酣时，八路军的一挺重机枪突然卡壳，日军乘机猛扑上来。左齐急忙跳入机枪阵地帮助排除故障。正在这时，日寇一排子弹扫来，击中他的右臂，顿时鲜血直流。

左齐被送到明堡村后，卫生队赶紧给他包扎止血带。他从昏迷中醒来后，看到王震旅长和717团的团长政委都围在身旁。王震告诉他："田原大队已被全歼，35辆汽车全部烧毁，缴获了大量武器和物资。现在马上送你到石矶村后方医院，白求恩医生在那里等你。"谁知，担架队在后送途中迷失方向，直到19日傍晚，才被抬到后方医院。

此时的白求恩正在曲回寺后方医院检查伤情，傍晚，一个通讯员捎来王震的口信，希望白求恩立刻赶往石矶村为他的参谋长疗伤。白求恩告诉董越千："我们马上出发，医疗队其他人员第二天早上再动身。"

等候已久的王震盼来了白求恩。没有多余的话，他拉着白求恩快步走进左齐的病房。这位26岁的老兵痛苦地躺在炕上，已经陷入昏迷。白求恩轻轻取下他右臂上缠绕着的绷带，不禁大吃一惊。胳膊的大部分已经因坏疽而肿胀发黑，这主要是止血带使用不当造成的。从负伤到现在已经3天多了，止血带一直紧缠着胳膊，让血液无法流通。白求恩走到屋外，告诉王震："唯一的办法只能是截肢。"王震焦急地问："能不截肢吗？他可是一个指挥员啊。"白求恩语气沉重地说："我更清楚右臂对他的重要性，可是为了保全生命，我只能这样做。""请你等一下。"王震说完走进房间坐到左齐身边。

王震轻声唤醒左齐，先讲了白求恩的意见，而后耐心劝道："目前最重要的是治好伤，一只胳膊照样打鬼子。你们团的晏福生政委也失去了一只胳膊，现在打仗工作不是样样出色吗？"左齐难过地点点头，泪水不住地淌下。王震赶紧抱住他，为他擦净泪水。

不知过了多久，左齐渐渐醒来。此时右肩关节离断术经过白求恩6个小时的努力，已经做完，伤口在剧烈地疼痛，他知道自己还活着，是白求恩让他起死回生。接连几天，白求恩亲自给他换药，看到他疼得忍不住打颤，白要给他打吗啡，他坚持说不用。白求恩握着他的左手，用生硬的中国话说:"你很坚强,好样的。"

左齐是八路军有名的秀才,伤好后,他用左手写下了这样的诗句:"大地穿上云的衣衫,洁白美丽的母亲啊,请不要伤心,你又添了一个断臂的儿男……"

经历了艰苦的抗日战争、解放战争和抗美援朝战争之后,左齐于1955年被授予少将军衔,并在新疆一干就是20多年,先后任南疆军区副政委、新疆军区副政委。后任济南军区副政委。无论在哪个岗位,他都像白求恩那样对人民极端热忱、对工作极端负责,在新疆有着极好的口碑,有关他关心"西部歌王"王洛宾、廉洁奉公的故事流传很广。

中国老摄影家协会会员赵勇田是一位老八路,曾参加过1940年11月7日,在河北唐县举行的"晋察冀边区抗日烈士纪念塔"落成仪式,并瞻仰了纪念塔西侧的白求恩墓园。后来,他先后跟随彭清云和左齐投身抗战,知道了他们和白求恩的故事,也因此和两位老领导以及白求恩共事过的老同志们结下不解之缘。中国老摄影家协会名誉主席吴印咸,在他90岁生日那天,把他拍摄的白求恩在孙家庄小庙做手术的照片《白求恩大夫》送给他,并在照片右下角签名盖章。

1990年3月3日,是白求恩100周年诞辰,中国、加拿大同时发行两枚以白求恩头像为主画面的纪念邮票,邮票上印着中加两国文字。赵勇田虽然不集邮,但出于对白求恩的怀念,仍然挤在北京宣武门邮票总公司大厅排队买到了当时发行的纪念邮票,并加盖了"纪念白求恩100周年诞辰"的纪念图章。

当天,赵把贴有纪念邮票的明信片寄给彭清云将军,彭用左手挥笔写下"白求恩给了我第二次生命"11个大字。时隔不久,左齐将军来京,他看到赵手中明信片上的白求恩头像,眼泪一下子夺眶而出,激动地伸出左手,挥笔写下了"救护我于危机之中的白求恩大夫"。

为了向加拿大人民表达中国人民对白求恩的怀念。赵勇田于3月26日又给加拿大安大略省格雷文赫斯特市白求恩故居纪念馆发信,寄去中国发行的印有纪念白求恩两枚邮票的明信片,请他们签名或盖章并寄回中国。

8个月后,赵勇田收到来自白求恩故居的回函,寄去的明信片上盖上了刻有中文字样的"白求恩故居"的圆形图章。他说:"这是中加友谊的象征,我要永远珍藏。"②

二、创建特种外科医院

12月6日,白求恩一行返回杨家庄。

刚走进村口,白求恩发现满街都是来来往往的行人,有的扛着风箱,有的抬着大锅,有的赶着驮着被服的毛驴,还有的搀扶着上了年纪的老人。人群中还夹杂着医院的医生和护士,连轻伤员也是肩扛手提,忙个不停。

"莫非敌人要来,群众正在转移?""可是为什么人们又显得高高兴兴呢?"白求恩纳闷,他问游副部长,游摇摇头说:"真不知道他们在干什么。"眼尖的董翻译在人群中发现了医院政委刘小康,忙问道:"你们这是在干什么?"

刘小康脸上挂着汗珠,一边敬礼一边说:"你们回来啦?"他望着忙碌的人群对白求恩说:"是搬家呢?"

"搬家?为什么搬?往哪里搬?"白求恩追问。

刘政委说:"我们的伤员分散在全村200多户人家,治疗和巡诊很不方便。这事村长和乡亲们一直挂在心上。前两天村长找到我说,他已和乡亲们商量了,把伤员集中安排在河东,河东的人家搬到河西。考虑到搬家会给老乡带来不少麻烦,特别是两户人家挤在一起很不方便,我们说啥也没有同意。没想到老乡今天一早就自己动手搬了,给我们腾出了100多间房。"

游副部长很感动:"群众这样支持我们,我们一定要把医院办得更好。"听着他们的对话,看着匆忙来去的群众,白求恩顿时也觉得热乎乎的。他把缰绳交给何自新,不由分说,抱过一件大行李扛在肩上就向河西走去。

当天夜里,他写信给一位朋友,描绘他此时的心情:"在连绵起伏的深山里,群众自己动手办起了另一所'模范医院',而且做了符合实际的更新。这使我兴奋得不知怎样向你转达我的心情。毛泽东是那样信赖人民群众,人民群众也非常拥护八路军。我更加相信,最后的胜利一定属于中国人民。"③

第二天一早,白求恩看到村民们正在对腾出的房子进行修整和粉刷,还拓宽了通往医院的小路,并把自己的桌椅板凳借给医院使用。手术室被安置在一个大房间,两个大方桌拼成一个手术台,顶上吊着白布做的医用"蚊帐"。看着修缮一新的医院,白求恩突然产生了利用这个契机实现医疗改革的冲动。

白求恩清醒地知道,在群众热情和军区首长高度重视医疗卫生工作的后面,包括杨家庄后方医院在内的八路军卫生工作仍然存在许多不容忽视的问题。在给军区卫生部的信中,他列出十个方面的问题:

一、某些医生没有责任心,惰性严重。绝大多数不能胜任工作,对护士和护理员缺乏指导监督能力。

二、护士的护理水平差,缺少基本技能。

三、药品浪费严重,出现误用误服。

四、包扎材料消毒不严格。

五、对伤病员态度不好,不够细心周到。

六、伤病员死亡率太高。

七、伤病员入院时间太久。

八、对关节治疗的忽视导致许多伤员终身残疾。

九、因为对护士的不满造成很多伤病员放弃治疗。

十、护理员、护士和其他工作人员受教育水平低。

白求恩认为,这些问题,有的是专业人员缺乏造成的,有的是医护人员失训造成的,更多的是管理制度不完善导致的结果。要消除这些弊端,必须对医院管理和人员培训进行改革。

关于这所医院的名称,白求恩取名叫特种外科医院。他解释说,这个名称包括两层含义:一是对特定战伤,主要是外科创伤进行诊断治疗;二是既然群众热情这样高,应当依靠群众来建设和管理医院。和松岩口的模范医院相比,特种外科医院结构简单,投入也较少,万一日军来袭,不会损失太大。

关于医院的管理制度,白求恩建议医院要和杨家庄共同成立一个联合领导机构,共同负责医院管理,解决重大问题。他说:"没有群众参加医院管理,将是一个损失。群众加入进来,就意味着后方医院不仅是八路军的,也是人民群众的,不仅是为军队服务的,也是为群众服务的。现在群众已经走在我们前面,我们应当赶快跟上去。"他还说,"群众给了我们这样大的支持,作为补偿,他们应当获得免费看病和拿药的权利,住院的村民也可以在这里免费吃饭。"

游副部长仔细听完白求恩的建议,他说:"你的想法是一个创新,如果我们让医生、护士、伤员也能参加到这个领导机构中来,是不是更能及时听到大家的批评建议呢?"白求恩很高兴:"我完全同意你的补充意见。""好,我们今天就报告军区首长。"游副部长一锤定音。④

聂司令员很快批准了白求恩创建特种外科医院的方案,并提议可学习红军士兵委员会的经验,把这个领导机构命名为"院务委员会",并建议白求恩再起草一个章程,使这个机构正规化、制度化。白一口答应下来。

白求恩参考苏联模式起草了一个章程。其中包括"自我批评、自我约束、自我控制",担任院务委员会委员职务人员的行为准则等等。游副部长主持讨论白起草的章程,大家逐字逐句议论着,白求恩耐心解答大家的提问。

关于院务委员会的人选,经过协商,主任委员由杨家庄后方医院医务部主任担任,他的副手是一位村领导。游胜华被推举为秘书长,村民代表、医生、护士、伤员代表也明确了职责。

1938年12月20日,这是白求恩后来经常提起的日子。这天晚上,杨家庄后方医院召开了第一次院务委员会会议。

看着村民和代表们都到齐了,游副部长宣布会议开始。第一项议程是通过"院务委员会"组成人选,由于事前做了充分酝酿,当刘政委宣读完,会场响起一片掌声。

游副部长请白求恩讲话,在热烈的掌声喝彩声中,白戴正军帽,又整了整上衣。他今天的心情不同一般:"同志们,关于医院的工作我讲得很多,但是杨家庄后方医院的建设却给了我更深的启发,那就是只要相信和依靠群众,就能办好一切事情。我看到,病房的用具都是乡亲们提供的,伤员的铺草也是你们上山打来的,看护伤员、清洗绷带、站岗放哨,也是你们和军队一起完成的。没有你们的帮助,八路军伤员就不能得到更好的治疗。从今以后,我们要在两条战线战斗,一条战线的敌人是日本法西斯,别一条战线的敌人是日本法西斯带给我们的创伤,有了群众的支持,我们一定能够打垮这两个方面的敌人。"

白求恩的肺腑之言,引起强烈共鸣。掌声过后,白求恩继续说道:"杨家庄后方医院的建成,使我想起几年前我在加拿大蒙特利尔的一个梦想。那里,我和我的同事提出了医疗社会化的方案,号召把医疗的权力还给人民。可结果呢? 在一片嘲笑声中,我们的方案被否定,而且招来旷日持久的攻击。开始,我不懂得社会制度和医疗工作的关系,不理解为什么会产生'科技有余而健康不足'的矛盾。苏联之行使我明白,不从制度改革入手,民众的生命权、健康权就得不到保障。"

"'医疗社会化'在西方一些人眼里被视为空想和'乌托邦',但是,这个'乌托邦'却在中国北方的一个小山村变成现实,因为在这里,人人都可以享受最基本的免费的医疗服务。尽管它是简陋的。"

"我想到的另一个问题是,我们的工作不仅要看到今天,还要看到明天。我们让群众参加医院管理,还可以培养干部,将来胜利了,我们可以把他们派往广大农村、城市,我们可以凭借这些宝贵的人才建立我们自己的医疗卫生队伍。"[5]

"好啊,白大夫,我们是要想得远一些,想得宽一些,想到全局、想到胜利后的工作。"游副部长高兴地插话。

杨家庄后方医院运转良好,院务委员会每周一次例会,研究选派辅助工作人员、调整病房等事宜,只要没有手术,白求恩总是准时参加。他后来称"杨家庄后方医院,是我在晋察冀边区最重要的成就"。[6]

三、特种外科实习周

1938 年 12 月 7 日,白求恩写信给聂荣臻:"由于在前线做手术与在后方医院做手术完全不一样,我建议各团的医生到后方医院接受一周到两周的强化训练。实际上,这种强化训练早就该进行了。"他建议:"359旅所有重伤员和中度伤员都必须立即从该旅的医院转移到我们的后方医院。"并告诉聂:"我已通知他们,立即将所有骨折的、头部和胸腹部受伤的伤员送来,坦白地说,我不相信这些卫生机构的医生护士能处理此类病例,由于他们的疏忽,很多病人患上了比原来伤口还要严重的褥疮。""我建议调王大夫、游大夫来后方医院以加强其力量,他们正在跟我学习外科技术,并都有了很大进步。现在,这里暂时没有战斗,要抓紧时间举办特种外科强化训练。"⑦

聂很快批准了他的建议,并指示叶青山部长主抓这项工作。几天前,通知已经发到各军分区卫生部,学员们正翻山越岭赶往杨家庄集中。不巧的是,正当实习周将要开始的时候,白求恩的扁桃腺发炎了,一只耳朵也感到不听使唤。他不顾这些,每天坐在炭火盆边,编写讲义,为参加实习周的学员准备教材。

1939 年 1 月 2 日,高寒的雁北。从北方吹来的寒风,夹着沙土在山谷呼啸。从各地汇集到杨家庄的 23 名学员陆续报到。他们年龄不同,职务和任务也不同。虽然都有一定的医疗工作经验,但多数没有受到医科教育,有的参军前是一字不识的庄稼汉。当得知他们有机会接受白求恩的直接指导和训练时,都感到非常幸运。

每个报到的学员都带着一面锦旗或一个镜框,上面写着对白求恩的敬意和对实习周开幕的祝词。当大家把带来的礼物悬挂在白求恩的卧室和办公室的墙上时,董越千一个个地把内容翻译给白求恩听,白虽然因扁桃腺发炎不便说话,脸上仍然露出愉快的笑容。

1 月 3 日,白求恩扁桃腺炎尚未消退,但他仍坚持按原定计划举行实习周开幕式。白求恩用沙哑的声音告诉学员:"学习周开始后,是先生指引学生,但将来,学生一定会比先生更高明。这是事物进化的客观规律。今天,我费尽心机地给你们讲课,就是为了尽快让位给你们。我急切地盼望你们来接替我的工作和担当我的责任……"

"对于我们这支军队来说,会打枪的人是不是就可以当之无愧地称为八路军的战士呢?不一定。一个掌握了技术的人也不一定称得起八路军的军医。我们的军医还得具备一个重要条件,为伤员热忱服务的精神。"

白求恩规定,在这7天里,每个学员无论职务高低,都要轮流担任卫生员、护士直到责任医生。他告诉学员:"换药,做手术,给病人洗脸,每项工作都有正确的做法和错误的做法,只有你们掌握了各个过程的全部技术,你们才能正确地指导别人,发现那里的问题,纠正别人的错误。"⑧

1月4日,白求恩带病给学员讲课,内容是"消毒防腐在外科上的价值"。他列举了40余种外科药品,一连讲了三个半小时。

1月5日,开始进行"职务实习"。一个年轻的护士被分配当"医生",两个军分区的卫生部长分配当"护士"。当年轻的"医生"率领着实际职务比他高的两个"护士"进入病房时,不免有些难为情。白求恩微笑地向他点点头,希望他大胆带"兵"。在白大夫指导下,年轻的"医生"做完了手术,而两位"护士"也完成了给伤员洗脸、换药、倒尿盆等任务,其中一位"护士"还给30多个伤员剪了指甲,受到白求恩的赞扬。

1月6日,学员们的"职务"轮换了,白求恩做了两个"腐骨摘除"手术,晚上,他又讲了课,题目是"离断术的发展史",历时3个小时。

1月7日,白求恩说:"今天'解放'你们,请大家观摩我的两个手术。"两个伤员被抬进手术室,手术室墙上悬挂着人体解剖图。他先让大家了解伤员受伤部位的生理构造,指明神经和血管的位置。然后告诉学员如何下刀,怎样缝合。然后干净利索地做完两个手术。他轻拍着醒来伤员的肩膀说:"我的孩子,我保证你一个星期以后就会好。"

1月8日,白求恩请王道建医生讲"托马氏夹板的应用法"和"罗氏牵引装置"。他自己坐在打字机前,把实习的内容全部整理出来。让学员带回去。直到深夜,他和董越千还在忙着整理材料。

1月9日,白求恩给学员演示了"赫尔尼亚手术",他一边讲一边操作,动作清晰准确。接着,他布置学员针对10种手术开出10个处方,他自己也开出10个处方,让大家对比,并给自己打分。

1月10日,忽然来了一个老乡,左胸鼓着一个2斤重的肉瘤,白求恩又给大家演示了割瘤手术。

7天中,白求恩传授给大家的,不仅是高明的技术,更多的是对伤病员极端热忱、极端负责的精神,精益求精、一丝不苟的医疗作风。

实习周发生的一件事情也让白求恩深受教育。359旅参加实习周的是卫生部政委兼医务处主任潘世征。一个多月前,他因主动承担责任给白求恩留下"坏印象",认为他是一个不懂装懂、不负责任的干部。

实习周报到那天,白求恩看到了潘世征,冷冷地问了句:"你,你怎么也来啦?"没等潘说话,白就不客气地说,"请你回去告诉旅长同志,我认为派你来参加实习周是错误的,我不能接收你这样的学生。"⑨

潘世征没想到白求恩记他的旧账,有点儿想不通。他找到叶青山部长诉说:"为什么不接受我呢?是因为我技术不好吗?可白大夫对技术不好的同志从来都是热情帮助的。是因为我工作不好吗?你知道,这几年,因为爱护伤员我还立过功、评过模范。"叶部长安慰他:"我听说了你的事情,白求恩对你误解了,你就留在实习周,你的情况我会给他解释清楚的。"

实习周开始后,潘世征负责四号病房。他一会儿给伤员打针服药,一会儿打扫卫生,伤员们怎么也想不到,这个热情勤快的"卫生员"会是359旅卫生部政委兼医务处主任。

中午,白求恩带着医生组来检查病房,看到整洁舒适的环境,听着伤员们的一致称赞,他非常满意。恰巧,潘世征提着便盆进来了,白一脸的不悦。叶部长连忙解释:"我要他留下来试试。"白点点头问:"这个病房是你负责吗?"潘立即回答:"是我。"

下午,白求恩又特意到潘负责的病房去了一趟,看到他正在帮助一个伤员练习功能恢复。伤员拖着僵硬的腿,伏在潘的肩头艰难地行走。虽然是严冬,两个人头上都冒着热气,看到这些,白求恩露出了微笑。

晚上，白求恩讲颅脑手术，讲完后，又把一张局部解剖图挂在黑板上，要求大家临摹下来。他特意来到潘的身旁，看到他的笔记详细记下了讲课内容，清晰画出了复杂的标图，白不由得伸出手，拍拍他的肩头。

第二天，潘世征参加医院组的实习，跟着白求恩来到手术室。手术台上躺着一位来自兵工厂的伤员，他在进行试验时把手炸伤了，白简要讲解了手术要领，并指定由潘来做这台手术，自己当助手。

这个决定来得突然，潘镇静了片刻，接过白求恩递来的手术刀，在二十几双眼睛的注视下开始手术。不要看潘满手老茧，做起手术来，他的动作异常灵巧，在场的人都很佩服。

白求恩越发疑惑，这样一个热爱伤病员而又精通技术的医生，怎么会犯那样的错误呢？他不像一个粗心大意、不懂装懂的人，可是一个多月前的那件事情是他亲眼看到的呀！

董越千看出白求恩的疑惑，他想起叶部长要他向白求恩介绍一下潘世征，让他消除误解的嘱咐，现在不正是个好时机吗？从手术室返回的路上，董向白做了一番详细介绍，特别讲述了那次事故的真相："那个伤员并不是潘处理的，你见到他的时候，伤员刚从前线抬下来。"

"他为什么不解释呢？如果讲清楚，我不会对他那么不客气。"

"他认为你的批评不是针对他一个人的，而是对359旅卫生工作的批评。他是医务处主任，是卫生部政委，自然要首先承担责任。你知道王震旅长为什么要看你的手术？陪你一直到深夜，就是想多听听你的意见，借你的批评，对全旅卫生工作进行一次整顿。那次事情发生后，潘做了认真追查，提出严格要求。他自己又到王震那里做了深刻检讨。"

白求恩又感动，又后悔。恨自己误解了潘，又那样粗暴地对待他。董接着告诉白："潘家几代都是当长工的，他八岁就去地主家干活。夏天晒脱皮，冬天起冻疮，受了很多罪。他13岁偷偷跑到山里参加红军。先是当勤务员，首长每天教他认几个字，慢慢会写自己的名字了。后来去后方医院当卫生员，然后当护士班长。潘非常勤奋，他把药品的拉丁文名称写下来，用中文注音，每天晚上学习这些外国文字，直到把它们全部记牢。潘非常用心，一有机会就在手术室观察医生怎样手术，怎样用药，怎样帮助他们康复,他就是这样成为外科医生的。"

白求恩恨不得抽自己一巴掌,如果不是亲眼所见,他不会相信,一个放牛娃通过自学和勤奋会成为一名合格的外科医生,也不会相信,一个旅卫生部政委对伤病员的关心是那样的细致入微、充满感情,这不正是他心目中最理想的外科医生吗?

最后几天,白求恩怀着内疚的心情,教潘世征做手术,帮他整理手术图谱,为他讲解那些高深的医学思想……

实习周结束的头一天晚上,白求恩交给潘世征一封信,那是写给王震旅长的。信中,他对潘在实习周的表现给予表扬,对潘的误解做了自我批评。他说:"过去,我对八路军官兵了解得太少了,对潘这样的好医生了解得更不够,这件事教育了我,也使我相信,在八路军面前,没有战胜不了的困难,没有打不垮的敌人。"[10]

潘世征在他后来的《实习周日记》中似乎忘记了白求恩对他的误解,他写道:"这7天之中,也许是太兴奋了的缘故,总觉得日子太短,一天天很快就过去了。然而我想每个代表在这7天实习中的收获,胜过读书7月,甚至于……每个代表都感觉到空手而来,满载而归。"[11]

四、"群众是我们的血库"

白求恩是战地流动输血技术的发明者,也是献血的先行者和倡导者。

在西班牙战场,为了召集更多的献血者,他利用广播和报纸,号召马德里市民为负伤的战士献血,开始他担心没有捐献者,后来发现,听到广播后的市民已在输血站外排起长长的队伍……

来到中国后,他最感疑惑的是中国人根本不接受献血的做法,即使在延安,他也是费了很大劲儿才完成一例。在贺家川,他在布朗医生帮助下,为一名伤员献了血,也使八路军医务人员第一次看到了采血和输血。在金刚库村,有个伤员流血过多,白求恩问哪个护士愿意给他输血,结果手术室里没有一个人自告奋勇。白不由得怒气冲天:"难道你们都害怕吗?都不肯献出几百毫升血来救一个伤员的生命吗?"他指着一个长得很结实的护士说:"你怎么样?"那个护士不安地低下头。白求恩感叹:很多生命无法挽救是因为人们无知,大家不愿经历毫无痛苦地采血。在下石矶村、黑寺村,白再次为伤员献血,并向医务人员演示输血技术,使他们相信,输血不但是抢救伤员的最重要手段,而且对献血者也是安全的。[12]

在他的带动影响下,叶青山部长、游胜华、刘明高、林金亮、王道建、董越千等一大批医护人员都加入到献血行列。白求恩在日记中写道:"对于我们不了解的事物,我们总是害怕的。他们和我以及所有人都是如此。当他们看见我如何抽取自己的血,而对我并无副作用时,他们就不再觉得有什么神秘的东西值得害怕了。当他们看到那个伤员救治了,并且是因为输血的缘故,他们就会觉得羞愧。"[13]

但是,对数以千计的伤员来说,医务人员的鲜血不过是杯水车薪,难解燃眉之急。有时在手术台上,因为找不到献血者白求恩会大声喊叫:"我是来救死扶伤的,我需要鲜血。"一次在松岩口后方医院,白面对围观手术的老乡,深入浅出地给他们讲解输血:"土里没有种子就不会长出小米。身体里没有血,就不会有生命。我们把自己的一点儿血输给失血的伤员,他就能够再去和敌人打仗,而我们自己喝些糖水,吃点儿鸡蛋,就能给自己补充上血了。"乡亲们似懂非懂,他们要看一看是不是输完血后真的没什么事。白不得不为乡亲们演示了一次输血。看到伤员的嘴唇有了血色,慢慢睁开了眼睛,老乡们才相信,输血是在做大善事。[14]

终于,杨家庄后方医院的平静在一个夜晚被打破了。当晚,董越千正在给白求恩阅读晋察冀军区刚刚出版的《抗敌三日刊》,外面传来了急促的敲门声。何自新一跃而起,冲出去开门。随着一股寒风,一位医生气喘吁吁地站在面前。

"白大夫,一位刚送来的伤员股动脉出血了。"

白求恩一听拔腿就往手术室跑,他知道,这个部位出血,几分钟就会导致死亡。

手术室里,那个伤员气息奄奄,鲜血不断从伤口溢出。叶青山部长正在那里组织抢救。

白求恩迅速为伤员做了初步止血,又检查了他的伤情:脉搏细弱,血压已经测不到了,血色素只有 4 克。这说明,如不进行离断手术,伤员会因失血死亡;如进行手术,伤员严重贫血,经不起这样的大手术。血,成为挽救生命的关键。

"准备输血!"白求恩果断指示。

医生在伤员耳垂处取了一滴血,检验结果,B 型血。

几个已经挽起袖子的医护人员失望地放下胳膊。叶部长走到白求恩面前:"输我的吧,我是 B 型血。"白求恩知道,他昨天刚刚输过血,马上劝他:"连续输血,会影响你的健康,还是我来吧。""不,你年纪大、身体弱,工作这么繁重,绝不能再让你输血了。"叶部长态度也很坚决。

几个医生忙把他拦下:"我们马上找几个同志再来验血。"白求恩分开大家,径直走向另一张手术台:"不要耽误时间了,救伤员要紧。前方战士可以献出生命,我们在后方工作,献点儿血还不应该吗?"说罢,在伤员身边躺下。身旁的医生还在犹豫,白求恩火了:"这是命令,你必须执行"。看着白抖动的胡须,医生不好再说什么了。拿起镊子,用碘酒棉球擦拭了白的肘部,然后把三通注射器的另一端插入伤员血管。随着针栓移动,鲜血从三通管里缓缓流出,白的 300 毫升鲜血又一次流入八路军伤员的血管里。

虽然已是深夜,闻讯赶来的杨家庄乡亲仍然挤满了手术室的院子,他们第一次听说输血这个字眼,第一次看到输血全过程,也是第一次看到头发花白、身形消瘦的白求恩毫不犹豫地把鲜血献给伤员。

等医生放下针管,白求恩马上坐起来,走到伤员身边。他按着伤员细弱的脉搏,注视着伤员的脸色。随着时间流淌,伤员的脸上泛起微微的红晕,血压计的水银柱缓缓上升,这是生命的迹象。

白求恩转身系上围裙,命令道:"手术!"

叶部长拦住他,劝他马上休息。其他医护人员说:"白大夫,我们一定能完成好这个手术。"白求恩耸耸肩膀:"你们能想象我在战友生命垂危的时候转身离开吗?"⑮

白求恩留在了手术室,并把手术做完。伤员得救了,手术室的气氛也轻松了许多。当白随着担架走出房门时他惊呆了,鹅毛大雪下个不停,全村几十个老乡站在院子里,每个人的帽子上、衣服上都积满了厚厚的雪,他们看到白大夫走出来,都激动地拍起巴掌。一个老大娘用瓦罐煮了小米粥,她端到白的面前:"你快喝点儿补补身子吧。"捧起这罐热乎乎的小米粥,白求恩心头一热,他动情地说:"谢谢,您使我想起了远在加拿大的母亲。"

白求恩的献血产生了良好的"雪球效应"。一连几天,杨家庄的乡亲、后方医院的医生护士都到院务委员会要求献血。院务委员会决定召开会议,研究一个统筹解决的办法。

这天主持会议的是杨家庄村长齐付,人们刚坐下,他就提出一个建议:"咱们得想个长远的办法,要输血的伤员这么多,光从同志们身上抽行吗? 连白大夫都献了血,这怎么行? 以后咱们排排队,下一次先抽我的,往后是你们,"他指了指参加会议的村武委会主任李农和妇救会主任,"抽完你们的,再抽骨干分子的。"

医院刘小康政委对村长的建议非常赞成,他说:"最近平绥战场转来的伤员中需要输血的很多。如果事先化验好血型,需要时就可以随时取用。我们先把医院的工作人员组织起来,再考虑群众的献血问题好不好?"他认为,杨家庄的群众是第一次面对献血,应当动员一下,讲清输血的道理。

村长似乎不以为然:"还要动员吗? 群众看到白大夫献了血,早就憋着劲儿啦!"

白求恩连忙劝道:"还是要向群众讲清道理,让大家知道,从一个健康人身上抽点儿血对身体没有妨碍,健康人的造血机能很快就会补充上去。更重要的是,我们用自己的血救治一个战士,胜过战场上消灭十个敌人。"他接着说,"我提两个建议请大家讨论。第一,每位献血者验完血后都应当领到一块红布,上面不但绣着献血者的名字和血型,而且要写上'献血光荣',并缝在胸前的衣服上,让每个献血者受到尊重。第二,献血者要有营养补助。比如都能领到一斤糖、半斤茶叶等。"村长说:"还要有50个鸡蛋。"大家轰地笑了起来。白求恩的建议得到大家的一致拥护,院务委员会决定,第二天开动员大会。

在大会现场,齐付村长刚说完开会的目的,几个小伙子就跳上台,伸出胳膊要求验血,几个老人也沉不住气,一个个直往台上挤。妇救会主任、村长的老伴也领着一群妇女要求报名。负责验血的白求恩和游副部长把已经验完血的名单交给董越千分批次公布,第一名和第二名是卫生部部长叶青山、副部长游胜华。然后是白求恩和全体医疗队员。接下来是杨家庄村委会领导、骨干人员和青年男女名单,献血者很快超过了60人。刘政委把"献血光荣榜"贴在会场上,引来大家围观。领到写着自己血型和名字红布条的人当场将其缝在胸前,他们在人群中走来走去,好像是刚从战场上下来的英雄,还有的带着红布条去要好的亲戚或邻居家串门,展示中透着几分自豪……就这样,动员大会开成了志愿献血队成立大会,那些老年人经过大家举手表决"被迫"当了候补队员。

1972年秋天,白求恩的学生和战友,时任解放军军事医学科学院野战外科研究所所长的王道建回到阔别33年的杨家庄。他为当年的老村长齐付、武委会主任李农,给八路军献血的妇救会骨干拍摄了珍贵的照片,他回忆说,志愿献血队成立后,血源的问题彻底解决了。白求恩高兴地说:"我们在这里组织了一个血库,我们就叫它特种外科血库吧。血液保存在群众中,随用随取,这是用不完的大血库。"⑯

白求恩有理由感到骄傲,从1667年人类第一次输血开始,多少人在探索科学的输血方法,经过将近三个世纪的努力,人们在中国抗击日本侵略的战场上,终于看到了这项工作的光明前景。它不需要昂贵的输血设备,不需要现代化的运输工作,不惧怕敌人炮火的封锁,只需要简单的输血设备,和大批为了祖国、为了伤员志愿献血的人民群众。白求恩总结道:"人民群众是我们的血库,这在外科医学历史上是一个创举。在西班牙,我们没有想到这个办法。在中国战场,我们发动群众,找到了在任何时候,都能保证伤员有血源供给的办法,我钦佩觉悟了的人民群众,更钦佩八路军的组织动员工作。"⑰想到以前自己对因无知而惧怕献血者的批评,白求恩幽默地说,"现在证明,说服远比斥责更管用,我应当为过去的愤怒和鲁莽道歉。"

五、作为文学家和宣传家的白求恩

白求恩是一位百科全书式的人物。他不但在医学领域出类拔萃，建树颇丰，而且在他涉足的文学艺术领域同样硕果累累，不同凡响。

他是一个敏锐的人。当灵感来袭的时候，他的创作欲望会像烈火般被点燃。这时，他会用激情的画笔和文字，定格那惊心动魄的瞬间。多少年以后，当我们翻开他尘封的作品时，仍然会看到一个栩栩如生的勇士、医生、诗人、画家、小说家，看到他笔下的手术室之夜、与死神抗争的肺结核患者、国际主义战士在西班牙巷战的惨烈、八路军将士在晋察冀前线的苦战……无论什么时候，他的作品给予我们和后人的，永远都是激情澎湃的力量，尽管有时也夹杂着少许伤感。

1927年11月，白求恩用人工气胸疗法治愈了肺结核。为了鼓励病友战胜疾病，他在美国特鲁多疗养院创作了《一个肺结核患者的历程》的九幅壁画，画面上象征结核杆菌的史前爬行动物，身披白色长袍的美丽天使，明盔亮甲的护卫骑士、阳光灿烂的蓝天白云，描述了人类战胜肺结核的过程。5年后的1932年，他又写了一篇文章，对这幅作品做出说明，他鼓励肺结核患者："我的生命是由于人工气胸和横膈神经切除而得救的。你们中间有千百人也将和我一样康复。回首过去，我当时对未来的恐惧和绝望的态度是多么错误啊……人靠希望才能活着。在使用现代医疗方法并进行早期诊断的情况下，如果肺结核患者听从医生的告诫，人人都有康复的机会。千万不要丧失信心，要心情愉快而宁静，遵守规定，坚持同疾病周旋到底。"⑱

1936年10月24日，在启程西班牙参加马德里保卫战的前夜，白求恩写下了诗歌《血红的月亮》，它是那样叩人心扉：

> 昨夜，你苍凉而血红，
>
> 低垂在支离破碎的西班牙山巅；
>
> 你的银盘上映出，
>
> 战死者血肉模糊的容颜……

1937 年 1 月 2 日,马德里工人住宅区里的一所医院被炸,激起白求恩的满腔义愤,写下了诗歌《我从夸特罗·卡米诺斯归来》:

天真烂漫的孩子,血肉模糊死去。

幼者啊,幼者,你为何无辜罹难,

身裂万段? 只因敌人是豺狼的后代……

白求恩抵达中国后,目睹了日军的残暴,人民的反抗,从共产党的领袖、八路军的将领到普通士兵、伤员、老乡,都给他留下深刻印象,也成为他文学创作的原型。这一期间,恰恰是白求恩在中国写作的高产期,在从汉口到西安的途中,他写下了游记《从汉口到西安》。在延安、他写下了《延安的窑洞大学》《干部会议》等多部作品。拍摄了很多照片,甚至为毛泽东拍摄了几张很有艺术水准,很能体现后者精神世界的照片。在晋察冀边区,他撰写了两万多字的新闻稿,向西方介绍晋察冀的统一战线政府和八路军的游击战争。

杨家庄两个多月相对平静的生活,使白求恩有了思考和创作的时间,这一期间,白求恩根据实际生活和真实的故事,写了两篇小说。《一发未爆炸的炮弹》,讲述的是一个目不识丁的老农在地里发现一枚哑弹的故事。这个看似荒唐的故事告诉世人,尽管哑弹是不能再用的,但执着的老人仍然认为,它可以装在游击队的大炮里继续杀鬼子。为此,他宁可不用这发炮弹去换他紧缺的一张新犁,也要赶着毛驴跑上一天的路送到游击队那里。游击队员终于理解了老人的抗战热情,向他保证"我们一定再用一次"。这部短篇小说于 1939 年 7 月 8 日刊载于加拿大多伦多市的《每日号角报》上:

5 月的早晨,河北保定城外的庄稼地里,老农和他的瘸腿女婿在锄草。独生子参加了游击队,家里人都走光了。

日本人毒辣得很,攫走了他一半的收成,连一个小钱也不给,还经常盘问他的儿子在哪里,甚至威胁要枪毙他。但是老头装傻,什么也没有告诉他们。

老人锄草的时候,脑海里浮现出一幅大野无垠的图画,那就是中国。对他来说,野草就像踩躏窒息嫩苗的日本鬼子。每当他狠狠锄掉一颗特大的目空一切的野草时,他就会自言自语地说:"嘿,日本鬼子,去你的吧。"他把它甩到一边,还使劲用锄板把它碾碎。

当他锄完一行小苗时,忽然惊讶地停了下来,地里有一个奇怪的窟窿,中间冒出一个像削了顶的大黑萝卜的东西。

他想起来了。对,错不了,准是一发炮弹!他在城里见过炮弹,它们像木头似的一排排地堆着。日本人有一次还强迫他们卸了整整一车皮。他还见过敌人把他们塞进扁担一样长,像他家的黑锅底一样粗的炮膛里。发射时,声音震耳欲聋。

他和邻居常常谈起这些令人生畏的武器,敌人有多少大炮呀,可惜我们的军队连一门也没有。

不过更确切地说,我们也有了一门大炮。那是一个月前缴获的。他记得儿子回来时说过。游击队为拥有这门大炮不胜自豪。可惜炮弹太少了,只能精打细算,一发也不能浪费。

那么这发炮弹是谁的呢?它的射向指向城里,一定是向城里发射时丢失在这里的,毫无疑问,一定是游击队的。

老人生气了:"这正是年轻人干的事,他们把仅有的几发珍贵炮弹轻易地扔掉了一发,真丢人,他们总是那么大手大脚。"

他脑子里逐渐有了计划,抬起头,叫唤干活的女婿:"快来,快来。"年轻人蹒跚地走过来。老人指着炮弹说:"你看看,这准是那些年轻人干的。他们还想能打赢仗呢?哼,他们好像有的是炮弹,浪费点儿也没有关系。这准是我那个大手大脚的朱儿干的,错不了,他得负责。"

女婿没有注意他说什么,却惊喜地喊了一声,跪了下去。他把炮弹周围的土扒开,很快把它挖出来。"瞧,爸爸,是铁的,尖头是铜的。现在我们可以买一张新犁了,这至少值10块钱,今天运气真不错。"

老人却不这么想,他坚定地说:"不行,我们一定要还给他们,应该再用一次,不能白白浪费掉。"他不顾女婿是否同意,叫他把驴牵了过来。炮弹放到一侧的柳条筐里,盖上树叶伪装起来,另一侧的筐装上土,以求平衡。老人赶着驴子向着和城墙相反的方向走去,他要寻找他的儿子。他甚至在脑子里搜索着对儿子最尖刻、最厉害的责词:"我要叫那个年轻人领教领教我对他的看法……"

老人走了百八十里,终于在一个村子认出一个年轻的邻居,他和他的儿子在一个小分队里。邻居说:"你的儿子离这儿不远,我们找他去。"

大家把老人和他的毛驴在街心围成一圈,足足有一百人。他一眼就认出了许多人,大部分都能叫出名字。但他对这些人却感到陌生了,他们的眼神好像也变了,饱经风霜的面庞上露出刚强决断的神情。和以前相比,更严肃更生气勃勃,举止言谈更敏捷、更果断,这可真费解。

老人几乎忘记了精心筹思了一整天的辛辣责词,语调变得柔和,连他自己都感到奇怪。只是仗着众所公认的父威,他才打起精神向儿子发话了。

"孩子,我给你带了点东西来。"

"好啊,"他们齐声喊道,"是什么? 烟卷? 这正是我们需要的。"

他们挤在老人周围,把筐里的树叶掏出来。"不是,这是你们的东西。"他弯下身子,双手举起了炮弹。

"这是你们的吧?"他轻声地,几乎有点歉意地说道,"同志们,这是我在地里发现的,它没有爆炸,一定是你们没有打好。我给你们送回来了,你们还能再用一次。"

一时,人群鸦雀无声,接着迸发出一阵大笑,震动了整整一条街。他们笑得谁也说不出话来,互相拍着肩背,有的仰天大笑,瘫倒在别人怀里,真是不亦乐乎! 老人困惑地摇摇头,这些人准是疯了。他下意识地把炮弹装进筐里,挽起缰绳,把毛驴牵出欢乐的人群,除了回家,还有什么可干的呢?

他的儿子第一个忍住了笑声,悟出了其中的原委。他拉着老人的袖子:"爹,你不能走。"他背着父亲,向其他人示意一定要支持他。

"同志们，我们非常感谢我的父亲，他给我们帮了大忙。"他一边说，一边向两个人瞪了一眼，因为他们听了这些话，又几乎忍俊不禁了。

大家终于理解了老人的心情，人人喊着说："你是一位真正的战士，我们感谢你"，甚至撒谎说，"我们一定再用一次。"

满布皱纹的老脸上渐渐有了笑容，他又开始觉得自己具有举足轻重的地位，觉得自己是坚强而有权威的。自信心涌上心头："我的孩子，千万不能再那样干啦！""不会了，不会了，我们向你保证，这样的事情再也不会发生了。"大家热诚地嚷了起来。

老人又兴高采烈了，这一天他根除了一棵大野草，他为净化中国的原野多少有所贡献。⑲

白求恩的另一篇政论体散文《创伤》，是以黑寺救护站为原型创作的。生动描绘了抢救伤员的过程，控诉了日本军国主义对中日两国人民带来的深重苦难。这是一篇文风犀利、正气凛然的作品，表达了他鲜明的反战立场。曾刊载于1939年出版的加拿大、美国左翼刊物上。1939年1月10日，白求恩在一封信中称这篇散文"是我的最佳作品之一"。⑳

在对病房和伤员的描述中，白求恩写道："头顶上的煤油灯不断地发出嗡嗡的声音，好像一窝发光的蜜蜂。泥墙、泥地、土炕、白纸窗户，寒冷的空气中弥漫着血腥和三氯甲烷的味道。现在是凌晨三点，中国北方灵丘，八路军驻地。

"负伤的人们，有的伤口像干涸的小池，板结着黑褐色的土块，有的伤口边缘被黑色的坏疽感染成皱褶状，有的伤口表面上干干净净，深处却隐藏着脓液，穿过大块坚实的肌肉，在其四周滋漫，就像被堤坝堵住的河水，如一股热流，在肌肉之间和肌肉周围窜流，有的伤口向外鼓出，像萎谢的紫兰、凋零的红石竹，令人望而生畏的血肉之花……"

在描写创伤对生命的毁灭控诉中，白求恩写道："人体多么优美，它的各部分长得多完备啊，动作那么准确、柔顺、自豪而健壮，一旦伤残了，又是多么可怕。生命的细小的火焰愈来愈微弱、最后隐约一闪而熄灭了。就像一支蜡烛，静悄悄地熄灭了。熄灭前发出了抗议，然而又屈服了。说完了该说的话，就缄默了。"

在对战场是敌人,而负伤后躺在一起的中日伤员的描述中,白求恩写道:"还有伤员吗? 四个日本战俘被抬了进来。在受伤痛折磨的人中,没有什么敌人。把血污的军服剪开,把血止住。让他躺在其他伤员旁边。他们就像兄弟一样,他们是职业的刽子手吗? 不,他们是业余的士兵,劳动者的手,他们是穿了军服的劳动者。"实际上,在黑寺救护站,白求恩确实为3名日军伤员做了手术,并派人将他们送回驻地。

白求恩质问道:"一百万劳动人民从日本来屠杀和残害一百万中国劳动人民,迫使他们不得不起来自卫。是谁派日本劳动人民来干这杀人的勾当? 谁能从中渔利呢?"白求恩揭露说:"是一小撮反动的富人,他们欺骗这些劳动者,说这场野蛮的战争关系到'民族的命运',是为了'天皇的荣誉'、'国家的光荣',为了他们的'君主祖国'。"

白求恩告诉日本人民:"日本的8千万劳动人民不会从战争中得到好处。你们在本国的自然资源开发中都没有得到好处,怎么可能从武装掠夺中国资源中改变贫困的生活呢?""只有日本的军国主义者和资本家才会在这种疯狂的行为中渔利。"

"他们制造战争,用屠杀去攫取市场,用洗劫去掠夺原料。他们发现盗窃比交换更合算,屠杀比购买更方便,这就是一切战争的奥秘。利润,交易,血腥的金钱。"

白求恩一针见血地揭露说:"这些人类的公敌……有一个特别的,可以用来识别他们的标志,只要他们的利润有减少的危险,他们就会兽性勃发,变得像野蛮人那样凶暴,疯子似的残忍,刽子手般的冷酷无情。"他大声疾呼:"如果人类要生存下去,就必须消灭这号人。只要他们还活着,世界上就不会有持久的和平。容许他们存在的这样一种人类社会制度必须废除。创伤是这些人制造的。"[21]

白求恩不但是一位优秀的诗人、作家、政论家、画家、摄影家和新闻记者,而且是一个出色的宣传工作的组织者和指导者。

1938年8月23日,在给毛泽东和聂荣臻的报告中,他建议尽快成立一个新闻机构,为国内外新闻界收集和编写稿件。他认为,在对西方世界的宣传方面,延安和八路军要有自己的声音,"不应当依赖那些来我们地区访问的外国记者,如汉森、布朗·林德赛和其他人的报告,无论他们是否具有同情心。"9月15日,在得知延安成立了"延安人民外事关系协会"的消息后,白求恩立即建议成立一个外事宣传部,得到聂的支持。9月26日,外事宣传部召开了第一次会议,有4名同志入选。"董同志(即我的翻译)被选为部长,专门负责文学和教育领域,并作为宣传部中国分部和英国分部的联络官;军区政治部的邓同志被任命负责政治和群众运动的宣传工作;边区出版社前主编、摄影师夏同志被任命负责军事宣传和摄影工作;白求恩负责英语部,专门负责医院和公共卫生事务。"为了与延安方面协调,对外宣传部的名称被定为"延安人民外事关系协会晋察冀分会"。

白求恩认为,"对外宣传的任务是将我们地区所发生的事情,告诉整个世界。"而延安是集中收集和发出信息的最理想场所。他"建议延安协会对国内外的各宣传领域做一次仔细的分析,要特别关注自由资产阶级的出版物、杂志和期刊,当然,我们也应当向自己的新闻界提供足够的信息"。他发誓:"晋察冀分会的每一个成员除了为延安收集材料外,每个月至少写一篇文章。"事实上,白求恩每月写的文章和书信都在5篇以上。白求恩还建议在欧美多搞一些中国敌后抗战图片展,让世界了解真实的中国。②

在对外宣传方面,白求恩极重视瓦解日军的工作。1938年10月25日,我军抓获两名受伤的日军俘虏,白求恩和林金亮医生在平山县花木村后方医院为他们疗伤。两位日俘深知正是由于受到良好的治疗和护理才保全了生命,他们一再向白表达谢意。10月27日,白特意用自己的照相机为伤俘和林金亮拍摄了几张合影,自己也和日俘一起照了相。

1938年11月2日,他写信向聂荣臻报告了这一情况,报告中说:"正如你们所知,我们在花木后方医院有两名受伤的日本战俘。一为高级军官,腿部伤势很重,我们已为他做过两次手术。他现已能扶拐行走。他深知正是由于受到良好的护理才保全了双腿和生命。另一战俘头部受刺伤,伤势不甚重,现已快愈合。这两名战俘虽不懂中文,还是设法向医院工作人员表达了谢意,感谢他们受到的人道待遇。我于10月27日离开花木前,为这两名战俘和林大夫等拍摄了一些合影,林大夫穿着医务人员的长罩衫,上饰红十字和八路军袖章。我本人也和他们一起照了相。

"兹建议为该两战俘派去一日文译员,要他们写信给在日本的亲属,附寄上述照片。另需在印发他们的家信和照片时加一说明,作为在敌占区和国外散发的宣传品。"㉓

实际上,白求恩在延安、灵丘、冀中先后为10多名日军伤员做过手术,并向他们宣传八路军优待日俘的六项规定,其中日俘的伙食和津贴都是八路军最高的,这让日俘很是惊讶,这对唤起日军觉醒,动员在华日本人参加反战同盟发挥了重要作用。

白求恩还以自己第一次世界大战的经历,结合晋察冀军区的实际情况,对如何提高士气、如何增强官兵荣誉感、如何开展抗敌教育等向聂荣臻提出建议:一是制作军龄袖条,让官兵以其经历而自豪;二是制作伤员袖条,体现战伤次数;三是为参军者树碑,并放在村中最显著位置;四是表彰士兵家庭,每送一人参军,就向其家庭颁发一枚荣誉之星;五是为牺牲官兵家属颁发质量上乘的纪念章;六是为阵亡家庭写慰问信,并由聂将军签名寄送;七是建立烈士墓地,为每一个抗战牺牲者实行军葬;八是对逃兵进行正面教育,让他们重归抗战队伍。㉔他的这些建议,很多为边区政府和八路军采纳。

注释:

① 毛泽东:《纪念白求恩》,人民出版社,1979年版,第239页。

② 《北京晚报》,2007年12月26日第40版。

③ 同①,第143页。

④ 同①,第144页。

⑤ 同①,第146页。

⑥ [加拿大]罗德里克·斯图尔特:《不死鸟——诺尔曼·白求恩的一生》,中国青年出版社,2013年版,第341页。

⑦ [加拿大]拉瑞·汉纳特编著:《一个富有激情的政治活动家》,齐鲁书社,2005年版,第408页。

⑧ 章学新:《白求恩传略》,福建人民出版社,1984年版,第134页。

⑨　同③,第 162 页。

⑩　同③,第 181 页。

⑪　同⑧,第 141 页。

⑫　[加拿大]泰德·阿兰、塞德奈·戈登:《手术刀就是武器》,生活·读书·新知三联书店,1979 年版,第 245 页。

⑬　同上,第 246 页。

⑭　同上,第 247 页。

⑮　同③,第 154 页。

⑯　《王道建回忆录》(未出版)。

⑰　盛贤功等:《白求恩在中国》,人民出版社,1977 年版,第 160 页。

⑱　同①,第 65 页。

⑲　同①,第 79 页。

⑳　同①,第 84 页。

㉑　同①,第 87 页。

㉒　同⑦,第 382 页。

㉓　《学习白求恩》,白求恩精神研究会会刊,2013 年第 4 期,第 53 页。

㉔　同⑦,第 385 页。

第十章　战斗在
冀中平原的东征医疗队

一、"休息是你的铁任务"

1939 年 1 月 10 日,"特种外科实习周"结束后,白求恩开始准备为各分区卫生部开设同样的培训课程。但真正接触到各分区后方医院后,他发现情况更糟:"一所医院的 19 名医生没有一人受过大学教育,也没有在正规医院受过培训,而护士都是 14 岁至 18 岁的农村孩子,有关护理知识更是少得可怜。"

白求恩明白,八路军只有这样的条件,如果按照他苛刻和挑剔的标准,没有一个人符合培训要求。他明白,他的任务,就是让其中的绝大多数成为合格的医生和护士,这无异于创造奇迹。

好在第一期培训班的效果使他相信,这些同志都渴望通过学习来提升自己,愿意接受批评和指点。白求恩写道:"尽管我常常会因他们的无能、无知、无序、无心而恼火,但他们身上的质朴、好学、无私和同志情谊最终使我的怒火消于无形。"①特别是花塔村后方医院的培训使他看到,经过严格培训,医院的医疗水平提高很快。不久,在晋察冀军区第一次卫生工作会议上,游副部长汇报了在两所医院推广"特种外科实习周"的经验,建议在全区卫生部门铺开,得到了聂荣臻批准。这使白求恩深受鼓舞,他除了手术和培训外,继续夜以继日地编写医学教科书。他发现,学员更喜欢有插图的教材。这一时期,超负荷的工作使白求恩的身体出现严重问题。

1938 年 8 月 21 日,他在日记中写道:"今天动手术,我的确累了。一共做了 10 个,其中 5 个是重伤。……尽管我的确很累,我十分满足,我尽了我的一分力量。我有什么理由不高兴呢? 工作是如此重要,以至于从早上五点半到晚上九点钟,没有一分钟的时间白白度过。这里需要我。"事实上,白求恩几乎每天都这样辛苦。在总结 1938 年医疗队工作时,白求恩写道:"去年我们医疗队行军 3165 英里,其中有 400 英里是在陕西、山西、河北乘马或步行的。我们给762个伤员做了手术,还检查了1800多个伤员的情况……我们编写了3本医务人员需要的书,并译成中文,成立了一个卫生学校。"② 实际上,几乎每个伤员的手术都是白求恩主刀,每次检查他都亲力亲为,每本书他都付出巨大心血。在谈及自己的健康时,白求恩没有讳言发生的问题。在给加共总书记巴克的信中,他谨慎透露了自己的身体状况:"我身体还算可以。右耳朵已经全聋3个月了,牙齿和眼睛状况很糟,需要很好地检查一下,眼镜也经常给我找麻烦。有点'八路军式'的慢性咳嗽。除了这些小事并相当瘦弱以外,我还挺好。"③

事实上,他的健康状况很不好。他只吃普通战士那点儿可怜的配给,多一点也不肯吃。在杨家庄,一日三餐就是白菜、萝卜、小米粥、玉米饼子。鸡蛋、猪肉、鸡肉都是难得的奢侈品,只有在节日和婚宴上才能品尝到。白求恩写道:"在过去的几个月里,伙食不算太好,我们都有点贫血。"

聂荣臻对白求恩的健康十分关心,他多次指示副官刘显宜把白求恩照顾好,每天要保证他有肉有蛋,尽可能吃大米、白面。后来白发现,聂每顿饭都是小米和咸菜,就坚决拒绝对他的任何照顾。聂考虑他的生活习惯,为他请来一个做西餐的厨师,白坚辞不受,说自己是一名八路军战士,要和大家过一样的生活。

聂荣臻没有同意他的意见。他便对厨师提出要求:"战士只吃5分钱的伙食,我不能搞特殊。"聂荣臻、贺龙、王震、吕正操派人给他送来的一些从日军那里缴获的罐头食品,他都坚持与伤病员分享。在他生病时,厨师为他炖了一锅鸡汤,他总是只喝一碗,其余的一定要端给伤病员喝。白求恩的警卫员何自新回忆说:"一次,炊事员把炖好的鸡汤送给生病的白求恩,白大夫立即叫我盛上两碗,直奔病房。在重伤员面前,他喂一个,我喂一个。白大夫一个劲儿地说:'喏,喏。'趁伤员张嘴说话时,把汤送到他们嘴里。""有一次,领导给他送来一些水果,白大夫洗干净后全部分给伤员。我和董翻译劝他:'这是领导照顾你的,你现在特别需要营养。'白大夫笑着说:'小鬼,我是健康人,我不需要,伤员最需要,你不要只关心我一个人。'"④

白求恩不但营养很差,而且睡眠严重不足。几乎每天只睡四五个小时,甚至两三个小时。同志们常常想尽办法让他多睡一会儿,但一旦传来枪炮声,白总是马上爬起来准备出发。伤员一到,经常是几天几夜奋战在手术台上。没有手术的晚上,他的打字机总是响到深夜,有时东方破晓,他仍然在那里打个不停。正如尤恩说的:"白求恩永远保持着他为自己规定的工作节奏,似乎从来不曾松弛一下。"⑤

　　曾在马德里担任白求恩翻译,后任加拿大输血队联络官的亨利·索伦森回忆:"白求恩似乎不知疲倦为何物……当他要完成某项任务时,不管需要多长时间,他从不称倦。他以意志控制体力。然后,只要可能,不管在什么地方他都能睡上一觉。我就见过他在铁路站台上的沥青堆上闷头大睡。"《手术刀就是武器》的作者之一泰德·阿兰对白求恩的英年早逝感慨不已,他说:"应该看到他自有其不小的缺点,这就是工作时劳逸失调,休息睡眠总是不足,经常操劳过度,终于戕害了健康。倘若他今天还在,是不会希望我们忽略他的短处的,他会要我们从中汲取教训。"⑥

　　生活艰苦和极度缺少睡眠,使白求恩很快消瘦下来,刚来中国时的强壮体魄已不复存在,对疾病的抵抗力变得很弱。一个扁桃体发炎整整一个月才好。因为手术时没戴橡胶手套,他的手指反复感染,几乎成了顽症。他自己在日记中写道:"我的一个手指感染了——不戴手套而在肮脏的伤口动手术,感染几乎是不可避免的。这是两个月来第三次感染了。"作为医生,他很清楚拒绝改善饮食和透支体力最终要付出生命代价。但是,白求恩无法放弃对伤员的抢救,面对领导和同事无数次地劝他休息,他总是回答:"我知道我应该休息,可是,我看到伤员在流血,听到他们痛苦的呻吟,我能把他们放下,对他们说你等一等,等我休息完了再给你做手术吗?不,我不能那样做。我年纪是大了些,所以更要在有生之年多做些工作,这样生活才更有意义。"有时为了坚持手术,他不得不靠注射肾上腺素和吗啡支撑着。⑦

　　有一次,白求恩从中午忙到晚上还没下手术台,警卫员何自新把一碗炒面凉了又热,热了又凉。白求恩回到房间后,何自新生气了:"白大夫,你知道你瘦成什么样子了吗?再不吃不睡,你会垮的。""有那么严重吗?"白求恩不以为然。"你没听老乡们喊你白爷爷吗?说你看起来有 70 多岁了。"何自新心疼得要流出眼泪。

白求恩走到挂在墙上的镜子面前,他回想自己从前的样子,又端详着自己现在的样子。的确,他不能不承认,镜子里向他望着的是一个 70 岁老人的脸,这张脸被风吹日晒得枯槁不堪、粗糙不平,布满了饥饿、疾病、紧张、劳累践踏过的痕迹。前额更高更窄了,白发又细又皱,浓眉下的双眼变小了,周围是深深的皱纹,银白色的胡须下面,肌肉消失了,皮肤像空口袋似的瘪了进去。两颊从颧骨到下巴颏留下一条条深痕,好像是久不愈合的创伤。

他张开嘴笑了笑,发现嘴唇变薄了,牙龈萎缩了,黄黄的牙齿有很多空洞。他伸出胳膊,发现它们枯瘦得像树木的枝杈。他的脊背、胸脯、肩膀、臀部,没有一处不是又枯又瘦,他估量了一下,自己的体重最多是 100 磅多一点儿。可他刚来中国时有 170 多磅。

他有些沮丧,回到桌子旁翻弄着他的手稿。这就是当年战胜肺结核的躯体吗?这就是曾经登上阿尔卑斯山,在劳伦斯山不知疲倦滑雪的那个矫健的加拿大医生吗?他咳了几声,一面希望这是八路军常见的咳嗽,一面猜疑他的那叶好肺是不是又出了什么毛病。一年多来的艰苦生活、超负荷的工作,使他老了 20 年,他确实想好好休息一下。1939 年 1 月 10 日,他在给加拿大一位朋友的信中写道:"坦率地说,新年的第一天,我的思乡病发作得很厉害。我突然想家了,想念纽约、蒙特利尔和多伦多。如果不是这样忙,真想抽空去度个假。"其实,1938 年 8 月,林迈可曾来松岩口看望过白求恩,林发现他的健康状况很差,曾提出带他到北平(北京)休息一段时间,并到协和医院看病。白谢绝了林的关心,并告诉他不用担心他的健康。而今,林的担心成了现实。

白求恩是一个永远不会向命运屈从的人,尽管身体状况很糟糕,他仍然相信,乐观的态度和坚强的意志会使他活下去。即使生命缩短了,但只要更多的伤病员被延长了生命,那也是值得的。现在,他一点也不想睡,又在打字机前敲打起来。

晨曦初露,白求恩走到院子里,伸了伸懒腰。他走到董越千房间的窗外,看着他睡得正香,不由得想开个玩笑。他学着公鸡的声音叫了几声,董越千一骨碌从炕上爬起来:"谁呀?"

一阵大笑响彻了屋子,董越千看到窗外那个熟悉的身影嚷道:"我是晋察冀的老人,一只耳朵已经聋了的老公鸡。起来吧,孩子,今天很忙,现在已经5点多钟了。"⑧

白求恩拼命工作而身体每况愈下的消息传到聂荣臻那里,聂决定当面和他谈一谈。1939年1月31日,白求恩被叫到平山县蛟潭庄晋察冀军区司令部驻地。聂看着他疲惫的面孔问道:"你有多长时间没有好好休息了?""这不是什么重要的事情。"白的回答似乎很轻松。聂告诉他:"我已接到报告,这几天你又是连续40多个小时没有睡觉,饭也吃得很少。最近你的身体很虚弱,再不好好休息,是要出问题的。"白求恩有些不耐烦:"你总是要我休息休息,如果为了休息,我是不会到中国,更不会到前线来的。请你们不要把我当作一个明代的瓷瓶,要把我当作一挺机关枪。"说着,白做出一个端着机枪扫射的姿势。

聂板起面孔,一脸生气的样子:"白大夫,你是我的部下,我现在向你下达一项铁的任务,你必须完成好。""什么任务?"白求恩马上兴奋起来。聂用手指了指里间一扇门说:"那个房间有一个炕,你到那里去休息6个小时,在没有我的命令之前,你不许离开,这是命令。"

白求恩大踏步地从聂的身旁走过,进了那个房间。聂满意地笑了。他拿起一本书,在白的房间门口坐下来。半个小时后,聂小心翼翼地推开一道门缝,想看看白到底睡得怎么样。只见他坐在炕沿上抽着一支烟,一脸的不高兴。见到聂推开门,白马上站起来大声说:"聂将军,用这种办法让我休息,我是不能接受的。"聂拍拍他的肩膀,深情说道:"白大夫,你是我们的宝贝,你要是累病了,伤病员该怎么办?谁为他们动手术呢?让你好好休息也是因为前线更需要你。"白固执地回答:"考虑到目前的医疗现状,我不能服从你的命令。"说完,扔下怔在一旁的聂荣臻,径自走出房间。⑨

多年后,加拿大研究白求恩的学者斯图尔特谈道,白求恩乐于奉献、无私助人的精神在中国得到尊敬和颂扬,他非常珍惜中国人民对他的接纳。他要在中国成全自己的理想,为人类进步做出贡献。白求恩就是这样一个胸怀理想,并且随时准备为理想奉献一切乃至生命的英雄。今天的人们,也许很难理解他那种燃烧自己、照亮世界的献身精神,然而,正是这种精神,使他成为中国人心中的英雄,激励着八路军医务工作者去奋斗,激励着解放区军民奋起反抗法西斯的侵略,并赢得最后胜利。

二、突破平汉封锁线

冀中平原,从太行山山麓自西向东,一望无际。永定河穿越平原,灌溉着万顷良田;平汉铁路纵贯大地,连接起南北中国。冀中是华北著名粮仓和交通枢纽,"七七事变"以来,日本决心变冀中为扩大侵略和物资保障基地,多次对这一地区进行残酷的"扫荡"。1938 年冬季,东京军事评论员宣称,用不了多久,冀中的八路军和游击队一定会被消灭掉。

聂荣臻始终没有放弃对冀中的争夺,因为冀中抗日根据地的存在,可直接威胁日军在平、津、保的三大据点,就像一把尖刀插入敌人胸腔,是敌人"以华制华"政策的最大障碍。1939 年 1 月,晋冀鲁豫根据地已经连成一片,西起汾河,东到渤海,南至黄河,北接沧(州)石(家庄)、正(定)太(原)两条铁路,成为纵横千里的大块解放区了。为了彻底摧毁冀中抗日根据地,日军华北派遣军中将阿部规秀,集中 3 万多兵力进行了规模更大的扫荡,企图达到迫使八路军退出冀中的战略目的。

奉延安指令,贺龙率 120 师挺进冀中。为保障 120 师和冀中部队作战,聂荣臻命令白求恩率医疗队跟随贺龙一起行动。白求恩对这次行动充满期待,因为穿越敌占区绝对是一件非常刺激的事情,而且到了那里,就可以在当时当地给伤员实施手术,减少死亡和缩短滞院时间。

2 月 15 日,白求恩率医疗队顶着茫茫大雪离开唐县花塔村,同行的有游胜华、林金亮、王云生、董越千、刘文芳、何自新、赵冲、冯志华等 17人。接下来的两天,他们走出大山,来到西大洋村,这里是山区和平原的交界线。白求恩兴奋地写道:"过了一年山区的生活,终于来到平坦的大地上。大山的景色固然优美,但出行太过困难,几乎全是山间河流冲刷形成的小径……虽然有骡马,但我们基本靠步行,脚上的棉鞋坚持不了几天就磨坏了。我们昼伏夜出,每天平均行军75华里,一般情况下,我们都会睡在村民家的土炕上。"⑩

经过一周的行军,医疗队接近了平汉铁路。护送部队要求医疗队脱掉军装,换上粗布便服。马蹄上裹上麻袋片,马嘴里衔着纱布包的木块,以免嘶叫。白求恩穿着便服,脖子上围着毛巾,脸上蒙着一只灰布口罩,帽檐压得低低的,只有两颗湛蓝的眼睛,显露出白种人特有的标志。

马队靠拢在一起,悄悄在日军眼皮底下行进。快到一个村庄时,大家会按照命令停止交谈,排成一列纵队行进。白求恩发现,村庄死一般的寂静,连一声狗叫也没有。董越千告诉他,为防止犬吠暴露目标,乡亲们接到通知后,已将各家的狗转移到村外僻静的地方。

平汉铁路出现在眼前,两条铁轨在星夜下闪着寒光伸向远方。铁道旁高耸的黑影突现在夜空中,模糊的灯光从那里散射出来。"碉堡,隐蔽。"侦察兵传来命令。医疗队被带到一片杨树林。没过多久,铁道上驶来日军的装甲巡逻车,探照灯的强光不停地在他们头顶的树杈上扫来扫去,一队全副武装的日军也从北面过来。大家屏住呼吸,直到声音逐渐远去。天亮以前,医疗队来到定县清风店附近的一个村子,鬼子的封锁沟就在附近。这一天是2月28日。

医疗队在老乡家里隐蔽休息,自卫队员把守着各个路口,不许陌生人出村,以免走漏消息。因为汉奸、特务经常在附近像鹰犬一样搜索着八路军和游击队。

正在这时,何自新报告说,三分区有一个团长来找白求恩大夫。原来,这个团长在长征时负过伤,头部至今还留着一块弹片,每到天气阴沉时,头部就会剧烈疼痛,听到白求恩经过这里,特地来请他治疗。卫生部游副部长感到很为难,因为当晚要穿越平汉铁路,手术器材都没有卸鞍,如果做手术时遇到敌情怎么办?唯一的办法只能让这位团长随队到冀中再安排治疗。白求恩仔细检查后认为,现在就可以做手术,他说:"早一点儿手术,就会早一点儿减轻他的痛苦,这个险值得冒。"又转身对这位团长说:"放心吧,我们一定能把你的伤病治好。"⑪

很快,屋子里布置好临时手术室。白求恩全神贯注地做着手术,不时发出简短的指令。屋外的警卫人员注视着村边的每条道路,随时做好战斗和撤离准备,一个上午过去了,白求恩终于做完了手术,他向陪同的医生详细交代了护理事项,又开了一些药。当大家把医疗器械重新装上马鞍时,白求恩笑着说:"这是我们出山后的第一例手术,多有意义啊!"

夕阳西下,夜幕降临。今晚,东征医疗队要越过平汉铁路,奔向八路军120师司令部驻地。

初春季节,冀中平原上没有青纱帐,加上残雪未融,大地一片洁白。日军为了割断我山区根据地和平原的联系,以铁路为屏障,建立了一道森严的封锁线。铁路两侧各挖了很长的、一条三到五米深的壕沟,沟旁设立了稠密的岗楼、哨卡。为了阻止八路军增援冀中,日军加强了警戒,直到夜半时分,盘查的喊声和巡更的梆子声还不时响起。敌人从碉堡上瞭望,一切尽在眼中,即使一只奔跑的野兔,也难逃敌人的瞭望哨。可是,敌人哪里知道,那纵横密布的封锁沟,恰恰是游击健儿出没通行的好通道。医疗队在坎坷不平的封锁沟里穿行,他们手中紧握缰绳,每走几百米,都要停下来,静候前面侦察人员的传令。

这时,白求恩烟瘾上来了,他用衣袖遮着,抽了几口烟。突然,前面传来命令:"不许抽烟,就地隐蔽。"白求恩立即掐灭烟火,和大家一起蹲在沟里,手里紧紧握住缰绳。约莫5分钟后,鬼子的巡道车"轰隆隆"驶来,后面跟着一辆军车,探照灯向铁路四周晃动,大家静静等待,彼此急促的呼吸声都能相互听到。

车辆远去,探照灯熄灭了,平原又恢复了沉寂。

"立即上马,不许掉队。"白求恩和医疗队队员闻讯跃出封锁沟,飞快奔向与铁路相交的大车道。白求恩跨在鞍上,还没看清雪亮的轨道,马队已经越过平汉铁路,来到预定地点。公路上出现一个黑影,朝他们迎面走来,这是120师一个步兵连的指导员。为了接应医疗队,他们天黑后就已经布置好警戒了。

通过铁路后,大家一块石头落了地。白求恩点燃香烟,又打开话匣子:"你们知道战场上一根火柴禁忌点三支烟的故事吗?"他开始讲起故事,"第一次世界大战时,几个士兵想在战壕里抽烟。一个战士划燃了火柴,给第一个战友点烟,没发生什么。给第二个战友点烟,也平安无事。最后轮到自己了,'啪',一颗子弹飞来,他牺牲了……"

"这是迷信吗?"他自言自语地说,"不,不是迷信。这是因为火光给了敌人瞄准目标的时间。"说到这里,他严肃起来,"战场上不能抽烟,这是纪律。我今天违反了纪律,应当接受批评。"后来,白求恩在冀中平原活动的时候,有很长一段时间,确实控制了吸烟的习惯。[12]

医疗队绕过大路,闪进一座村庄。在村头一间孤零零的房子前,白求恩突然止步。董越千正要问他为什么,他连忙示意他安静地听一听。果然,从房子里隐约传来呻吟声,白求恩示意部队停下来。

走在前头的指导员跑回来问:"怎么了?"翻译悄悄告诉他:"房子里好像有病人。"大门叫开了,土炕上果然躺着一个面容瘦削的庄稼汉。只见他右胸壁上鼓起一个碗口大的脓疱。因为这个村是日军的"爱护村",出村求医,敌人不允许,请医进村,敌人也不让,这个老乡的病已经拖了好几个月了。指导员给老乡留下点钱,又安慰了家属,便准备集合队伍上路,因为不是敌情,他的心情稍微放松一些。可是董越千看到白求恩气愤的神情,预感他不会轻易离开病人,可是,他们还处在敌人的封锁线上啊。

果然,白求恩对着董越千说:"卸下手术器械,准备手术。"看着大家犹豫的样子,他又解释说:"只要 20 分钟就可以,我们不能看着老乡病成这个样子不管啊!"

时间紧迫,指导员命令部队加强监视,做好战斗准备。医疗队迅速布置好手术台,并用棉被挡住窗户,白求恩切开病人的脓疱,封锁线上又传来巡逻车的隆隆声。白镇静地摆摆手,俯下身子继续给病人排脓。巡逻车停了下来,屋里的人更加紧张。端着盘子接脓的护士焦急地看着他,白示意他精力要集中。屋里的人谁也不说话,只有粗重的呼吸声在表达他们此时的心情。

20 分钟后,手术顺利完成,大家长舒了一口气。那个老乡和他的家属无声地哭了,一串串热泪像断线的珠子,从他们的脸上滚落下来。

离开老乡家后,医疗队连夜继续行军,并于拂晓前来到一个小村子。

来接他们的冀中军区同志告诉白求恩，今后，医疗队的大部分活动都必须在夜间进行，今天白天，他们需要在这个村子住下。"这个村子有伤员吗？"白求恩关切地问。"有二三十个伤员吧，他们等着夜晚通过封锁线，去后方医院治疗。"冀中军区的同志回答说。"在敌人眼皮底下，还分散在群众家？"白求恩有些担心，"能不能现在去看看？"不一会儿，一个村干部和妇救会主任来到医疗队，他们对白求恩说："是不是先看看地道医院？""地道医院？"白求恩第一次听说这个名词，感到很新鲜。

白求恩跟着村干部从一个房子的夹壁墙进入地下医院，他看到地下医院的手术室、换药室、病房虽然狭小，但还算清洁安全。伤员们都或坐或躺在安静休息。地道医院的院长叫陈其园，他向白求恩介绍说："地道医院各分区都有，因为要保密，只有当地的干部才知道具体地点。这里家家通地道，村村都相连。地道口设在井口下，大道旁、碾盘下、树洞里，敌人来扫荡时，伤员迅速转移进地道，敌人走后，伤员们再出来。一些重伤员主要在地下养伤，大多数手术也是在地道医院进行。""冀中军区有多少伤员？"白求恩问。"在地道医院等待转移的大约有一千多人吧。"陈其园回答说。

"奇迹，这是世界的奇迹。只有八路军才能创造这样的奇迹。一路上，我一直在想，冀中的后方医院都撤到冀西，谁来抢救战场的伤员呢？没有想到，你们创造出独一无二的地道医院。"白求恩不住地赞叹。

随后，他和医疗队队员逐个检查完伤员，发现伤员的伤口普遍陈旧，有的已经感染化脓。这也解开了白求恩一直困惑不解的一个疑问，为什么凡是冀中送来的伤员，感染化脓的较山区部队普遍高。这是因为这些伤员都是带伤与敌人周旋，加上频繁转移，未能得到及时治疗。看到这些费尽辛苦，转移到这里等待穿越封锁线的伤员，一种失职的感觉深深责备着他。

他告诉医疗队队员："让伤员延误治疗，是我们的失职。再也不能让他们跋山涉水去寻找我们了。我们应当到他们那里去，哪里有战斗，哪里有伤员，就到哪里去。"

三、在冀中创造战地救护奇迹

1939年2月底，东征医疗队来到冀中军区司令部驻地，位于河间县和肃宁县之间的马湾村。吕正操司令员热情款待了医疗队一行。为他们杀了两只鸡，做了4个菜，这在当时要算最隆重、最丰富的招待了。白求恩早就听说过吕司令梅花镇重创日军的传奇故事，两人相见恨晚，谈兴甚浓。

吕正操在后来的回忆文章中写道："不等吃完饭，白求恩就要求立刻去工作。我想他经过长途行军，路上积雪很深又不好走，一定很劳累了。便说：'先休息一下，工作有的是。'他斩钉截铁地回答：'我是来工作的，不是来休息的。'接着就拿出拟好的到部队检查医疗工作情况、施行手术的计划给我看。原来他在行军途中就把工作计划定好了。我看他救治伤员的心情这样急切，便不再劝阻了。"

冀中平原战斗的频繁和激烈是白求恩未曾料到的。日军占领武汉后，一方面对国民党政府采取政治诱降为主的政策，另一方面，调集大批兵力对华北抗日根据地实施"围剿"。冀中地处津浦、平汉、平津、石德四条铁路之间，日军凭借其机械化装备，在广大平原横冲直撞。八路军只能不断转移并寻机在运动中歼敌。有时敌我之间仅相距十几公里，战斗随时都可能爆发。八路军发动群众把公路挖成深约一米到一米七，宽只能走大车而不能行汽车和坦克的"道沟"，对阻敌进攻发挥了很好作用。关于冀中的敌我态势，白求恩写道："这里完全处在日军包围之中，任何一个方向离敌人都不超过15英里远。日军经常炮轰他们认为有军队的村子。而我们只能在空隙中穿行。"

白求恩很快迎来了抵达冀中后的第一场大的战斗。3月3日，日军对河间进行"扫荡"，八路军和日军从凌晨激战至黄昏，下来40多名重伤员。白求恩连续为19名伤员做了手术，直到第二天早上6点才上床休息。到了下午，大家才记起昨天是他的生日，但为了战斗的胜利，甚至来不及说一句祝福的话。3月4日，白求恩在给加共总书记巴克的信中写道:"今天是我49岁的生日。我很骄傲我是前线最老的战士。我在床上躺了一天,从昨天下午7点开始,我做了整夜的手术,早上6点才上床睡觉。昨晚,我们为战场下来的40名重伤员做了19例手术。给所有伤员敷裹后,我们为那些急需手术的伤员动手术。3例颅骨开裂的开颅手术,2例大腿截肢,2例小肠穿孔缝合,6例胳膊和腿严重骨折,其余是小手术。我们打败了敌人,他们留下50具尸体,对他们来说,这是一次惨败。我们缴获了40条步枪,我们损失了40人——一条命换一条枪。这是我们获取武器的方式。"的确,在白求恩看来,最好的生日礼物是这次战斗的胜利,是挽救了几十名伤员的生命。

提起白求恩的生日,有一个谜团需要解开。那就是他的出生日期究竟是哪天。在加拿大白求恩故居陈列馆里,他的出生登记簿上,清楚记载着:白求恩,出生日期——1890年3月3日。但后来白求恩却选择了3月4日这天过生日——因为,英文的"3月4日"与"前进"的拼写和读音非常接近。"前进",这一富于冒险精神的词汇,就成了白求恩自己的坚定选择。

1938年,在从汉口奔赴延安途中,白求恩度过了48岁的生日,那天也是3月4日。他后来回忆说:"我47岁的生日是去年在马德里过的。那天,我给6个伤员包扎(都是胳膊和手的伤),他们伤得都不重,只是些容易忽略的小伤,其他的伤员都死在路上了。"他在中国的第一个生日,也是在战乱中度过的。这一天,他在河津给几位受伤的战士看完病,给自己放了半天假到市场闲逛,也算庆贺了自己的生日,他还在日记中写了当天的见闻:"水缸里的活鲤鱼、耷拉着耳朵的大肥猪、不声不响的狗、白纸糊的窗户、脏兮兮的炕……"⑬

3月14日至19日,白求恩在滹沱河渡口附近的吕汉村迎来第二场大的战斗。医疗队在距战场不到5公里的地方设立了手术室,白和同志们连续5天5夜在炮火下坚守,为60多名伤员做了手术。3月19日战斗结束后,白又对所有伤员做了检查护理,并安排他们向冀西转移。4月15日,又一场战斗在距吕汉村35公里的大团丁村打响,白求恩奉命投入战斗。这一次手术室直接处于日军的炮火轰炸下,他似乎早已习惯伴着炮火手术,只要炸弹不在眼前爆炸,他总是镇定地在手术台前忙碌,这一次,他又为30多名伤员做完手术。

贺龙和吕正操的部队神出鬼没,声东击西,接连打了好几个大胜仗。在肃宁县曹家庄,他们用一个营的兵力打了个漂亮的伏击战,歼敌200多人,缴获100多辆大车的弹药、粮食。事隔两天,前来报复的日军纠集1000多人,再扑曹家庄,贺龙指挥部队再次歼敌300多,并一度占据河间县城。随后,120师又在河间县黑马、张庄、刘庄等地连续重创日伪军,几个战斗下来,歼敌1000多人,缴获180多辆大车的军需物资。

河间日军急电华北驻屯军司令冈村宁次,请求支援。冈村宁次从沧州调来“王牌军”吉田大队800余人,与河间周边3000多日伪军汇合,企图与贺龙决一死战。吉田大队参加过南京大屠杀,全队每人因此都获得过“勋章”,是一支双手沾满中国人民鲜血的野兽部队。贺龙采取灵活机动、避实就虚的战术,使日军奔跑了两天,也未见我军踪影。

贺龙见时机成熟,于4月22日在河间县大朱村做出战斗部署:以齐会村(时为河间县抗日政府所在地)为主战场,由120师716团三营据守齐会村,钳制住敌人进攻,其他两个营担任主力,围歼气焰嚣张的吉田大队,冀中军区5个团,阻击前来增援的日伪军3400人。

战前会议刚刚结束,白求恩就赶来了。“白大夫是个急性子,又来要任务了。”贺龙禁不住笑着说。

果然,白求恩是来与贺龙研究救护所的设置地点来了。贺龙对着地图,向白简要介绍了战斗部署,然后问他:“救护所放在哪里?”

白求恩指着地图说:“我的意见是放在屯庄。”屯庄位于齐会村东北六华里,考虑这次战斗规模很大,持续时间长,贺龙有些犹豫。看着贺龙叼着烟斗不说话,白有点儿耐不住了:“贺龙将军,急救站离火线越近,抢救效果越好,这是晋西北几次作战证明了的。”贺龙知道拗不过他,只好叮嘱120师卫生部曾部长做好安全警卫工作。随后又拍拍白求恩的肩膀:“你说得对,但你的安全不能出问题,知道吗?有你在火线后面,战士们就会放胆杀敌。”

4月23日,白求恩和曾部长回到屯庄,决定把急救站放到村南的关帝庙。庙殿有十几平方米，可以做手术室，旁边几间看庙人的房子，可以安置待手术的伤员。医疗队的几个同志不理解："手术室设在开阔的村南，不是太暴露了吗？"

白求恩向大家解释说："我们距前线只有几千米，这意味着敌人随时可能打到你身边，所以无所谓隐蔽，把手术室设在担架员一眼就能看到的地方，伤员就可以更快送到这里手术，虽然我们要冒点儿险，但这样做是必要的。"⑭

4月26日凌晨，不出贺龙所料，吉田大队按时到齐会村"报到"。狡猾的吉田不是先进村，而是在距齐会3公里的地方命令炮兵对村庄轰击了两个小时，见没有动静，才向村子开去。刚到村口，开路哨兵被一颗地雷炸上了天。吉田认定这是地方游击队干的，庆幸他"扫荡"县政府的计划可以实现了，于是，指挥刀一挥，日军像一群恶狼向村里扑去。

一个小时后，第一个伤员被抬上手术台，在随后的一天时间里，40多名伤员陆续抬了下来，白求恩率两名医生和4个护士投入紧张手术。前沿阵地上，三营指战员没有辜负贺龙的期望，在猛烈炮火和火焰喷射器的强攻下，一连打退日军的14次进攻。

整整一天攻不下齐会村，吉田恼羞成怒，眼看天快黑了，他使出最狠的一招，施放毒瓦斯。

一团白色烟雾在齐会村上空升起，白求恩见状冲出手术室，招呼两个正在准备手术器械的护士："把防毒口罩、毛巾拿出来，跟我上。"毒瓦斯气体顺风在三营阵地蔓延，有人晕倒，更多的人被呛得喘不过气。正在这时，一个浸过石灰水的口罩送到一个战士面前，"戴上。"一句生硬的汉语在头上响起。"白大夫，白大夫上来了。"战士们喊起来。紧接着，他们的手榴弹、枪弹更猛烈地打向敌人。

太阳悄悄从战场退下，天边几朵绯红的云霞也渐渐散去。晚上8时30分，两颗红绿信号弹拖着长长的尾巴升起在夜空，八路军反攻开始了。

伤员增加了，小庙里，两张手术台同时展开手术。

从黎明到黑夜，从黑夜到黎明，白求恩两眼熬红，双腮深陷，他已经坚持了一天一夜了。在两台手术的间隙，白求恩命令两个医生去角落里打个盹,接着招呼何自新:"小鬼,打一桶冰水。"何自新知道这是白求恩醒脑的办法,把早已准备好的一桶冰水拎到白求恩面前。只见他一个猛子把头扎到桶里,过了很久才把头拔出来,痛快地来了两个深呼吸……目睹白求恩自虐式的坚持,两个医生一阵心疼:"白大夫,你一天一夜不休息,铁人也坚持不住啊。"

4月27日中午,一个深度昏迷的伤员抬进手术室。白求恩剪开他的衣服,发现他的腹部敞开着一条十几公分的伤口,一段沾满泥土的肠子袒露在外面。白赶紧用盐水冲洗干净,他发现这段肠子竟有10处穿孔,他不明白,伤员的肠子为什么沾了这么多泥土?他在战场上为什么能坚持这么长时间?

手术完成后,他向护送他的卫生员了解这位伤员的情况,卫生员噙着热泪告诉白求恩,他是716团一营三连连长徐志杰,打仗勇敢,大家叫他"徐老虎"。几个小时前,为争夺村南大桥,他率突击队冲向桥前低洼地,就在这时,日军的机枪击中他的腹部。他全然不顾率队冲锋,和日军展开白刃格斗,消灭守桥日军后,他自己也倒下了……

"多么勇敢的'老虎',一定要救活他。"他对着两个医生说,"简直不可想象,10处穿孔,严重的腹腔浸液,可是他坚持了3个多小时,为这样的八路军服务,是我们的光荣。"白求恩把徐连长安置在小庙西侧的房子里,又转身返回手术室。这时,他感到有些眩晕,护士赶紧扶他躺下休息,白求恩睡了一会儿,又摇摇晃晃爬起来,蹲到那桶冰水前……几分钟后,他再次站到手术台前。

又完成一例手术后,一个医生坚决要求替换他,白求恩点点头答应了。何自新看白求恩同意休息,很是高兴。趁白求恩洗手的间隙,一溜烟跑到伙房告诉快给白大夫准备饭。等他再返回手术室,白求恩不见了。他连忙跑到安置重伤的房子,只见白求恩紧紧抓住"老虎"的手,见小何进来,大声招呼说:

"来,像我这样抓住他。他正处在麻醉清醒前的烦躁状态,不抓住他,会摔到地上的,我一会儿再来。"大约半个小时,白求恩拿着他刚刚做好的木制靠背架回来了,他知道手术后伤员呼吸会发生困难,用上靠背架,伤员会感到舒服很多。他又对床前的护士交代:"他的肠子受伤很严重,一个星期内,不能吃任何东西,以免造成腹腔污染,平时只能喝一点儿糖盐水,口渴时,用水漱漱口。"说完,就要赶回手术室。小何赶紧拦住他:"白大夫,快点儿吃饭。"说完把饭盒递给他。白求恩一天没吃饭,真是饿了。一盘土豆片,一盘饺子,风卷残云般地吃个精光。⑮

4月27日晚6点半,激烈的战斗又一次打响。800多日军打得只剩下500多,而且已被八路军压制在齐会村东南方向的赵子营村。该村距急救站不足4公里。

伤员们一个个抬进来,做完手术后又一个个抬出去,炮弹在附近不时爆炸,脚下的土地不停地震动。夜半时分,一颗炮弹落在庙墙附近,一股热风吹破窗纸,煤油灯熄灭了。白求恩喊道:"大家没事吧?"有人把煤气灯点上,白挥手示意,继续手术。

又是一夜,战斗没有终止,手术还在进行。

4月28日,天刚蒙蒙亮,一发炮弹落在小庙前的空场上,霎时,弹片纷飞,又有几个人倒下。120师卫生部曾部长冲进手术室,对着白求恩大喊:"贺龙师长要你马上带着伤员离开这里。"

"后撤吗?"白求恩正在做手术,头也不抬地问道。

"是的,你和一部分伤员先撤。"曾部长又一次强调。

白求恩不高兴了:"告诉贺将军,我同意撤走部分伤员,至于我个人,我不能接受这个命令。"

话没说完,又一发炮弹落在手术室旁边,"轰隆"一声,庙的一角塌下一堆瓦片。挂在门上的帘子——从120师剧社借来的幕布被打着了,火苗向手术台扑来。

"把幕布扯下来,扑灭火焰。"曾部长一边组织灭火,一边指挥担架队转移伤员。曾部长知道,除非贺龙亲自来,否则,白求恩是绝不会撤退的。

手术台上,白求恩仍在镇定地手术。"来,麻醉。"曾部长闻声跨到伤员头部的位置,把早已疲惫不堪的董翻译挤到一边,迅速把麻醉面罩按在伤员的面部。

白发现曾部长亲自上阵,会心一笑,又埋头手术,他在伤员腿部取出一块弹片,轻轻扔在托盘里。

　　4月28日傍晚,趁手术间隔,医疗队匆匆吃了一顿面条。回到手术室后,白求恩又忙着下一个手术。他竟然发现,负责麻醉的董越千不见了。"董,你在哪里?"

　　董从角落的医疗箱旁边站起来,他手中拿着纱布和麻醉药听子,走到白求恩面前:"空的……麻醉药都用完了。""你确定吗?"董让空听子从手中落到砖地上,"没有了。"他几乎是哭着说出这句话。

　　白求恩望着手术台上的伤员,轻轻说道:"在麻醉药的药性过去之前,他可以安全离开手术台,其他伤员就没有他幸运了。继续手术,只能不麻醉了,但这不适合腹腔伤。"

　　提到无麻手术,白求恩想起在黑寺救护站为一名伤员在无麻醉状态下取出两个弹片的手术,如果不是后来游击队队员把缴获的日军用来镇痛的吗啡送到,不知多少伤员要忍受更大痛苦。其实,白求恩来到晋察冀后,也做过两例无麻小手术。一例是1938年7月,晋察冀一分区三团团长纪亭榭在二道河战斗中脖子负伤引起化脓,白求恩看手术不大,就逗他说:"上麻药对伤口愈合不利,开刀后敷药好得快。"没想到纪团长看聂荣臻站在身旁,马上对他说:"不麻就不麻。"手术后,聂又过来看了看纪团长,看手术成功,笑着对他说:"你是英雄,英雄主义。"弄得大家哈哈大笑。伤好后,纪团长和聂荣臻还专程陪同白求恩到五台山台怀镇旅游了一次。另一次是同年9月,《抗敌报》社长洪水痔疮犯了,白求恩准备用麻药为他手术,洪水再三要求不使用麻药,"现在麻药这么缺乏,还是留给伤员们用吧。"洪水恳切地跟白求恩说。在手术过程中,洪水咬紧牙关,攥紧拳头,不吭一声。白求恩感动地说:"洪,好样的,你真勇敢。"

　　然而今天躺在关帝庙前的伤员大都是重伤员,他们能忍受得了吗?下一个伤员抬上来后,白求恩发现他的大腿和小腿都有弹片。两个护士用绳子把他捆在手术台上,并紧紧按住伤员的手脚,白求恩温柔地和他谈话:"我的孩子,你要挺住,很快就会过去。"说罢,一刀向大腿切去,伤员大叫一声,昏厥过去,两个护士虽然久经磨炼,这时也赶紧把头扭了过去。[16]

235

其他 14 个伤员相继抬进手术室,一连 10 个小时,白求恩不用麻醉药以飞快的速度给他们做手术。枪声、炮声、叫喊声,他全然不顾,泪水、汗水、血水,他熟视无睹,他只有一个念头,争分夺秒地抢救伤员。白求恩后来在给美国援华会的报告中特意提道:"我们的麻醉药用光了,所以有 15 例手术是在无麻醉情况下进行的。"实际上,在北美医疗界外科同行眼里,白求恩做手术不但干净利落,而且速度极快。这在当时是出了名的。在伤员集中的战场上,快就意味着能挽救更多生命。经历了两次世界大战创伤救治的白求恩,很早就提出过战地外科手术三原创 CEF,也就是"close(靠近,离前线越近越好)、early(早,手术越早越好)和 fast(快,手术速度越快越好)",这三点至今仍被奉为战场急救圭臬。

4 月 29 日凌晨,曙光透进破碎的窗户。白求恩把最后一个伤员送下手术台后,自己也一点力气都没了。他颓然席地而坐,靠在墙上想睡一会儿,但眼前浮现的仍然是一个个伤员的影子。3 天 3 夜,他连续工作了 69 个小时,在两个医生的协助下,共完成手术 115 例,创造了战地手术的世界纪录,而且再次验证了白求恩的 CEF 理论,医生距战场越近,越能挽救更多伤员的生命。[17]

齐会之战是八路军在冀中平原发动的最大规模的一次运动战和阵地战,被我军重重包围的日军多次突围未果。在八路军强大攻势下,吉田大队 800 余人绝大部分被歼,只有 100 多人在增援日军的帮助下逃回河间,八路军也伤亡 280 多人。

战斗结束后,贺龙陪同白求恩来到齐会村。这里已经变成一片废墟。空气中弥漫着火药味、烟火味、人体烧焦味,八路军的大车一辆接一辆在庙前走过,上面堆满了战利品。白求恩俯下身子,用小刀割下日本军官尸体上的领章和肩章。他对贺龙说:"这是日军标志军威的肩章,可是今天这肩章却成了他们失败的证明。我要让美国和加拿大的民众都看看,这就是侵略者的下场。"

贺龙把几盒香烟送给白求恩,接着,两人坐下来痛痛快快地吃着日军的牛肉罐头和罐装啤酒。贺龙知道,喜悦是暂时的,敌人只是战术撤退,他必须赶在日军卷土重来之前,把自己的部队撤出去。

四、四公村遇险

部队转移最大的困难是安置伤员。凡是可以行走的,都要随部队行动。但刚刚手术,躺在担架的伤员,只能暂时隐蔽在附近村庄和地道医院里,等伤势好些再向冀西转移。

在所有伤员中,白求恩最放不下的是徐连长。转移前,他再次检查了他的伤口,发现愈合得很慢。他思前想后,找到120师卫生部曾部长:"我决定带着徐连长一起转移。""他的伤势很重,带上他会影响部队行动。"曾部长解释说。"这一周非常关键,如果发生感染,会危及生命,曾,我这个决心下定了。"曾部长被感动了,他告诉担架员:"你们跟着白大夫走,一定要把徐连长保护好。"[18]

在随后的28天时间里,白求恩走到哪里,就把他带到哪里,每天为他换药,要求炊事员保证他的营养,并亲自喂汤喂饭。徐连长身体恢复得很快,不久,就可以散步了。一天晚上,徐连长来到白求恩的房间,奉上一斤白糖和几斤柿饼。白有些不高兴:"哪有伤员给医生送吃的,快拿走。"徐连长向白敬了一个军礼,恳切地说:"白大夫,你的救命之恩胜过我的父母,我无以报答,只能在战场上多消灭几个鬼子。今晚,我是来向你告别的,我准备明天就归队,部队需要我。"白被这位英雄感动了,他说:"让我给你再检查一下,看是不是符合出院条件。"检查后,他双手拍着徐连长的肩膀,大声说:"好,我批准你出院。"接着,又把白糖和柿饼塞到徐连长怀里,"你好好吃,身体壮了才能打鬼子。"

四公村,位于河间县城东北20公里,站在村口,就可以隐隐约约看到日军的炮楼。齐会战斗后,这里隐藏着几十名八路军伤员。由于该村有很好的群众基础。虽然敌人经常出来骚扰,却不知这里藏有八路军伤员。

四公村隐藏伤员的事情,大家一直对白求恩保密。一个偶然的机会,白求恩还是知道了这个秘密。他没有责怪大家,而是迫不及待地去找贺龙师长。

贺龙师长说:"白大夫,四公村离敌人据点很近,你去有危险。""伤员能住在那里,其他医生可以去为伤员治疗,为什么我去危险?"贺师长解释说:"因为您和他们不一样,他们可以化装,那您呢?"白求恩认真地说:"我也可以。"贺师长指着白求恩的鼻子,幽默地说:"这个地方怎么办?"白求恩为难地摇了摇头,但他仍然坚持自己的意见:"一个军医,要是害怕危险,不去救治伤员,那是严重的失职,是不能饶恕的。"贺龙师长安慰白求恩说:"那里有我们的医务人员,您可以让他们汇报情况。""NO,NO! 不是这个意思。我是说有些伤员的伤情很难处理。"白求恩着急地说。

贺龙师长非常了解白求恩,但贺师长又不能不为他的安全考虑。在白求恩一再要求下,贺师长派了一个骑兵排去护送,并一再嘱咐:"去四公村的时间不能太长,处理完重伤员,立即返回。要服从护送部队的安排。"白求恩爽快地答应了。

4 月 30 日半夜时分,白求恩和医疗队离开大朱村的 120 师师部,绕过鬼子的岗楼、哨卡,悄然奔向四公村。

就在这天晚上,四公村的"堡垒户"把重伤员向临时手术室集中。白求恩和医疗队悄悄进入四公村,来到村民高荣禄家。伤员安详地躺在土炕上。白求恩一个个打开伤员的绷带,看到鲜红的肉芽已经长出,伤口周围十分清洁。他满意地点了点头。他又问:"若是敌人来了怎么办?"

高荣禄请他下了炕,来到靠墙的立柜前,打开柜门,把油灯放进去。原来,这个柜子连着一个夹坯墙,夹坯墙下边已经铺好了被褥,只要有情况,这里可以隐藏两个伤员。

告别了伤员和房东,白求恩又被领到高大娘家。高大娘正拿着一双用筷子制成的镊子,蘸着盐水给伤员洗伤口。白求恩望着高大娘熟练的动作,惊喜地说:"老人家,您做得真好啊!"高大娘爽朗地回答:"白大夫,您先别夸,还是多指点指点吧!"

白求恩很受感动,连声说:"OK,OK!"

这天晚上,白求恩抓紧时间为那些急需手术的伤员做了手术,一直忙到后半夜,才在大家劝说下,被房东领回休息。

当夜,为以防万一,警卫排排长向村外派出几名侦察员。

果不其然,天还未亮,侦察员跑来报告:"有紧急情况,很多日军朝村里来了,快叫醒白大夫!"

正在酣睡的白求恩被翻译郎林叫醒,骑兵排和四公村的民兵立刻进入阵地,伤员们被紧急转移,白求恩和医疗队将医疗器械迅速装上马背。

负责监视敌人的高春绪,拾起一块土坷垃向村头树下扔去。树下立即传来击掌暗号,高春绪知道,医疗队还没有转移。要争取时间,不让鬼子进村。想到这儿,高春绪背起粪筐,在拂晓的晨曦中不慌不忙地迎着鬼子走去。

日军队长冲到高春绪面前:"八格!你的,什么的干活?"

高春绪掂了掂肩上的粪筐说:"拾粪的。"

带路的汉奸问道:"哪个村的?"

高春绪用手指了指西南方向的老河头和左庄村说:"那儿,四公村的。"

那个汉奸不是本地人,对这边情况不熟悉。一见高春绪指着远处说是四公村,连忙同带队的鬼子军官嘀咕了几句。鬼子军官扭头对身后的队伍吼道:"快快的,这边的开路!"

400多日军朝着高春绪所指的方向急匆匆地跑去。

高春绪为白求恩和医疗队转移赢得了时间,等敌人发觉上当再扑回来时,医疗队已经安全转移,伤员也全部隐藏好了。

白求恩后来在一份报告中写道:"我们从村子一头撤离的时候,400名日军已经从另一头进了村,我们差点被俘。"[19]

五、了不起的战地发明家

"东征医疗队"抵达冀中后,聂荣臻派了一个新翻译来到医疗队。这个小伙子叫郎林,来自北京协和医院。他身材魁梧,性格爽朗。因为难以和那些傲慢的外国医生合作,只身投奔晋察冀边区。郎林的口语和书面翻译能力都不错。原来,聂荣臻早就希望董越千能返回阜平县工作,认为经过董的帮助,白求恩已经适应了中国国情,可以找人接替他的位置了。

一开始,白求恩有些不接受,他把董视为自己的"化身",倾诉的对象,与人沟通的桥梁。重要的是,董给他打开了一扇认识中国的窗口,他的好脾气也让白求恩觉得他是一个最能包容他的人。聂告诉白,你和郎林相处一个月看看。很快,白就喜欢上了这个小伙子,说他很像一个加拿大的朋友,并亲切地称郎林为"比尔"。同样,郎林也为这个不顾个人安危,万里援华,支援中国抗战的加拿大医生所感动。

1939 年 5 月初,董越千和白求恩依依不舍地告别,白深情地拥抱董,希望他有机会一定来看他。"你知道,没有你,我会多么寂寞。"白不停地重复着这句话。董越千心里也不是滋味。将近一年的时间里,他们之间结下深厚友情。他教白求恩学汉语,白求恩则把他培养成为一个优秀的麻醉师。他们在油灯下谈哲学,谈人生,谈爱情,有聊不完的话题。白求恩还通过新西兰传教士赫尔护士,把他的妻子和两个孩子从北平接到边区。现在要分手了,两个人都流下眼泪。

董越千于 1974 年 6 月在《我所知道的白求恩》一文中,对白求恩的一生做了深情回顾,他说:"1939 年 5 月,我因工作需要离开了白求恩同志,以后再也没有机会见到他……但是他的精神永远鼓舞着我们,他永远是我们学习的榜样。"[20]

白求恩对他的"化身"念念不忘,在他的书信和文章中多次提到他。在白最后遗书中他写道:"一箱子食品送给董越千同志,算作我对他和他的夫人、孩子们和姐妹们的新年赠礼! 文学的书籍也全给他。"在白求恩眼里,董是翻译,更是一个学识渊博的老师。

白求恩还是一个优秀的发明家,在美国和加拿大,他发明创造了 20多种手术器械,在西班牙,发明了战地流动输血技术,在中国严酷的战争环境下,他的创造灵感同样随时迸发。正像他的侄女珍妮特·康乃尔写道:"他似乎总是感到有一股紧迫的压力促使他去寻求高明的医疗方法,优质高效的外科器械,先进的外科手术操作规程。如果这些东西手边没有,他就去发明创造。他绝不满足于一般化的或者不够理想的医疗器械和治疗方法。"[21]

2009 年 3 月,八路军在滹沱河畔打了一场漂亮的伏击战,战斗结束后，为防日军报复，贺龙要求半个小时撤出阵地。白求恩看到展开的手术器械和躺在手术台上的伤员心急如焚。半个小时？不要说转移伤员，就是整理器械也来不及。因为医疗队行动迟缓，部队被迫推迟转移时间，结果又与增援日军打了一仗才摆脱纠缠。主力部队撤走后，留下一支护送分队和一辆大车，要求医疗队天亮之前在河间县东南方向与部队会合。

不巧，天下起雨来，道路泥泞难走，骡马迈不开步子，大车陷入泥坑，装在麻袋里的珍贵药品洒了一地，敷料也被雨水浸湿。天快亮时，离目的地还有10多里路。贺龙师长又派一支小分队来接应。在两个分队帮助下，医疗队总算赶到集合地点。

卸完车后，白求恩心情很沉重，连饭也不想吃。他对郎林说："在山里，可以用驴驮，在平原，要用大车拉。可是一有情况，就展不开，收不拢，走不动。这一次不但耽误部队转移，还造成不必要的牺牲，这怎么行？"他陷入深深的自责中。到了晚上，他又找到曾部长："医疗队的运载工具不适合打仗，怎么办啊？"曾部长安慰他："适应平原作战医疗工作新特点，要有一个过程，不能急。"白求恩说："毛泽东和聂将军信任我，让我当卫生顾问，可是我这个顾问却不能帮助解决困难。见到毛和聂，我怎么回答他们？"说罢，大步走回他的房间。

白求恩不能不着急，他不能容忍现在的运载方式拖住部队的后腿。当天夜里，白在纸上画来勾去，苦苦寻求解决办法。第二天一早，他推开曾部长的房门，把那张图纸放到桌子上。"请你看看，这个办法行不行？"他解释说，"老乡们背东西的捎搭子对我很有启发。如果在捎搭子上分开格，装上药品、器械，让牲口驮着走，是不是比马车要灵活机动？"

"不妨试一试嘛！"曾部长鼓励他说。

当天下午，白求恩领着医疗队在村西空场上进行装摆药品和器械的实验。放好捎搭子后，白纵马驰去，十几分钟后，他返回原地。当大家把捎搭子打开后，不免摇头叹息。

原来，布制的捎搭子太软，药品、器械不好固定，奔跑中不少东西被撞坏。而且一放到地下，捎搭子就变了形，取和装都极不方便。"这个办法不行,还要再想办法。"白求恩自言自语地说。

一天傍晚,白求恩和郎林骑马返回驻地,忽然看到一个小孩赶着毛驴送粪,边走边唱,郎林翻译给他听:

我这头驴呀,好肥的膘。

夜走八百里,日行千里遥。

送公粮、支前线,

要把那小鬼子早点儿给打跑……

驴背上的驮子像磁石一样把白求恩吸引住。他策马来到跟前,围着粪驮子上下左右看了个够,连声说:"有了,有了。"

当天晚上,白求恩设计了一个"药驮子"。接着又叫人把木匠请来忙了一个通宵。天亮时分,一个新的运载工具诞生了。这是一个坚固的木制容器,外形像座"桥",亦像倒置的英文字母"U"。"桥"顶是一个没有盖的箱子,可以存放各种夹板,"桥"的两边各有 3 个抽屉,抽屉里设有若干个小格,可以分类摆放手术器械、药品和耗材。两个驮子上横搭一条门板,就是一个简易的手术台。再加上一个敷料驮筐,就可以携带 100 次手术和 500 次换药包扎所需的物品。

"药驮子"做好后,白求恩就拉着郎林检验效果,一匹高头大马"全副武装"跟着他们跑了七八公里,一会儿爬坡,一会儿下沟,一会儿快跑,一会儿隐蔽,人和牲畜都累得气喘吁吁。回到医疗队后,发现"药驮子"里摆放的器械、药品等依然整整齐齐,毫发无损。白求恩很高兴,顾不上吃午饭,跑到 120 师卫生部曾部长那里,执意给他演示,曾部长连声叫好:"我马上报告贺师长,你的发明为平原作战解决了大问题。"㉒

关于"药驮子"的命名,郎林回忆说:"那时虽然战斗频繁,生活艰苦,但解放区军民团结一致,斗志旺盛。每当红日西沉,四面八方都会传来阵阵歌声。有一天白求恩听到一支熟悉的曲调,问我这是什么歌?我说这是卢沟桥小调。他说我们这个药驮子的外形不是很像一座桥吗?为了纪念中国人民的抗日战争,我们就叫它'卢沟桥'吧。"郎林从心里佩服白求恩的想象力。

关于白求恩给贺龙的"汇报演出",郎林回忆说:"那是在战斗间隙中进行的,表演的效果很理想。流动医疗队的手术室、换药室、消毒室、药房等,在接近假设的火线前沿半小时后全部展开,如果敌情紧张,只需10分钟就可以转移。白求恩在表演时像魔术师一样,一说需要什么东西,就不假思索地从'卢沟桥'里拿出来,有时甚至不用眼睛看,一伸手就把需要的东西准确地拿了出来。白求恩的精彩表演,受到贺龙师长的热情赞扬。"

"卢沟桥"制成后,白求恩把流动医疗队"改编"为流动医院,医务人员编制为23人,其中医生7人。装备"两个卢沟桥",一个敷料驮。这是一个短小精干、机动灵活的"马背医院",后来的实践证明,"马背医院"能确保火线伤员在6个小时之内得到抢救,治愈率普遍提高到70%以上。白求恩说:"我相信即使我本人不在,他们也能完成任务。"后来,冀中军区和120师先后建立起7个这样的医院。[23]

白求恩对伤病员的关心无微不至,他要求护士给伤员换药时要做到准时、轻柔、洁净。一天晚上,白求恩去查房,正赶上一个医生给伤员换药。只见他用镊子夹住伤口上的敷料,"嗤"的一声撕了下来,伤员疼得"哎哟"大叫了一声。白求恩闻声过来,看着伤口流出的血,不禁怒不可遏:"伤员的伤口是肉,不是树皮,懂吗?你为什么不能轻一点儿?"说完,他把医生拨拉到一边,自己俯身给伤员做了包扎。他在给第二个伤员换药时发现,由于频繁转移耽误了换药,敷料与伤口粘连在一起,用盐水耐心剥离,伤口仍然渗出一些血迹。

白求恩又睡不着了,一夜苦想着怎样发明一种既可防止创面干燥,又可控制感染,既能保持较长疗效,又在换药时容易揭开的软膏。经过几天的试验,终于取得了成功。他用黄碘、次硝酸铋、液体石蜡混合配制成一种油剂软膏,这种软膏解决了伤员在频繁转移中延误治疗,造成伤口恶化的问题,有的轻伤员涂上后,一个星期都没有感染。特别让护士们满意的是,这种药膏使伤口不再发生粘连,轻轻一揭就可以换药,情况紧急时,连伤员自己都可以换药。

白求恩又试着用香油、猪油代替液体石蜡,效果也不错。他把配制比例和方法教给参加短期培训的医务人员。很快,这种叫"毕普"(白求恩用 4 个英文单词即次硝酸铋、黄碘、液体石蜡、软膏的第一个字母组成 BI-PP,用来为这项发明命名)的软膏在冀中战场得到广泛应用,大大提高了疗效,减轻了伤员痛苦。

在冀中,白求恩的发明层出不穷,几乎每一个难题,他都找到了解决的办法。为了解决敌人眼皮底下巡回治疗伤员的问题,他设计了换药篮子。把药品、敷料装在一个带隔板的木盘里,放在荆篮底部。上面盖上一块土布,放上一些其他物品。这种药篮携带方便而且便于伪装,很受护士欢迎。每到一个驻地,白求恩就把木匠、铁匠、首饰匠请来,然后拿出绘好的图纸,指导他们制作不同高度、长度的拐杖和夹板,和可以移动的消毒提炉。难能可贵的是,白求恩因陋就简,想方设法解决了许多难题:他用打碎的玻璃制作载玻片用于化验;用煮沸过的小茶壶做成灌洗器;在壶嘴上插上滴水用的细绳做滴眼瓶;损坏了的注射器堵塞起来做医用量杯;在普通玻璃管上贴上毫米刻度的普通蜡纸,作为血沉试验管;消毒用的酒精没有了,就用老白干酒代替;甚至用燃烧的线香来报时或用水滴入瓶来计时;当缺少外科手术用的肠线时,他选择健康山羊的小肠,洗净刮去黏浆膜,切条捻成细线,拉直晾干,缠在玻璃管上,消毒密封后待用,其效果与他带来的肠线拉力强度很接近。

在白求恩帮助下,冀中八路军每个医疗队都有了自制的折叠手术台、消毒器、截肢锯、骨钻、骨锉、骨锤等医疗器械,一般情况下,都能及时展开外科手术。

白求恩不但医疗上的发明很多,生活上的发明也不少。为了让伤员吃上热饭热菜,他设计了一种双层保温桶,桶中盛饭菜,夹层盛开水,各有盖子,既保证了开水清洁,又保持了饭菜热度;为了帮助四肢受伤的伤员尽快恢复功能,他在一个房间放置了 10 个水缸和 5 个大盆,按照水温 39℃、盐水浓度 2% 的标准,安排伤员浸泡 30 分钟,按摩关节 30 分钟,使 30 多个伤员的关节功能恢复很快,其中 13 个伤员重新走向抗日前线。白求恩拍拍水缸说:"老伙计,你是我们战胜伤残的好帮手,我要拥抱你。"逗得伤员哈哈大笑。为了解决伤员热敷问题,他把片石和青砖烧热。包上油纸和软布代替，为了消灭疥疮对医务人员的困扰，他燃起篝火，让大家边烤火边涂药，很快见了成效。为了解决伤员的冻疮问题，他指导缝纫工人制作了双层的防冻手套和棉袜子，既实用，又省钱。

郎林回忆说，白求恩的每一个发明创造都给伤病员减轻痛苦，都给医疗队员带来惊喜。当大家异口同声称赞他的革新成果时，他总是说："不，这不是我的创造，我是从群众那里'偷'来的。"当有的医生问他怎么"偷"时，他坦然回答："只要想着伤员，想着让他们尽快恢复健康，我们就有克服困难的办法。"

白求恩的冀中之行，是在战火中结束的。

从1939年5月开始，1000多名伤员开始有序转移，其中一些重伤员需要通过担架运送到100公里外的河北西部。白求恩一路上精心照顾他们。5月18日，贺龙决定在河间县宋家庄对尾随的日军进行一次打击，白求恩找到一座小庙布置好手术室。八路军的顽强抵抗迫使日军暂时放弃进攻。6月21日，日军向八路军发动夏季攻势，白求恩奉命赶往莲子口村，这是齐会之战后又一次惨烈的战斗，白求恩和他的医疗队在3天交战中，为50多名伤员做了手术。1939年6月28日，在贺龙派出的护送分队掩护下，白求恩和他的医疗队抵达晋察冀边区在唐县神北村的司令部，受到聂荣臻的欢迎。

7月1日，白求恩给聂荣臻和延安写出报告，同时发送美国援华会。在这份报告中，白详细谈到"东征医疗队"的情况："参加了4场大的战斗的医疗救护；完成了战场手术315例，特别是齐会战斗中，连续工作69个小时，做了115例手术；建立了13个手术室和一批救护站；为贺龙和吕正操部队新建了两个流动医疗队；举办了两次医护人员培训班；协助1000多名伤员安全转移到河北西部；创造了一种新的运载工具（'卢沟桥'药驮子）来运送战地医院设备。"在这份报告中，白求恩再次肯定了医疗队在距火线一两英里的地方实施手术的必要性，他提及两例伤势几乎相同的伤员，都在不干净的破庙里做的手术，一个第二天死去，一个一周后康复。"差别在于第一例手术是受伤后18小时做的，第二例是在8小时后，生与死的差别就是8小时与18小时的差别。"[24]

白求恩不断传递给聂和中国同行一个坚定信念,战场救护必须靠前,靠前,再靠前。

注释:

① ［加拿大］罗德里克·斯图尔特:《不死鸟——诺尔曼·白求恩的一生》,中国青年出版社,2013 年版,第 345 页。

② 盛贤功等:《白求恩在中国》,人民出版社,1979 年版,第 213 页。

③ ［加拿大］拉瑞·汉纳特编著:《一个富有激情的政治活动家》,齐鲁书社,2005 年版,第 458 页。

④ 毛泽东:《纪念白求恩》,人民出版社,1979 年版,第 21 页。

⑤ 宋家珩主编:《加拿大人在中国》,东方出版社,1998 年版,第 95 页。

⑥ 同④,第 149、145 页。

⑦ 栗龙池:《这就是白求恩》,中国文史出版社,2012 年版,第 72、73 页。

⑧ ［加拿大］泰德·阿兰、塞德奈·戈登:《手术刀就是武器》,生活·读书·新知三联书店,1979 年版,第 342、345 页。

⑨ 同①,第 346 页。

⑩ 同①,第 357 页。

⑪ 章学新:《白求恩传略》,福建人民出版社,1984 年版,第 146 页。

⑫ 同上,第 148 页。

⑬ 同③,第 284 页。

⑭ 盛贤功等:《白求恩在中国》,人民出版社,1979 年版,第 188 页。

⑮ 同上,第 191 页。

⑯ 同⑧,第 330 页。

⑰ 《河北日报》,2014 年 11 月 29 日第 9 版。

⑱ 同⑭,第 205 页。

⑲ 同③,第 425 页。

⑳ 同④,第 219 页。

㉑ 同④,第 166 页。

㉒ 同④,第 242 页。

㉓ 同④,第 241 页。

㉔ 同③,第 445 页。

第十一章　创建
晋察冀军区卫生学校

一、陷入困境的国际援助

白求恩尽其所能解决晋察冀边区医药用品匮乏的问题，凡是能够替代西药的中药，他在验证效果后都赞同使用，凡是能够替代医疗设备的材料、器皿，他都无一例外的试用后采用。但他也意识到，仅靠自力更生是远远不能满足需要的，必须寻求外援。

他对美国援华会的"不作为"很不理解，不断敦促他们履行承诺。实际上，白求恩来中国后，几乎每个月都给美国援华会发送报告，要求为医疗队提供紧急援助，但从他的书信中看到，白求恩从未得到美国和加拿大对医疗队的援助。

从近年披露的史料中发现，白求恩对许多情况是不了解的。一是美国和加拿大的捐款和物资不可能直接送达晋察冀，必须通过香港保卫中国同盟和中国红十字会两次转手才能交给八路军驻各地的办事处。1938 年 8 月，美国援华会通知林可胜，今后将把募集的资金寄给香港的宋庆龄，由她转交给中国红十字会，再由他分配给八路军。[①]二是虽然中国红十字会的林可胜和保卫中国同盟的宋庆龄曾在寄送物资时明确写明寄给白求恩，例如林可胜于 1938 年 6 月和 1939 年 3 月两次把医疗物资寄给白求恩，宋庆龄于 1938 年 5 月至 10 月，先后 4 次把加拿大、美国援华会寄来的药品、敷料、衣物等，指定送往白求恩医疗队，并指示保卫中国同盟在香港购买医疗物资邮寄给白求恩。但所有这些物资都需要通过延安转交。而延安到晋察冀的骡马运输至少需要一个月和一个半月的时间。一些路段因为靠近国统区，经常发生国民党军队袭击八路军运输队的事件。1939 年初，国民党的胡宗南部队奉命切段所有通往延安的道路，使援助物资若不通过武装押运，根本进不了延安，更不要说运到晋察冀了。[②]

1938 年 6 月，美国武官卡尔森上尉访问五台山时，白求恩向他介绍了晋察冀缺医少药的困难。卡尔森返回武汉后,向蒋介石、宋美龄反映了八路军急需援助的情况。令他没有想到的是,蒋和夫人听后无动于衷。"他们不想为五台山做任何事情,看着他们的样子,我简直冷到骨子里了。"卡尔森和他的一位记者朋友说。③

宋庆龄和林可胜对延安方面的援助是巨大的,但是因战争、距离等原因,很多给白求恩的援助可能不得不中途改变方向,分配给其他后方医院。例如,驻在伦敦的国际和平运动组织,1938年7月曾给宋庆龄捐了一笔钱,希望在中国建立一所国际和平医院。宋决定把这笔钱交给正在筹建的松岩口模范医院,并命名为"五台山国际和平医院",提议白求恩担任院长。但晋察冀军区或白求恩并未收到过这笔捐款和物资。与此同时,在山西辽县(今左权县)却建立了另外一所国际和平医院,主持修建的是布朗医生,而朱德曾建议他在此建一所医院。聂荣臻回忆说,只是在1940年1月,白求恩逝世后,他才收到美国援华委员会发来的一封电报,内容是为五台山八路军后方医院捐赠1500个床位的经费、药品和医疗器材。④

保卫中国同盟的文件还显示,从1938年5月至10月间,宋庆龄捐给新四军近13000元港币,捐给白求恩医疗队的是1300多港币,相差十倍。这绝不是"厚南薄北",而是因为新四军在长江以南活动,离香港更近,便于直接得到援助。

1938年春,新四军军医处处长沈其震赴武汉求见林可胜,告知新四军患疟疾的官兵日渐增多,林慷慨相助,一次拨给特效药奎宁二百万片。接着沈其震秘密赴港,请宋庆龄帮助解决急需的手术器械和药品。宋很快通过渠道,购置了所需物品,甚至连当时世界上刚刚生产的叫"百浪多息"的消炎药(磺胺的前身),也从香港运抵新四军医院。

比起地理位置优越的新四军,战斗在太行山的八路军后方医院就没有那么幸运了。解决药品短缺,一靠战场缴获,二靠冒着生命危险到日军占领的北平、天津、保定去购买。医疗队王道建医生曾讲述去保定买药的惊险过程:

> 1938年4月,军区参谋长唐延杰约我谈话说,现在伤员很多,药

品很缺。你是河北人,去保定买药比较合适,具体任务由叶青山部长给你布置。叶部长给我拿出一份长长的购药单子,要求我背下来。并要求我不能被鬼子抓住,更不能牺牲,一定要完成任务。

从五台山到保定有500多里。从出发第一天起,我不戴帽子,为的是让太阳晒黑脸。我要扮成一个小商贩的样子,不让鬼子识破。4天后,在接头地点,我见到了后来成为白求恩翻译的董越千县长。董越千请一位冯姓同志协助我完成任务。

进入保定城,要经过日本鬼子的数道关卡。日本哨兵在我们身上仔细摸索,没有发现可疑东西,遂放我们进城。我想起叶部长的叮嘱,如果不是背下药单子,而是把它装在身上,非出大事不可。进入保定西大街一家大药房,冯同志把我介绍给药店刘老板。刘老板问买什么药,我张口报出:碘片两磅、黄碘3磅、碳酸10磅、红汞两磅、高锰酸钾两磅、注射精盐10磅、阿司匹林10磅、奎宁5磅、吗啡注射液50盒、普鲁卡因1磅……一口气说出20多种药名。刘老板一听都是外用药,当时就伸出拇指和食指说:"伙计,你是这个(八路的意思)?""不瞒刘老板,是这个,请多多帮助。"刘老板会意点了点头。为了蒙蔽鬼子,我们又买了五六盒槐茂酱菜挂在自行车车把上,很顺利地出了城。

出城后我们在一座砖窑等候了一夜,第二天中午一辆毛驴车把药品送来,董县长派人送来现洋200多元结清药款。从来人那里得知,地下党组织为这批药品出城冒了极大风险。

购药难,把药品运往五台山更难。依靠八路军三五十里一个的交通站,一站一站地往前倒,为绕过鬼子的据点,常常要夜间赶路,就这样,用了差不多20天的时间,这些宝贵的药品才运到五台山后方医院。

实际上,晋察冀各部队和地下党组织,人民群众,为买药、护药而被日军抓去坐牢、惨遭杀害、流血牺牲的又何止是十几人、几十人,但是为了抢救伤员生命,这种行动从来没有停止过。

二、伸出援手的霍尔小姐

1938 年 12 月底,白求恩发现了一个安全的购药渠道。一天,他率医疗队去河北曲阳县牛庄医院检查工作。董越千告诉他,附近的宋家庄有一位新西兰传教士开了一家诊所,她叫凯瑟琳·霍尔。中文名字叫何明清。她一直在无私帮助当地穷人,聂司令员对她评价很高。白求恩听闻后非常高兴。他告诉董:"我已经很长时间没有见到说母语的人了,真渴望交流一下。"尽管他本人对传教士没有好感。

在八路军战士引导下,他们来到一个高墙环绕的院落,里面就是圣公会教堂。门房通报后,霍尔出来迎接他们。白求恩发现,面前这位女士身材挺拔、气度不凡,言谈举止透露出真诚和坦率。霍尔听说过白求恩的事情,也渴望能见到同为苏格兰后裔的这位医生。两人聊了很长时间,虽然信仰不同,但在热心服务中国人民方面是非常一致的。白求恩还发现,霍尔订有《泰晤士报》,还有许多英文书籍,这对渴望了解世界的他无疑是一个极大喜讯。

白求恩了解到,霍尔的父亲是奥克兰的土地和地契登记官,家境不错,这使她一直受到良好的教育。护士学校毕业后,她进入一家医院工作,后来成为领班护士。1922 年,笃信基督教的她来到北京圣公会女子布道团,她那时刚刚 25 岁。一开始,她在协和医院工作,后来她目睹了中国农村的落后和疾病困扰下农民的苦难,主动向北京的诺里斯主教提出到农村开办诊所。她先是在安国县的博爱医院当护士长,并负责行政工作,后又到西部山区的曲阳县开办诊所。1934 年,离家 12 年的霍尔回到奥克兰,到圣海伦妇产医院进修学习,回来后继续在唐县曲阳县一带为贫困农民服务。她告诉白求恩:"在这里,夜里常常有人敲门,于是,我就提着煤油灯,带着大黄狗,到山里出诊。回来时常常已经天亮,又要开始准备新一天的工作。她说,这是生活在召唤我,要去应该去的地方。"

让白求恩敬佩的是,1937 年"七七事变"发生 27 个小时后,正在北平的她就赶往卢沟桥战场,寻找战争幸存者。在这里,她第一次见到了吕正操，后来，她还在安国县为吕治过病。前不久，一个英国青年乔治·阿克投奔在中国西北支持抗战的新西兰人路易·艾黎，不幸病倒在路上，霍尔闻讯将他抬到诊所医治，直到他康复。虽然教会每月给她的工资不少，但她的生活朴素至极，因为几乎所有的钱都用来救治病人和买医药用品。⑤

白求恩了解到，霍尔会定期乘火车去北平，为自己的诊所和定县、安国县的圣公会教堂采购药品。她是持英国护照的人，所以行动相对自由。白求恩断定霍尔是一个可以信赖的人，他主动邀请霍尔到后方医院看看，意在让她了解八路军缺医少药的现状，霍尔第二天参观了医院，当她看到八路军伤员因缺医少药耽误治疗，落下残疾时，忍不住流下热泪。

回到诊所后，霍尔对医生吕中玉说："除了必需的，你把咱们的手术器械和外用药品都收到一起，给白求恩送去。"吕中玉不解地问："那咱们用什么？""下次去北平再买。"霍尔回答说。当天下午，吕中玉扛着一张折叠行军床回来了，"这是白求恩给你的，他说你的房间太潮湿，用上它可以随时移动，也便于晾晒进行紫外线消毒。"霍尔有些感动，她默默收下白求恩这份礼物。

两天后的一个晚上，白求恩被霍尔诊所的门房叫醒，原来，安国县城关村的游击队员张德欣在埋设地雷训练时炸伤了腹部，被抬到安国圣公会教堂抢救，教堂的医生又把霍尔请去，霍尔发现这个手术难度极大。她想到白求恩，马上要门房去请，白求恩策马来到教堂医院。仔细察看伤情后，干净利索地做完手术，这让霍尔佩服得不得了，他们的共同语言也越来越多。⑥

白求恩决定与霍尔坦率地谈一谈。周日的一早，他就在教堂门口等候，看到做完晨祈的霍尔和群众一起走出大门，白热情地打了个招呼。霍尔示意请他共进早餐。虽然只是几块点心、一杯加了咖啡的羊奶、一小杯葡萄酒，但对白求恩来说，已是久违的盛宴了。

白求恩单刀直入，"霍尔小姐，你已知道我的工作范围和药品匮乏的难处，你能不能帮我从北平购买一些药物？"说完，白求恩盯着霍尔。霍尔沉吟半响，慢慢说道："你知道，我是基督徒，一个和平主义者。中日战争爆发后，诺里斯主教要求圣公会所有成员都不要介入战争中的任何一方,否则,将被圣公会开除。"白求恩早已有心理准备,他站起来走到窗口,和她讲起自己在西班牙和中国的经历。"我也不想介入战争,我和你一样是在救助那些无依无靠的伤病员。当西班牙人民和中国人民反抗侵略的时候,我们能说,请放下武器,任法西斯宰割吗?虽然我的伤员是八路军战士,但就在几个月前,他们还都是庄稼汉,如果不是因为日军侵入到这里,他们是不会拿起枪的。"白求恩激情澎湃,侃侃而谈,仿佛他面前的不是霍尔小姐,而是千百万渴望了解战争真相的西方听众。霍尔默默地把白求恩送到门口,轻轻地说了句:"我需要再考虑一下。"

白求恩相信他的"演讲"已经对霍尔产生影响,甚至已经"征服"了她。他告诉董越千:"看着吧,她马上就会帮助我们。""你敢打赌吗?"董和他开起了玩笑。

正像白求恩预料的那样,第二天上午,做完晨祈的霍尔来到牛庄医院,"我决定帮助你。"霍尔的态度让他大喜过望,白求恩拿出一个长长的购药清单,霍尔看了看没说什么就收了起来,似乎早已成竹在胸。白求恩趁热打铁,他指着董越千的额头说:"你知道他为什么跌伤吗?"霍尔很奇怪,因为董的额头上确实肿起一块儿,还有一道伤口。董笑着制止白求恩,不让他说下去。原来,董和家人已经分开一年多了,他的妻子王兰珍和两个孩子都在北平。前天晚上,董梦见妻子和孩子来看他,伸手拥抱时跌到炕下,早上白求恩发现董的额头有点儿破皮,问清缘故后,忍不住哈哈大笑,并大包大揽地说:"我让霍尔小姐帮这个忙。"霍尔小姐也为董的爱情故事打动了,她说:"董,给你的妻子写个便条,我有办法让你们团聚。"后来,霍尔果然把董的妻子和两个孩子,还有王兰珍的姐姐从北平带到他身边。⑦

两个星期后的一个夜晚,白求恩在打字机前忙碌,董越千兴冲冲闯了进来,"霍尔小姐来啦。"董大声喊道。白求恩快步走到门前,向外看了看,"在哪儿? 你为什么不把她带来?""在这儿!"董举着一封信高兴地说。

屋外的人们兴奋地把药品和医疗器材从两匹骡背上卸下来,白求恩拆开信,在灯下阅读起来。

亲爱的白大夫：

我按计划去北平了。路上很顺利。在这座东方古老而又美丽的城市里，我想，如果你也来，我可以担任你的向导，游览名胜，你一定会很愉快的。

到北平的第二天，我拿着你的药单子，到王府井大街一家药店去买药，他们看我买了许多药，又没有当局的证明，都不肯卖。幸好，我这儿有一个开医院的朋友，他是我们北平的教徒，请他用医院的名义开了单子，才算买来了。回来时，路上遇到严格的盘查。我声称药品和医疗器材是教会买的，日本宪兵和伪警才放行。对你能有些帮助，我是很高兴的。

我想我已经渐渐了解了你们工作的意义。因此，我很乐意分担你工作的一部分，这些神圣的工作，我情愿多做……

凯瑟琳·霍尔

白求恩看完信，对董越千说："基督徒中有这么一说，每当一个灵魂得救，天上就欢腾鼓舞。今晚我们在地上欢腾鼓舞，因为我们八路军加入了一个新兵——霍尔小姐，她成为我们事业的信徒了，这不令人高兴吗？"⑧

此后，霍尔每隔一段时间，都要穿上正规的传教士服装，带上英国护照和日军颁发的通行证，去北平购买医疗器械和药品，然后通过火车运到定县，再把药品分送至八路军交通站和两个教会医院。

白求恩对霍尔的帮助非常满意，又"得寸进尺"提出新的要求。一天下午，他借口到霍尔这里喝杯羊奶（霍尔养了两只山羊，可以挤奶喝）又来到教堂。"霍尔小姐，你知道我的医院不仅缺少药品，更缺少合格的医生。如果你能帮我请到好的医生和护士，那会比买药更有意义。"白求恩用信任的眼神看着霍尔，似乎在说，你肯定能帮我这个忙。霍尔小姐还是那句话："你让我考虑一下。"

霍尔知道，自己已经深陷其中不能自拔。就在前不久，聂荣臻还派人和她商量从北平运送一部电台的事情，经过精心准备，这件事情总算办成了。很快，她从协和医院带来几个护士，其中就有后来与印度医生柯棣华结为伴侣的郭庆兰。没过多久,她又动员安国圣公会博爱医院院长杜场曾和王景和、张立新等12个医生加入白求恩医疗队,到1939年6月,经她介绍奔赴晋察冀军区后方医院的医护人员已经有40多人。

白求恩也曾尝试过建立购药通道。1938年6月,他给保定的一位美国传教士捎信请求帮助,"我向他要10磅三氯甲烷和10磅碳酸,得到的答复是这次可以,但下次不行。"⑨

通过这件事情,白求恩认为霍尔无所不能。在冀中,白遇到一个棘手的病人。患者叫沈乃然,是西北战地服务团的女学员。由于在频繁的反扫荡中劳累奔波,得了重病。白为她做了认真检查,诊断为脊椎结核。在冀中没有办法治疗,必须转到北平去。白径自找到贺龙,告诉他霍尔小姐可以把她带到北平看病,贺龙同意了。其实霍尔此前并不知道此事。听了白的介绍,霍尔毫不犹豫地把沈乃然送到协和医院。半年后,霍尔又把已经康复的她送回战地服务团。

霍尔的成功激发了白求恩爱冒险的天性。1939年1月底,当听说霍尔准备去北平时,白求恩找到她,陪同白前往的是曲阳县县长陈一凡。"我打算和你一起去,怎么样?"霍尔吃了一惊:"你怎么去?你如何通过日军的检查站?""我已经想好了,我可以扮成圣公会的牧师,我这里有一套黑色西服,脖子上挂一副十字架,再拿本《圣经》,不就可以通过日军关卡了吗?"白求恩很有把握地说。霍尔还是很担心:"聂将军能批准你的计划吗?""我想还是先不报告他,等我们满载而归时,再报告也不迟。"白求恩显然把这次冒险当成了一次旅游。霍尔告诉他:"日军的盘查越来越严格,甚至开始登记我买的药品。如果在这里干不下去,我就到重庆去。到哪里不也一样为中国穷人服务吗?"白求恩不赞同:"你有这种身份和便利条件,应该多为八路军提供帮助。何况你的教堂就在这里,不但主保佑你,八路军也在保护你呢。"两个人你一言我一语开始商量怎么化装,走哪条路线,并约好出发的时间和地点。

这一切都被同来的陈一凡县长看在眼里。白求恩和霍尔绝想不到,这个穿着黑棉袄,扎着宽皮带,双手揣在袖筒里打瞌睡,貌似老农的陈县长竟是南开大学的高材生,能说一口流利的英语。送走白求恩后,陈县长不敢怠慢,马上将白求恩的打算告诉了游胜华。游胜华虽然是晋察冀军区卫生部副部长,但在白求恩眼里,不过是个 20 多岁的小伙子。他和董越千商量,硬拦是拦不住的。只能先斩后奏,一面用聂司令员的名义通知他去司令部开会,一面通过三分区紧急上报。果然,就在白求恩整装待发的时候,聂的命令来了。白求恩看着电报左思右想,是不是有什么重要人物负伤了?"那好吧,我是八路军战士,坚决执行命令。"看着白求恩放弃了化装买药,大家总算松了一口气。⑩

霍尔虽然只身一人去北平购药,但成效非常显著。白求恩写道:"在过去三个月里,医疗供应主要依靠霍尔小姐的帮助。在购买药物上花了大约 1.5 万元。这批药物应该够八路军卫生部门用一个冬天的。"⑪

在大半年的时间里,霍尔频繁出入北平 30 多次,并经常带人进入晋察冀边区,引起了日军警觉。由于当地报纸不明智的报道和汉奸的告密,霍尔为八路军服务的事情暴露了。恼羞成怒的日军向英国大使馆提出抗议,并把她的教堂和诊所烧毁。

霍尔坦然接受命运挑战。如果说之前她对要不要投身中国抗战还有一丝犹豫的话,那么现在她变得义无反顾了。霍尔决心重修教堂和诊所,准备再去北京购买医疗设备和物资。白求恩又提出和霍尔去北平的要求。聂荣臻告诉他,日军已掌握了他的情况,一旦落入日本人手里必死无疑。白这才打消了去北京的念头。霍尔后来回忆说:"白告诉我自己没有获准去北平,我只能和白说再见了。我依然记得他目送我走上石子路的情形。他看上去是如此消瘦和疲倦,但仍然面带笑容地与我作别。我怎会知道这竟是我们的永别。"⑫

霍尔到北平后,日本宪兵很快把她抓了起来,霍尔坚决否认他们的指控。日军给了她一张通行证,命令她立即回国。就在被日军驱逐至香港后,她马上和宋庆龄取得了联系。宋庆龄对霍尔和白求恩的合作有所了解,希望她留在香港参加保卫中国同盟的工作。1939 年 10 月,宋请她护送两卡车药品和物资到山西八路军总部,然后转交给白求恩医疗队。想到又能和白求恩一起合作,霍尔欣然从命。她和同伴从香港出发,取道越南海防,经南宁、贵阳、重庆、宝鸡、西安、潼关,历时两个多月才抵达晋东南八路军总部。在贵阳,她得知白求恩去世后非常难过。她在回忆录中写道:"听到他去世的消息,就像听到我的两个哥哥在'一战'时战死的消息一样令我悲伤。""白求恩是个了不起的战地医生。他能在一棵老树下,在满是尘土的空地上,迅速搭建起一个战地救护所。每次手术后,他总是那么疲惫。我们有《圣经》来支撑精神,而他却没有。"⑬

霍尔完成任务后,患上回归热。她的身体状况不允许她继续奔波。八路军将她护送到西安,那里有她的老朋友沈泽慕主教。1940年春天,病愈后的霍尔返回了新西兰。1950年6月底,霍尔来到香港,想返回她怀念的中国,但因朝鲜战争爆发未得到签证。她在香港一家麻风病医院工作一年后再次回国。

中国人民不会忘记霍尔为中国人民做出的巨大贡献。1960年10月1日,她作为国际友人应邀参加了中国的国庆活动。周恩来、聂荣臻、宋庆龄等老朋友和她相见。在路易·艾黎陪同下,她来到石家庄华北烈士陵园的白求恩墓前,献上一捧玫瑰。仰望墓前的白求恩雕像,霍尔禁不住泪流满面。她想起1939年8月被迫离开曲阳县宋家庄时的情景:她请诊所的吕中玉医生把那张行军床还给白求恩,又把她的书籍和最近一个时期的《泰晤士报》打成捆。"这些都给白求恩,他需要这些。"霍尔喃喃说道。她不会想到,白求恩很快收到了她送来的物品。站在教堂的废墟前,白求恩攥紧拳头,"她还会回来,她一定回来。"白坚信他的判断。如今,21年过去了,霍尔已近花甲,白求恩则化为一尊洁白的雕像。

20世纪70年代末,年过八旬的霍尔再度来华。这一次,马海德、米勒和艾黎陪同她来到石家庄。艾黎回忆说:"霍尔虽已是垂老之年,依然有一种娟巧的女性仪态,她周旋于中国朋友中间,说得一口流利的阜平土话。在少先队队员陪伴下,我们来到烈士陵园,白求恩的立像掩映在茂树之中。霍尔把红玫瑰放在白求恩墓前,双手捧起墓旁的加拿大黑土(经常有来访的加拿大人带来家乡的黑土洒在墓旁),放到一块洁白的手帕里仔细包好。她告诉白求恩:'这是我最后一次来看你,有了这捧黑土,我会经常想起你的。'"⑭

1981年,84岁的霍尔平静地离开人世,根据她的遗嘱,她的骨灰回到了曾经战斗过的晋察冀边区。曲阳县人民政府把她的骨灰一部分掩埋在烈士陵园,一部分撒到宋家庄的莲花山上,这里和唐县的白求恩墓遥遥相望。她的墓碑上,镌刻着聂荣臻的题词:"救死扶伤,忘我献身,支援抗战,青史永存。"宋家庄的村民在村里建起了一所"何明清小学",校园正中树立着一尊她身背药箱、手持手电筒的汉白玉雕像,下面同样刻着聂的题词。1999年,新西兰驻华大使馆在白求恩国际和平医院举办了"凯瑟琳·霍尔(何明清)生平图片展",并将展品永久赠送给该院的白求恩纪念馆。

三、通向晋察冀的"驼峰航线"

向白求恩伸出援手的另一位国际友人是林迈可。林1901年出生于英国世代书香门第,1931年毕业于牛津大学贝利奥尔学院。1937年,受燕京大学聘请来华任教。他是最早把牛津大学导师制引入中国高等教育的实践者之一,至今在北京大学,导师制仍然深受同学们欢迎。

本书在第一章介绍过。林迈可是在从温哥华前往中国的"亚洲皇后"号上邂逅白求恩的。虽然,他们之间相差近20岁,但在船上聊得很投机。林想不到作为医生的白求恩有如此丰富的阅历,有对世界局势如此犀利的洞见。虽然白年近五旬,依然有着健壮的体魄和火一样的热情,特别是他身上洋溢着的正义感和牺牲精神,深深打动了林迈可。

白求恩对这位温文尔雅的年轻人格外欣赏。他的父亲被英国女王封为男爵,他虽然应聘担任燕京大学的经济学教授,但对哲学、政治学同样造诣很深。和白求恩一样,他对艺术、摄影、建筑也有着浓厚兴趣,甚至对无线电技术也情有独钟。白感到这个青年学者的政治眼光是独特的,给他留下了敏锐、清醒、冷静的深刻印象。

当白求恩告诉他加美医疗队此行到中国的目的地是延安,然后前往山西抗日前线时,林笑着告诉他:"北平距离山西不远,我会去那里看望你的。"白一笑了之,因为他实在无法想象,一个大学教授到前线去干什么。

然而,让白求恩没有想到的是,就在他抵达晋察冀军区两个月的时候,林迈可出现了。

1938年8月中旬的一个周日下午,晋察冀军区政治部的一位领导和摄影师沙飞来到松岩口后方医院。沙飞告诉白求恩:"有一个叫林迈可的英国人昨天拜访了聂荣臻司令员,他要求来看看你,过一会儿就到。"

白求恩大喜过望,他没有想到这个英国老乡如此信守承诺。"他在哪里?我现在就去接他。"白不顾劝阻,执意到路口迎接。不一会儿,远处走来五六个人,其中一个瘦高的外国人戴着一顶草帽,鼻梁上架着金丝眼镜,白衬衣扎进腰带,裤腿卷得很高,胶鞋和袜子上面沾满了泥土,后面还跟着几匹驮着东西的骡子。

林迈可也发现了白求恩,他快步跑到白的面前,两个人不停地拥抱,不住地大笑,都把对方看作是相交甚笃的朋友。摄影师沙飞抓住这难得的瞬间,拍下了白求恩骑马接林迈可去医院的照片。75年后,上海、北京等地举办了"英国学者林迈可亲历的中国抗战(1937—1945)"图片展览,在林迈可、沙飞的摄影作品中,白求恩不仅是一位在艰苦环境下治病救人的医生,更是一个平易近人的朋友。白求恩和林迈可并肩前行的照片,更像是一幅充满未来感的、远离战争硝烟的田园风景画。

回到松岩口后方医院,林卸下两驮物资,"这是给你的药品。""药品?真的吗?"白求恩简直不敢相信自己的耳朵。当所有药品摆满桌上时,白发现竟都是他急需的外科用药。"你是怎么运来的,你简直是我的上帝。"白兴奋地拍了拍林的肩膀。

当天晚上,两人聊了一个通宵。白越发感到,林是一个值得信赖的人。原来,到燕京大学任教后,林一直关注着中国战局,从美国和英国的广播中,他知道了晋察冀和聂荣臻,也了解了日本法西斯在中国犯下的滔天罪行,他决定尽一切力量帮助中国。

从中国学生那里,他知道了平西抗日根据地,那里是晋察冀边区的最东端。一开始,他以旅游者身份开着摩托车去的妙峰山,后来又跑到冀中的吕正操部队,他发现八路军艰苦至极,几乎什么都缺,尤其是药品和医疗器材。于是他开始在北平、天津采购,并利用日军对他们不搜身的便利,经常在节假日开着摩托车,甚至开着燕京大学校长司徒雷登的车,把这些物资送给吕正操。这次是八路军托他购买无线电器材,所以也一并给白求恩带来一些药品。

白求恩为建立了第二条购药渠道欢欣鼓舞。他领着林迈可参观医院,并观摩他的手术。林在松岩口住了一个星期,他发现白律己甚严,除了陪他吃了几顿西餐外,他的饮食、衣装和八路军没有什么两样。分手时,白只是给了他一个有力的拥抱,还有一张长长的单子。上面写满了所需药品和医疗器械的名字,并告诉他所需款项由八路军支付。看着白求恩因缺少睡眠极度疲乏的样子,林关心地说:“我可以带你去北平检查一下身体,你需要休息了。”白轻松回应:“林,我不是很好吗?我只希望你介绍更多的朋友支援中国抗战。”

林迈可回到学校后,通过地下党联络员肖再田与平西抗日根据地取得联系。约定每次药品的交接地点是妙峰山八路军交通站。从那以后,林几乎每个周末都要采购药品和其他物资,并约定时间把药品送出去。他的行动开始受到监视,由于当时美国未对日本宣战,燕京大学又是美国的势力范围,所以日本人对他保持着一定的容忍度。但如果真被日本人抓住把柄,仍然有生命危险。林的夫人李效黎当时还是他的一名学生,林认定她是一个可靠的中国人。李后来写了一本书回忆她与林的第一次接触。这本由香港文艺书屋出版的书叫《别了,延安》,书中写道:“有天晚上,林先生来电话,说他急着需要我帮忙。几分钟后我到了他的书房。他让我进去,反身立刻把门锁上了。这一下我倒有些吃惊,不过很快我就知道为什么,他怕日本密探闯进来,我看到书房地板上堆满了一盒盒和一瓶瓶药物。他要我把商行的标头撕掉,再用中文写上药物名称。他的表情很严肃,我只好一声不响地帮他做。最后,9点30分左右,把所有的药物装入硬皮纸盒。他把纸盒搬进柜子里,我们这才松了一口气。他说他会尽快把这些药物专人送出去。”

林迈可在沦陷的北平和各国友人广泛接触,其中和法国医生贝熙叶建立了深厚的友情,并通过他进一步扩展了对八路军的援助渠道。

贝熙叶是位法国名医,生于1872年,卒于1958年,终年86岁。贝在医学院毕业后，先后在印度、越南、阿富汗等国行医。他40岁时来到中国，先在法国驻华公使馆任医师，后任燕京大学校医、协和医院大夫。1923年，他的妻子病故，女儿染上肺炎，为了给女儿找一个有清新空气的地方康复。贝在现北京海淀区北安河村附近的阳台山北麓峰脚下租了一家闵姓人家的土地，并在这里修建了一座山庄，附近村民称其为"贝家花园"。贝乐善好施，不但为周围百姓免费看病，散发药品，而且还为附近的中学捐款，在北安河上捐建了一座石桥。至今在"贝家花园"，还保留着民国时期文化名人李石曾写给他的匾额，"医学精深，名举中外"、"济世之医，救民之命"。

1937年7月7日，"卢沟桥事变"爆发，贝代表外国驻华大使馆医官致函中国红十字会，愿意为中国人民服务。并前往宛平城救治伤员。1938年春，中共地下党组织负责人黄浩通过"贝家花园"的看房人王月川（中共党员）向贝先生表达了请求为八路军伤员提供帮助的愿望。贝毫不犹豫地答应下来，并开始为八路军筹措药品。1938年夏，作为好朋友的林迈可来到"贝家花园"。林向他谈起冀中见闻，讲起加拿大医生白求恩援华抗战的事情。林说："我们帮助八路军，不是因为他们是共产党，而是因为他们抗日，一切抗日活动，我们都应当支持。"贝十分欣赏林的正义品格和勇敢精神。他告诉林："别看我快70岁了，我同样有能力帮助中国人。"⑮

贝熙叶把北平城的住所和"贝家花园"变成了抗日根据地的秘密联络站。那时，年近七旬的贝先生骑着自行车运药，每次几十斤，行程数十里，前往妙峰山，十分劳累。后来，他买了一辆雪铁龙汽车，开始用自己的汽车送药。日本兵当时不敢轻易对法国人、英国人、美国人进行搜查，即便被搜查，医生携药也属正常，仍可蒙混过关。就这样，每次贝把药品和医疗器械转送至妙峰山交通站，后者再转运至门头沟斋堂，沿着山涧送到晋察冀边区的战地医院。这条用自行车开辟的向晋察冀运送医药物资的交通线，被后人称之为"驼峰航线"。贝在这条"驼峰航线"上跋涉了数十次，直到1941年12月太平洋战争爆发后才告中断。虽然，白求恩和贝熙叶未曾谋面，但后来通过林迈可的介绍，他知道从北平送来的药品中，有很多是这位法国医生的贡献。

中国人民不会忘记贝熙叶,这位"无私援助中国抗战的白求恩式的医生"。目前,中央电视台正在以他的经历为蓝本拍摄纪录片《贝家花园往事》,向世人介绍这段历史。2014 年 3 月 27 日下午,中国国家主席习近平在中法建交 50 周年纪念大会上发表讲话,他特别提道:"我们不会忘记无数法国友人为中国各项事业发展做出了重要贡献。他们中有冒着生命危险开辟一条自行车'驼峰航线',把宝贵的药品运往中国抗日根据地的法国医生贝熙叶。"前一天即 3 月 26 日下午,习近平在巴黎戴高乐基金会会见友好人士时,与贝熙叶的儿子比西埃(中文名字贝石涛)亲切会见,高度评价他的父亲为中国抗战胜利和中法友谊做出的贡献。贝石涛说:"我感到非常荣幸,也非常感动。我们这一代有责任延续两国友好,我的女儿已经参加了法国与上海同济大学的合作项目。"⑯

1939 年 8 月初,林迈可再次来到晋察冀后方医院看望白求恩,并给他带来了药品和书报。林发现,仅仅一年时间,白几乎变得有点儿认不出来了,他面容憔悴,身形枯瘦,看上去比实际年龄大了 20 岁。最近几个月,白的抵抗力急剧下降,由于饮食中缺少维生素,白患上脚气病。白的思乡情绪越来越重,显得很苦闷。但一谈到工作,他仿佛换了一个人,变得兴奋起来。林警告他:"你必须休息一段时间,到北平接受治疗和调养,不然,你的身体会出现严重问题。"白对林的关心虽然心存感激,但知道聂出于安全考虑,是不允许他独闯北平的。⑰

一周后,林迈可继续西行。在晋东南,他见到了八路军总司令朱德,看到了八路军官兵的高昂士气。他相信,日本是不能战胜中国的,中国一旦得到世界人民的支持,胜利就会来得快一些。

林经常收听广播,关注国际局势。1941 年 12 月 7 日晚,他突然收不到英文广播了,随后他从设在上海的一个德国电台那里听到"珍珠港事件"爆发。林马上意识到情况不好,立即问厨师,燕京大学有没有被日军包围。当听说没有时,立即带上李效黎(他们已于 1941 年春天结婚)和两箱大功率的无线电台零件,逃出虎口。他们离家后 10 分钟,日本宪兵抄了他们的家,日本人对没有抓住他十分懊恼。

林携妻连夜投奔北平西山的"贝家花园",在贝熙叶帮助下,林一家辗转抵达晋察冀边区。在这里,他被聂荣臻聘为晋察冀军区无线电技术顾问,他将缴获的电子零件改装成无线电发报机,将带来的无线电零件装配成电台。他还举办通讯培训班,为根据地培养了第一批无线电技术骨干和英文对外广播人员,帮助八路军建立了根据地之间的通信网络。1944年,林一家奔赴延安。在这里,他一边代表中共与美军观察组打交道,一边安装一台功率很大的电台。延安第一次播发的英文稿件,就是通过他这部电台发出去的。从此,"延安声音"开始传遍全国,传播到美国旧金山和世界各地。

林和白求恩的友谊并没有因白的去世而淡去。1939年8月,白求恩看到林修理技术高超,曾要求他帮忙修理一块手表。表修好了,白求恩却不在了。这块手表林一直珍藏着,1975年,当得知石家庄白求恩国际和平医院将建成白求恩纪念馆时,林将手表捐赠给馆方,并附上一封短信加以说明。该馆馆长闫玉凯曾向作者展示这块手表和林的信件,如今它们已成为国家一级文物。同样,中国人民没有忘记这位给中国抗战以巨大支持的国际友人。毛泽东、朱德、周恩来、聂荣臻对他都曾给予很高评价,1954年6月林迈可和夫人随英国工党代表团访华,周恩来特意在合影照片上署上自己的名字,请林和夫人惠存。2014年和2015年,上海、北京等地相继举办有关林的图片展和座谈会,普遍认为,他对中国抗战的贡献可与白求恩媲美。

四、硝烟中诞生的军事医学专著

白求恩思想犀利、直觉很准,同时又文笔快捷,笔耕不辍,这使他的一生著述丰富,硕果累累。早在1929年,他的工作就被蒙特利尔皇家维多利亚医院冠以"非常出色"的评语。原因之一是他的学术研究成果的数量和质量——仅仅在这一年,他就在北美和欧洲的一流学术期刊上发表了4篇学术论文。那时,在发表过论文的加拿大外科医生中,白求恩总是名列第二,而第一名则是他的导师阿奇博尔德医生。

来到中国后,白求恩没有想到,由于游击战争和八路军卫生工作的需要,他必须写一部《游击战中师野战医院的组织和技术》的军事医学专著。在一定意义上,这是中国革命和八路军卫生工作赋予他的使命,这一使命只能由他来完成,舍其没有第二人。

迫使白求恩不得不研究游击战中后方医院的组织和技术,始于贺家川医院、山西岚县八路军 120 师后方医院,以及晋察冀军区各后方医院的工作经历。他发现,绝大多数医务人员的职业素养很差,几乎没有人受过培训。由于不懂操作规程,常常发生药物误用误服,交叉感染几成常态。至于医院的组织管理,更是没有章法。他坦言:"在这里,我是唯一合格的医生,如果我走了没有人会按照正确的方法护理伤员。"他决定,必须马上对医务人员进行培训,尽管这会伤害一些医生的自尊心。⑱

要培训,就必须有教材。1938 年 6 月底,白求恩在松岩口后方医院第一次为医护人员编写教材。一本基础生理学,一本基本用药知识及伤口处理,一本有插图的人体解剖图谱,学员们拿着几本小册子,开始了最初的培训。

在杨家庄特种外科医院,为了办好实习周,他又先后编著了《战地救护须知》《战伤治疗技术》等教材。实习周结束后,他又让董越千尽快译成中文发给更多的医护人员。

在冀中 4 个多月的艰苦作战中,白求恩只要有时间,都抓紧时间编写读本。把战地救护中遇到的各种难题一一列出,然后找出原因和方法。

东征结束后,白求恩来到唐县神北村晋察冀军区司令部驻地。聂荣臻给他的第一个任务就是好好休息。他却告诉聂:"我希望用二到三周的时间,把一年多来写的培训教材整理出来,编成一本书。这对开办卫生学校是必需的。"他还说,"我希望由郎林翻译成中文,并由边区政府出版,发行到每个医生护士手中。"聂被白的忘我精神所感动:"我完全支持你,只是你要休息好,不能熬夜了。"他又再三叮嘱郎林,要保证白的睡眠和营养。

一年多来,白求恩编写的教材、提纲、讲稿有 20 多种,他还想写一批关于公共卫生和预防疾病的小册子,使这本书的内容更适合游击战争中后方医院的需要。

7月的冀西,气温已经很高了。加上雨水丰盈,湿度高,天气异常闷热。白求恩全然不顾这些,夜以继日地投入到编写工作中。没过两天,他的右手中指生了一个硬疮,手指肿得像个胡萝卜,疼痛难忍。他让医生在患处切了个小十字口,肿消了,又坐在打字机前忙碌起来。刚写完两章,他的脚上又长了一脓肿,用药也不见好转。他请何自新把桌子抬到院子里,"用日光浴消灭这里的细菌,"白指着自己的脚说,"这样可以一边晒太阳,一边工作了"。

骄阳似火。不一会儿工夫,白求恩的脸上、身上渗出一层细细的汗珠。他索性脱掉衣服,赤背工作。何自新不敢打扰他,只好悄悄地用湿毛巾一遍遍地擦汗。连晒两天,脓肿不但没有好转,反而进一步扩大。白只好无奈地推开打字机,请林金亮医生帮他开刀排脓。刚刚包扎好伤口,他又一瘸一拐地走到打字机前,啪啪啪地打起字来……

这一切都被聂荣臻看在眼里,他既心疼又无奈,因为无人能够替代白完成这一重任。他只能每过几天来看看,给他带来些营养品。多年后,聂对这件事仍然记忆犹新:

"令人不能忘却的一个炎热的暑天,当他最后一次从前线施行无数手术之后回到后方,不肯稍事休息,他照例又忙于写作。根据敌后游击战争的环境和具体的困难条件,把他在战地实际工作中最可珍贵的经验和他广博丰富的医学造诣融会在一起,以将近半个月的时间,日日不断狂吸纸烟,不断挥流着热汗,完成了一部著作……"[19]

两周以后,即7月下旬,这部被译成中文后长达14万字的军事医学专著诞生了。这是一本非同寻常的书籍,它不仅记录了白求恩一年多来救死扶伤的经历,总结了战地救护的科学方法,而且所选用的战例、病例,都是八路军医护人员所熟悉的。可以说,品读本书的章章节节、页页行行,仿佛都能听到枪炮的轰鸣,闻到硝烟的味道,看到白求恩和医疗队队员抢救伤员的身影。

这本书把游击战中师野战医院(主要指各军分区后方医院)的组织工作和技术工作分为九章来写:第一章,师卫生工作的组织;第二章,师野战医院;第三章,旅团、营卫生工作;第四章,换药及外科手术;第五章,手术后疗法;第六章,手术室杂谈;第七章,换药法;第八章,怎样制造及应用器材;第九章,一般的内科病及其治疗。从这些标题中可以看出,这是一本研究总结野战医院组织管理和伤病员救治的医学专著。

这本书的第一个看点是白求恩写的序言,这篇序言不但思但辨清晰,而且读来荡气回肠,催人奋进。

"战时卫生工作的组织是随着战争的方式来决定的。这个道理特别是在晋察冀军区的游击战中表现了它的正确性,在阵地战中,我们的队伍是正面向着敌人,用兵力严守两翼,并且在后面要控制交通线以伸展到后方——根据地,但是,游击战争就无所谓'前方'或'后方',而经常在敌人的后方和两翼,甚至在敌人的中央进行战斗。

"在阵地战中有可能来设立比较永久的或临时的包扎所和野战医院,并且也容易用妥当的办法把伤员从交通线运到后方医院或休养所——这些机关占据在安全的地带,并且有特别计划建筑的房所。在1914 年至1918 年大战时的法兰西是这样,并且根据了它的经验写出了许多战时卫生工作的书籍。在目前的游击战争采用了许多新的战斗方式,这些方式在25 年以前不常遇到或未曾发明,它主要的变更是队伍的极端移动性,没有固定的或永久的阵地,一切行动是迅速和变化无常的,因此现在的卫生工作的设施,必须符合这些条件。此外,以前的战争对于卫生器材与药品是可以尽人力与财力来改善和充实的。但现在我们物资方面的补充是极端困难的,我们必须利用其他物品来代替医疗器材,并且要用简单的器具来完成我们的治疗任务。

"最可庆幸的是八路军卫生部有他从红军遗传下来的十年宝贵的经验,所以,有的地方在其他部队看来是新奇的和特殊的,可是在他们看来不过是俗旧的和见惯的。但他们目前仍然存在许多组织上及技术上不可避免的困难问题,就是八路军也不能例外,写"这本书是希望能供给一些应付和克服这些问题的建议。

"这本书是根据我在八路军卫生工作里18 个月的实际经验写出来的,有时走到所谓'前方'(距敌人约3 里至9 里),有时在所谓"后方"(距敌人约 30 里至 90 里）。这本书是根据实际的工作来写的,不是理论的;是在以下的工作经验里得来的:1938 年的春季在陕西东北和山西东部的山里;1938 年夏季至冬季在山西东北和冀西的山里;1939 年春季和夏季在冀中区的平原。

"这本书是希望提高卫生工作的内外科技术水平,因为卫生工作人员正在向千百个困难作挣扎——粗劣的器具,困难的经济,技术人员的缺乏,工作在污秽不堪的村庄里,缺乏适当的卫生常识,所谓的'医院'也不过是污秽不堪的土房子、石房子或破屋。在数百里崎岖不平的山道和酷热严寒的气候里用担架抬着伤员。

"这本书是贡献给我的卫生工作同志,作为我对他们向这些困难中做斗争的精神的钦佩的表示。这本书不是什么条文法典,它只是一些工作的参考材料和改善的指针罢了。

"更将这本书献赠给贺龙将军、吕司令及冀中区、120 师和其他为和平解放而奋斗的英勇善战的八路军。"

在序言里,白求恩根据他两次世界大战的经历和东西方两个战场的救护经验,提出了战时卫生工作的重要指导思想——必须根据战争方式及其变化来确定卫生工作的组织原则;提出了游击战与阵地战的本质区别及其对卫生工作的不同要求;提出了中国敌后战场游击作战卫勤保障的特点及其克服困难的方法——我们的物资补充是极端困难的,必须利用其他物品来代替医疗器材,去完成我们的治疗任务;提出了光荣传统和宝贵经验对八路军卫生工作的重要意义;提出了正在向千百个困难做斗争的医务人员应当承担的历史责任。他对晋察冀八路军官兵充满深情,把这本书作为高贵的礼物送给他们。

75 年过去了,今天的人们再来品读这部军事医学专著,会有怎样的感悟呢?

首先,这是一部紧贴战场和八路军卫生工作实际的著作。书中没有高深的理论,没有对医学前沿问题的探讨;通篇回答的是在游击战争环境下,各级卫生机构,特别是师野战医院的性质和职能定位、野战医院在战场如何设置、各类外伤的手术原则、伤员怎样后送、路线如何选择等重要问题。使指挥员和医院领导者能很快抓住要点,展开工作。

其次,这是一部图文并茂,通俗易懂的著作。全书插图 119 幅,都是白求恩亲手绘制。考虑到大多数医护人员文化水平低,接受能力弱,行文尽可能简洁明了。例如关于手术室抬送伤员,他画了 7 幅示意图,并写道:"伤员被抬进手术室时,担架要放在手术台左下角。3 个人抬时,每人跪下一条腿。这个姿势比两条腿都跪下容易站起来。要从伤员的身下插入双手,把伤员托到臂弯处,抬到胸前。一个抬腿,一个抬腰,一个抬头胸。绝不要只用手掌托住伤员,或只提衣服、床单等搬运伤员。"

第三,这是一部针对性、操作很强的著作。本书绝大部分是对外科技术的介绍,如扩创术、开腹术、切断术、动脉结扎术、颜面成形术、眼球摘除术、麻醉法、异物探取、手术时伤员体位等,具体明确,浅显易懂。1940 年柯棣华来到边区后,首先看到的就是这本书,他称赞说:"这真是一本不可多得的好书。好就好在他把西方现代医学手段运用到中国战争的实际。"[20]八路军医务人员也普遍反映,这是战伤外科的急需教材,既可用于培训,也可用于自学。

第四,这是一部有八路军特色、晋察冀边区特点的著作。这在第八章体现得淋漓尽致,白求恩介绍了陇望蜀 25 种战地发明,特别对"卢沟桥"驮架的制作、组合、功能给予详尽说明,并附上标准的插图。他还举例说明,经过消毒和改进处理,木锯可以作离断刀,丝线可以代替羊肠线,木棍秫秸、鞋可以当夹板用,纱布和硬纸板可以做麻醉口罩等等。一切医疗急需而又没有来源的物资,白求恩都找到相应的替代物,并让这些顶用好用的"土办法"登上了大雅之堂。

最后,这是一部充满战斗精神和人文精神的著作。白求恩对红军传统和延安作风极为赞赏,对革命精神的巨大作用坚信不疑。他在书中强调:"卫生部门必须直属总卫生部和师、团首长的领导。一个领导人不管是否懂技术,但一定要懂得军事,特别是政治工作和行政工作。"他提醒大家执行"三大纪律八项注意":"可以借用老百姓的门板或木板作担架,但用毕一定要退还。"他深知战斗精神对战胜敌人的重要性,写道:"记住,把手术中取出的弹片、子弹要交给受伤者本人。这些从伤员身上取下来的弹片和子弹,是法西斯侵略罪行的铁证。带上它,会激励着伤员们重返前线狠狠打击敌人,也会使他们经常想到,有许多兄弟姐妹正在遭受这些弹片、子弹的威胁!"

《游击战中师野战医院的组织和技术》一书在郎林译成中文后油印发行到医务人员手中,延安方面也进行了翻印。面对赞扬和好评,白求恩把它归于两点,战地救护为他提供了创新总结的机会,红军的优良传统使他找到了克服困难的方法。

白求恩逝世后,这部著作正式出版,时间是 1940 年春天。聂荣臻写了序言,对本书做出高度评价,他说:

"白求恩远渡重洋,跋涉崇山。在炮火硝烟的最前线,寒暑奔忙,不计昼夜,殚精竭虑,苍白了须发。他救死扶伤,捐输自己圣洁的血液,他尽了自己最大的责任,发扬了崇高的革命道德。深深激励了战斗的人群。他根据敌后游击战争的环境和具体的困难条件,把他在战地实际工作中最可珍贵的经验和他广博丰富的医学造诣融汇在一起,以将近半个月的时间,日日不断狂吸纸烟,不断挥流着热汗,完成了一部著作。它是白求恩大夫一生最后的心血结晶,是白求恩大夫给予每个卫生工作者和指战员、伤员们最后的不可再得的高贵礼物……我们将永远以白求恩对革命的坚强毅力和深厚热情为模范。"

1942 年 12 月,晋察冀军区召开卫生工作会议,聂荣臻再次号召大家认真学习和研究白求恩的这部遗著,他说:

"1939 年他到冀中,经历了一次大扫荡,得到了怎样打仗、怎样流动、怎样救护、怎样搬运医院的经验,回来就在和家庄写了一本《游击战中师野战医院的组织和技术》,把红十字汽车换成骡子,做好架子,把司机变成马夫。这种改变就是把高度的科学知识运用到边区的具体环境,是很科学的。正因为他有科学的基础,才会想到在这样的环境下怎样做到科学化。今天汽车在边区之不科学,正如骡子在美国之不科学一样。可是他的遗著,我们是否很好地研究过呢?我们口里常叫科学化,可是在现在的环境怎样才叫作科学化呢?许多同志认为这是小问题,不值得注意,其实这正是具体的科学问题。我们读过苏联红军的参谋工作,觉得它与白求恩的著作有很多相似的地方。譬如一个皮包多么大、带几支红蓝铅笔、需要什么小刀、几张纸都具体规定出来。同样的,白求恩也把一个医生要带好多碘酒、棉花等(一般人认为是零零碎碎的问题),都具体周密地规定出来了。从这里我们可以看到科学家每件事都经过脑子想过,不是随随便便,他直到死还念念不忘。"

聂司令员尊称白求恩和另外一些同志为边区科学家。他着重指出:

"不要以为边区科学家这个称号对他们是侮辱,要知道,别的科学家的办法在边区未必能用。为了伟大的民族解放战争,在今天自力更生的困难条件下,能够解决问题,这就是边区科学家可贵的地方。"[21]

五、创办晋察冀军区卫生学校

真正让白求恩看到医护人员急需培训,是他到了贺家川后方医院的时候。1938 年 5 月 17 日在写给毛泽东的长信中,他提出伤员得不到有效治疗而伤残、死亡的重要原因,是所有医护人员都没有受过培训。"我们不要掩饰他们缺乏训练的事实,必须改进对医疗工作人员的训练。"

他向毛泽东建议:"应该选最好的、最聪明的护士到中国的教会医院去,专心学习二三个月外科护理、外科基本技术、消毒防腐及使用夹板等"。"不要限于教会医院,任何现代的医院都可以"。对医生的训练,"应当把政治上可靠的同志送到苏联去,学习 4 年医学课程。我们要从远处着眼,一定要看到若干年后才成"。后来,白求恩承认他的这个建议脱离实际,不可行。但他确实看到了医务人员的培训已是迫在眉睫的事情。

在山西岚县八路军 120 师后方医院,在晋察冀军区后方医院,白求恩看到了几乎相同的景象。他坦言:"在这里,我是唯一合格的医生。"他给自己下达了两项任务:准备一本统一的、标准的军队用的药方,写一本 50 页左右的《外科指南》,并把这两本小册子分发到各医药单位。1938 年 7 月初,他在松岩口后方医院举行了为期一周的培训,有 50 多名医护人员参加。培训效果令人满意,这是白求恩在中国组织的第一次培训。

8 月 7 日,他向聂荣臻谈了筹建卫生学校的想法,聂非常赞同,并认为白求恩应当出任校长。白马上进入情况,8月13日,他向聂写信谈了建立卫生学校的构想:"应当明确,在我们这里建立卫生学校是必要的。这和办军校、党校同样重要。但必须要有能胜任训练工作的教员,有教学计划,有教材,有实习医院。"

他说:"关于教员,我认为叶医生(叶青山)和他的同事能够胜任……关于教学计划,我建议分外科、内科、护理和组织管理四部分,学时定为三周。关于教材,我已经编写了一本小册子,还有一本200页的教材正在编写,还需要两个月的时间。延安卫生学校如有教材,可以借用。关于实习医院,两周之内,松岩口可建立一个30张床位的模范医院。"他明确表示,"两个月后,等我写完教材,立即动手筹建卫生学校。"㉒

然而战事的发展和松岩口后方医院毁于战火,让卫生学校的筹建被迫推迟。1938年12月底,在聂的支持下,白求恩在山西灵丘县杨家庄建立了"特种外科医院",这个名字是他1938年5月在给毛泽东的信中提出来的,"特"指战伤的诊断和治疗。白求恩在杨家庄对晋察冀一、三分区和359旅的23名医务人员进行了为期一周的训练,这是白求恩组织的第二次培训,实习周结束后,白又在两所医院进行了培训,取得很好成果。1939年2月至6月底,在战况频繁的冀中前线,白求恩为贺龙和吕正操部队的医务人员,举办了两期培训班。这是他组织的第三次培训。7月1日,他在给毛泽东和聂荣臻的信中表示:"我已经回来了,并已下定决心培养本地区的医生和护士。这是当前工作的重中之重,这是医疗队的主要任务。"利用写书间隙,他还给一群新学员授过课。

8月初,完成书稿的白求恩决定再次和聂荣臻商谈筹办卫生学校的事情,这距离他第一次和聂谈论此事已经过去了整整一年。但他对问题的深刻见解已非昔日可比。

他告诉聂:"八路军可以在非常原始的条件下建立起模范医院和战地医疗队,也可在前线救治很多伤员。但目前的战况表明,一个战地医疗队,甚至六七个战地医疗队也不能担当起我们面临的任务。"

他说:"这场战争是长期的,军队也会越来越壮大,一大部分战斗开始向晋察冀转移。一个外国人,不管他的经验有多丰富,加上5个受过教育的中国医生,也不可能完成需要数千个受过训练的合格医生所做的工作。"

"你建议怎么办?"聂想听听他的想法。

"我们必须一面在前线继续使用战地医疗队,一面尽快开办一所新的卫生学校。要采用计划周密的课程,来造就出一大批受过训练的中国医生和护士。我深信用速成的办法训练成千成百个真正熟练的医生,将是比组建医疗队更重要的事情。""我相信,一年以后,如果我们得不到受过训练的人员,我们就等于没有卫生机构。尽管我们还能请进一些外国医生,但他们永远不能替代受过训练的中国人。""比如我们这支加美医疗队,去年做了750多例手术。但是一旦我们离开,原有的就会恢复。对我们来说,除了治好伤员外,没有留下任何持久的工作记录。中国人自己必须学会在外国医疗队离开之后坚持下去。对我来说,检验援华价值最重要的是看有多少医务人员经常受训? 他们的整体技术水平有没有提高? 中国医疗队能独立担负工作并且坚持下去吗? 这就是外国医疗队的价值体现。"[23]

聂非常赞同他的看法,他想了解得更具体:"你认为培训一批合格的护士和医生需要多少时间?"

白求恩没有直接回答聂的问题,而是提出四个需要改变的现状:

一是提高准入人员的文化程度。"取消使用16—18岁男孩当护士的制度。他们的存在阻挡了更优秀的大学毕业生进来。他们看到男孩子给伤员敷裹,会认为这项工作不需要特殊教育和培训"。"我们也要从工农子弟中培养医生,但他们应当具有一般的阅读能力和数学知识"。

二是要鼓励妇女进入卫生部门。"她们特别适合担任药剂师、麻醉师、按摩师的工作。而现在她们进了其他部门"。

三是要选调有丰富阅历的政工干部进入卫生部门。"我发现,绝大多数情况下,卫生部门的政工人员过于年轻"。

四是要加强对卫生部门的监管。"现在师、旅、团首长很少有人意识到对卫生工作的监察责任,只是埋怨这个部门水平低,却不去检查监督他们"。

白求恩得出结论:"如果受训人员文盲数量减少,加强监管和提高培训效率。用仅有的资源训练他们,护士半年时间可以完成培训,医生需要一年的时间。"[24]

白还告诉聂:"冀中军区有很多北平来的专家教授,吕司令员已经答应抽调5个教授来学校任教。霍尔小姐已经同意帮助我们训练护士,由于她被日本人赶走,这项工作由她带来的护士郭庆兰负责。如果延安方面能派江一真医生担任外科老师并聘任校长一职,那是再好不过的事情。"聂没有想到,白求恩神通广大,连吕正操也调动起来了。

他笑着问:"为什么要请江一真?你是最合适的人选。""不,我和他有过两次合作,一次在延安,他带我熟悉了窑洞医院,一次是在黑寺,在我支持不住的时候,他接替了我。他是一个有创造力并且有能力教导和监督助手的人。再说,我对后方医院的巡视工作还没有结束。"聂知道白不希望被拴在后方医院,他的舞台在前线,也就爽快答应了。

这次深谈使聂荣臻对白求恩有了新的认识。他后来说:"白求恩不但是边区最优秀的科学家,而且对搞好八路军的医学教育有着独到见解。他的这些建议和办法,在自力更生的困难条件下能够解决问题,这是白求恩最可贵的地方"。[25]

在聂荣臻支持下,白求恩制定了一份详细的教学大纲。所有学员先接受为期四至六个月的基础培训,然后护士学员学习两个月、医生学员学习六个月的专业课程,外科医生还要接受六个月至一年的实习期。1939年9月,初创时期的卫生学校(原军区卫生训练队)转移到唐县牛眼沟村,与从延安来的卫生学校汇合,其中还有一批抗大二分校的学员。

1939年9月18日,晋察冀军区卫生学校在唐河东岸的牛眼沟村举行了开学典礼,聂荣臻出席并讲了话,江一真医生出任校长。白求恩也做了简短发言,他对学员们说:"培养优秀的卫生技术人才,不但是今天反法西斯战争的需要,也是将来建设新中国的需要。不管遇到多大的学习困难,你们都应当像前线战士打败敌人那样打败困难。你们的经验告诉我,在非常艰苦的环境中,同样可以培养出优秀的医生和护士。"

白求恩把自己的 X 光机、显微镜和一部分书籍赠送给学校,他和江一真校长亲切拥抱:"江,谢谢你帮助了我,你是我的又一个化身。""我试试看吧,不行,你再来当校长。"说完,两人高兴地大笑起来。㉖

当天下午,白求恩亲自给卫校学员上课。他首先讲解医疗器械的使用,然后为一名下肢陈旧性骨折伤员做手术,江一真当他的助手。白从手术的准备、洗手消毒、穿手术衣、戴手套、创面消毒、铺手术巾,到麻醉开刀,一步一步做起,甚至对怎样持刀怎样止血结扎缝合等,都讲得具体明白。这让学员们大呼过瘾,也让江一真深受感动。本来,他们还期待着白求恩再一次为大家讲课,没想到,这竟是他最后的一课。

白求恩逝世后,江一真得知他在遗嘱中请自己挑两件物品留作纪念。江含泪挑选了一把手术刀和做手术戴的手套。江后来说:"他曾经给了我那么多帮助,在遗嘱中还特意要我挑选两件遗物作纪念,而我在他病危的时候竟没有尽一点儿力量,每想到这里,我总是追悔莫及,忍不住要落泪。"

11月17日,晋察冀军区卫生学校师生在唐县于家寨参加了边区政府为白求恩举行的殡殓仪式。1940年1月5日,又在唐县举行了隆重的追悼大会,聂荣臻宣布军区卫生学校更名为晋察冀军区白求恩卫生学校,江一真被任命为第一任校长。

白求恩的弟子们没有辜负白求恩的期望,仅在抗战期间就举办了30多期培训班,入校学员1500余人,毕业学员1300多人。他们像白求恩一样在火线上救死扶伤,其中有30多名学员英勇牺牲,他们像白求恩一样,成为八路军和人民群众信赖的白衣战士。㉗

注释:

① [加拿大]罗德里克·斯图尔特:《不死鸟——诺尔曼·白求恩的一生》,中国青年出版社,2013年版,第309页。

② 同上,第446页。

③ 同上,第446页。

④ 冀国钧、张业胜:《诺尔曼·白求恩在中国》,中国协和医科大学出版社,2008年版,第97页。

⑤ 赵云山:《白求恩大夫和凯瑟琳·霍尔的国际情缘》,《党史博采》,2002 年第 12 期。

⑥ 同上。

⑦ 同①,第 446 页。

⑧ 冀军梅、侯志宏:《白求恩的故事》,河北少年儿童出版社,1996 年版,第 219 页。

⑨ [加拿大]拉瑞·汉纳特编著:《一个富有激情的政治活动家》,齐鲁书社,2005 年版,第 455 页。

⑩ 游黎清:《还原一个真实的白求恩》。

⑪ 同⑨,第 454 页。

⑫ 同①,第 371 页。

⑬ 同④,第 95 页。

⑭ 毛泽东:《纪念白求恩》,人民出版社,1979 年版,第 176 页。

⑮ 《林迈可:一个人的抗战史》,上海《东方早报》,2014 年 12 月 10 日。

⑯ 《人民日报》,2014 年 3 月 27 日,3 月 28 日第 1 版、第 3 版。

⑰ 同①,第 373 页。

⑱ 同⑨,第 348 页。

⑲ 盛贤功等:《白求恩在中国》,人民出版社,1979 年版,第 222 页。

⑳ 同④,第 72 页。

㉑ 同⑲,第 228 页。

㉒ 章学新:《白求恩传略》,福建人民出版社,1984 年版,第 259、267 页。

㉓ 同⑨,第 454 页。

㉔ 同⑨,第 455 页。

㉕ 同⑲,第 228 页。

㉖ 同④,第 63 页。

㉗ 同④,第 63 页。

第十二章　狂飙
　　　　　为我从天落

一、为办学筹款

白求恩知道,晋察冀军区卫生学校不仅缺少优秀的教员,"而且实际上没有书,没有讲授解剖学的人体模型,没有组织学或病理学切片,没有细菌学仪器。这所学校必须花费 2000 美元才能建起来,而维持正常运转每月 3000 美元才行——以每人每月生活费 10 元计,共有 200 名学员,100 名工作人员。另外 1000 美元用来建一所 100 个床位的能持续运转的小型医院,做卫生学校用于教学的附属医院。"①

白求恩很清楚,聂荣臻拿不出这笔钱,八路军也没有这个财力。唯一的希望只能寄托在海外援助上。如前所述,白从未收到过任何一笔海外捐款。他不但对美国、加拿大援华委员会非常不满,而且开始认为中国红十字会的林可胜也对他没有尽力帮助。1938 年 7 月 19 日,他委托布朗医生转交给林可胜一封信:"你能帮帮我们吗?我需要照顾十五万游击队员。这里什么都缺,很可怜。请给我一些吗啡、外科手术器械、砷苯胺和卡巴腙码(治痢疾的药)。"实际上,林想尽一切办法帮助白求恩,只是因为山高路远,战火阻隔,只有两卡车物资在他去世后送达医疗队。白认为延安方面也存在官僚主义,1938 年 8 月 1 日,他给延安方面写信,询问海外资金的情况,没有得到任何回复。8 月 15 日,他再次致信延安:"我不知道从美国寄来的钱花到哪里去了,我从中美两方面都没有获得相关消息,所以只能自己想办法。"从白的口气看,他似乎已经得知延安方面收到了海外资金。

海外资金盼不来,中国有没有筹资渠道呢?白求恩想起林迈可看望他时讲起的北平情况:抗战爆发后,住在那里的许多欧美人士反日情绪高涨,都在想方设法帮助中国人。霍尔小姐也说过,在协和医院工作的中国人和外国人也对八路军充满同情。白求恩认为,如果去一趟北平,让林和霍尔小姐把他们介绍给自己,说不定就能筹到办学所需的资金。

尽管第一次与霍尔小姐化装入城的计划被聂的电报"封杀",但白仍然坚信,只要让他进入北平,他就能筹到钱。1939年8月初,霍尔准备重建被日军焚毁的医院,到北京购买医疗物资。白向她讲述了为办学筹款的事情,霍尔很高兴白愿与她一同前往北平。她问白求恩:"还记得我给你写的那封信吗?""记得,你说过,如果我去北平,你会给我当向导,游览这座古老而美丽的东方城市。"

白决定去找聂司令员,正像他担心的那样,聂荣臻不同意他的冒险行动。他告诉白,不但霍尔小姐面临危险,而且日本人通过汉奸也掌握了你的情况,一旦落入敌手,后果很难想象。白无奈接受了聂的意见。

他又和聂讨论回国筹款的问题:"我必须暂时离开这一地区,去延安,回美洲,筹集卫生学校每月所需的1000美元保证金。我在这一地区生活了15个月了,完全了解这一地区的需要。除了像我这样的人大力呼吁外,还有其他办法吗?"②

聂荣臻对白求恩回国筹款的想法并不感到意外。从他们之间的聊天和董越千的介绍中,聂早就知道白求恩两次筹款的经历。第一次是1937年6月到10月,白求恩从西班牙返回北美大陆,在5个月的时间里,他的足迹踏遍美国加拿大30多个城市,演讲数百场,为西班牙共和军筹得大批款项。第二次是为筹建加美医疗队在美国纽约募捐。美国援华会认为,筹款最有效的办法就是把白求恩引荐给同情中国抗战的富人,发挥他的演说才能说服对方捐款。白求恩不负重望,和同事们一道,很快募集到5500美元。聂完全相信,白回国后,一定会很快募集到办学所需的资金,虽然几万美元是一个大数字。

听完白求恩的叙述,聂坦率地告诉他:"就我个人意见,我不赞成你现在回去。你知道晋察冀所有后方医院都期待你去巡视,刚刚成立的卫生学校百废待兴,需要你的帮助,特别是每次战斗后几百名伤员的急救手术需要你亲力亲为和悉心指导,你的同事们说,他们离不开白大夫,我想这绝不仅仅是夸奖。"

白求恩很受感动,他想说什么。聂抬手制止了他:当然,无论是我还是延安总部,都不可能给予你更多的经费支持,这也使你很多好的建议不能实现。我准备把你的想法向延安报告,听一听毛泽东同志的意见。

很快,延安方面批准了白求恩的意见,并指示聂在白求恩回国之前,安排延安电影摄制组的袁牧之和吴印咸,选取一些白求恩工作生活的片断拍成纪录片,作为向世界人民宣传中国抗战的资料。

得到延安方面的批准后,白求恩开始向美国和加拿大宣布他的旅行计划和筹款打算。在给加共总书记巴克的信中他写道:"我将短期回国一次。开始,聂将军不想让我走,但我们必须得到更多的钱……假如加拿大的援华委员会无法对中国提供帮助,那么我们必须为这一地区(晋察冀边区)建立一个特别委员会。""这个地区极端贫困,妇女和儿童的健康状况很差。我想建立合作工场,生产我们自己外科用的纱布、药棉、夹板和假腿。我们必须帮助他们,为此我们需要钱。"

他告诉巴克:"这里存在着上千个问题。必须有一个人,比如像我这样,在这些卓越而英勇的中国人民中间生活和工作过的人,把这些事情告诉加拿大和美国人民。""我将在1940年的2月底到达旧金山。我想在加拿大待三四个月,以筹集更多资金和物资——假如能招到人的话,我也招人,然后明年夏天再回到这里。我希望你们能够同意,这些都是最应该做的事情。"

白求恩向加拿大的同事谈到为什么要筹建卫生学校。"我正在尝试的工作就是领导农村男孩和年轻工人,并从中培养出医生来。现在的医生没有任何一个曾经去过学院或大学学习,没有一个在现代化医院工作过。我必须利用这些可塑之材,从中培养出合格的医生和护士……要知道,医院里始终有着2300名伤员。"

白求恩希望他回国募捐的消息能让更多的人知道,他告诉朋友,中国人对英国人和美国人非常友好。"我们必须给他们输送更多金钱和人员。特别需要各类技术人员,医生、公共卫生人员、工程师——任何充分掌握某种专业技术的人。""我要为我这里的工作筹集到每月1000美元的保证金。他们需要我在这里,这是'我'的领地,我必须回来。"③

尽管白求恩回国筹款的愿望没有实现,加拿大现有的史料中也没有发现有关白求恩要回国筹款的报道,但白求恩这些信件对加拿大共产党和他的朋友的影响无疑是存在的。在加拿大和美国，在印度、马来西亚，在欧洲，同情中国抗战的各界群众和广大侨胞踊跃捐款捐物，很多捐献者明确要求把所捐款物寄送晋察冀八路军卫生学校和后方医院，寄送给白求恩，这不能不说是白求恩的巨大影响力所致。

二、最后的巡视

得知延安方面批准了他的回国申请后，白求恩没有马上离开，因为他始终惦记着对聂荣臻的一项承诺，那就是对晋察冀军区所有医院做一次巡视。他向聂报告说："我将推迟行期，以便到各医院去巡视一次。"聂在回忆中说："当党中央同意他回加拿大一趟……为中国抗日军民争取更多的物质和技术援助的时候，他给我写了一封热情洋溢的信，大意是要求到各医院进行一次巡视，说'在做完这项工作以前，我决不离开'。"

白求恩看重巡视工作是有原因的。在延安，毛泽东请他对八路军的卫生工作提出批评建议，一开始，他热情很高。后来发现延安和马德里完全不同，西班牙战场的输血技术在这里根本用不上。他从毛泽东那里学会了一句话，没有调查研究就没有发言权。他对马海德说："我对中国革命和八路军卫生工作非常不了解，现在，是没有发言权的。"

在延安，他巡视过三所医院，他惊诧于条件的简陋。在贺家川后方医院，他认为这是"一个应该立即封锁的瘟疫区"。在岚县120师后方医院，他和布朗看到："在一家山区医院，175名伤员，吃不到一只鸡，甚至买一个鸡蛋都要跑30里路，需求是巨大的：钱和医生。"但怎样立足现实，解决困难，他的许多想法一开始往往脱离实际，布朗医生说他不了解中国实情，而常常妄加批评。白后来承认，布朗医生比他深谙中国国情，许多建议都能为中国人接受，来到五台山后，聂请他担任晋察冀军区卫生顾问，他欣然接受。但希望允许他到各分区医院巡诊，说只有这样才能提出适应于边区环境的意见和建议。

聂非常赞同白的意见，但考虑到他的安全和年龄因素，一时难下决心。松岩口后方医院毁于日军炮火后，聂认为有必要通过巡视，让白求恩进一步理解游击战争的意义，理解八路军卫生工作的困难，同时发挥他的组织优势和技术优势，帮助后方医院和战地医疗队提高组织管理和技术水平。聂曾对董越千说："我们必须帮助白求恩尽快适应中国的客观条件。"

聂向白介绍了日军的行动特点，并亲自帮他确定了巡视路线。1938年10月，白就是在巡视中度过的。这也让他深受震动。

首先，巡视工作使他对中国人民的抗战热情有了深刻体验。10月19日，他在洪子店村参加了平山县政府召开的紧急会议，并为此写下了《华北地区一个发挥作用的县政府》的报告。他写道："两周前，一支1000多人的日军洗劫了这座小镇，烧掉了60多座房子。由于实行'坚壁清野'政策，日军除了死伤一些人外，什么也没有得到。""我看到会议代表没有沮丧，而是充满了抗战热情。在他们演唱了激昂的抗战歌曲《大刀进行曲》《保卫黄河》之后，大家把目光转向我，我唱了一首国际纵队曾在西班牙唱过的歌——《塔洛莽营之歌》，当我唱起这首歌时，我想这是一个值得为之奋斗的事业，这里的每个人都回答了人生应当怎样度过这个严肃的问题。""我们散会时，星星在黑色的天幕中闪烁，外面的空气清新而寒冷……我们手中的烛光照亮了一堵残壁上的标语：'除了战斗，别无选择！'"而这条道路，正是白求恩的选择，在西班牙是这样，在中国也是这样。

其次，巡视工作使"特种外科实习周"的经验获得推广。杨家庄"特种外科实习周"取得成功后，白求恩准备给每个分区都开设同样的培训课程。游胜华也提出落实要求。但白意识到，他必须亲力亲为才能使培训不流于形式。白巡视了两所医院，他不再像以往那样对现状大加批评，而是立足现有条件，改进培训，丰富手段，总结经验。在游胜华的力荐之下，聂批准在边区后方医院推广"实习周"经验。就这样，在一年多时间里，十个军分区白求恩巡视了八个，对每家医院的情况都做到了心知肚明，指导起来也变得得心应手。杨家庄的"实习周"之树，开始结出硕果。各后方医院和野战医疗队的战伤医疗水平实现了新的跃升。

最后，巡视工作使他的各项建议更具针对性有效性。在晋西北和冀西,针对后方医院坐等伤员,而各团野战医疗队技术力量不足的问题,白求恩提出"院队一体"的建议。他说:"后方医院不能等到各团的大夫无法有效工作时才开始出去。在前线做手术与在医院做手术完全不同,野战医疗队应由后方医院最好的医生为骨干。而各团大夫也需要到后方医院进行两周的强化训练以提高技术。"白的这个建议很快被王震和聂荣臻采纳,对提高战伤救治水平发挥了重要作用。在冀中前线,他发现教会医院有许多有正义感的中外医生,就建议贺龙多和他们接触。后来,120师卫生系统集聚了一大批知名的医学专家,为八路军做了大量工作。

有了去年的巡视经验,白求恩对归国前的巡视工作充满信心。他相信,这次巡视,自己能做的工作很多,也会有更多的发言权。

1939年9月25日,晋察冀军区卫生部巡视团在叶青山部长率领下出发了。同行的除了白求恩,还有翻译郎林,医生林金亮、陈仕华,政工干部刘柯等。行前,白求恩强调了巡视的目的,他说:"这是一次流动的训练,我们不仅要用嘴向医务人员说明怎样工作,而且要表演示范,而后再让大家照着去做,使他们真正的学一点儿,懂一点儿。"这次巡视预定10月20日结束,然后取道延安送白求恩回国。④

一路上,叶青山向白求恩介绍说,经过一年的努力,全边区的后方医院已由去年的10所发展到20所,营、团都建立了卫生所和手术组,晋察冀军区的医疗组织已经初步完善起来,这是你一年努力工作的结果。"不,这是你们付出的心血,我不过是提出建议"。白求恩说,看得出,他心情很愉快。

第一个巡视单位是三分区于家寨休养二所。白求恩和随行医生为全体伤病员做了检查,查看了用民房改建的医院,他对整洁的环境非常满意。当看到医院的书报阅览室后,白求恩很是高兴:"松岩口后方医院建立的工作秩序,在这里保持得很好。"

在巡视二十团驻地时,白求恩发现所有的水井都加上木盖,他问卫生队队长时得知,这是为了保障饮水卫生,防止敌人投毒采取的措施。白听后大为赞赏:"卫生工作不仅是看病疗伤,更重要的是保障公共卫生。我原本想写一本关于公共卫生的小册子,现在你们走到前面了。"

在三分区休养一所,白求恩发现所在地疟疾流行,当即决定全力救治疟疾患者。当晚,他在安排工作时,确定给他预备80个门诊人数,他要亲自看门诊病人。第二天从早到晚,他顾不上吃饭休息,忙着给老乡做检查,注射奎宁,一起忙到掌灯时分。休养所同志劝他停止门诊,他说:"老乡们远道而来,今天不看完,又累他们再跑一趟,说不定病情还会加重,我晚点儿吃饭没关系。"

晚饭后,白求恩请郎林把村长请来,询问当地有哪些常见病,村长说,主要是疟疾、痢疾、肠炎和感冒。当晚,白伏在昏暗灯光下,编写了4种常见病防治办法。第二天下午,他把医务人员集中起来,讲解4种病的防治要点,并要求医院把驻地群众的常见病防治包下来。他动情地说:"人民群众是大海,八路军是大海中的鱼,离开了大海,鱼就没法活。我们要把群众疾苦当成自己疾苦。离得远的群众,我们没法照顾。但驻地群众的危急病,我们必须主动地早发现,早治疗。"⑤

白求恩关心伤病员胜过一切。在郎家庄二团卫生队驻地,他们巡视时正是伤员开饭时间,白仔细察看了伤病员伙食,又看了看工作人员的用餐。他感到非常满意,因为伤员吃的是白面,而工作人员吃的是玉米饼子加咸菜。

白求恩同样关心医务人员健康,当他看到一个给伤病员分菜的护士手上有疥疮时,马上把卫生队队长叫来:"这个护士本身就是病人,为什么还让他工作呢?"卫生队队长半晌才明白过来,他解释说:"好房子都给伤病员住了,工作人员只能住潮湿的房子,有的干脆就睡在铺上稻草的地上,一部分同志得了疥疮,来不及治疗,如果让他们休息,照顾伤员的人手就更不足了。"

白求恩没有说什么,晚饭后他把所有工作人员集合起来,一个个检查。然后带着卫生队队长在村外找了个隐蔽的树林,周围用草帘子挡上,中间生起一堆火。他把生疥疮的男同志集合起来,脱去衣服,亲自给大家抹药,一连治了三天,疥疮被消灭了。卫生队队长没有想到在他看来的顽症这么快就治好了,一再向白求恩道谢。白对他说:"护士工作很辛苦,生了疥疮,晚上痒得睡不好觉,哪有精力干好工作呢?对于我们来说,没有任何工作是不屑一顾的,对于一个医生护士来说,只要努力学习和工作,将来没有任何工作是做不了、做不好的。"⑥后来,卫生队队长经常用这句话来警醒自己和教育医务人员,久而久之,大家养成了从小事做起,把小事做好的习惯,并把它称之为"白求恩作风"。

用9天时间巡视完晋西北和冀西的后方医院后,白求恩一行于10月4日开始向冀中进发。雨后的道路泥泞湿滑,附近又有日军据点,巡视团只能夜间赶路,这更增加了行军的难度。

当天夜里,白求恩的枣红马和郎林的黑马贴得很近,走着走着,黑马撞上了枣红马。还没等郎林反应过来,枣红马用后蹄向后狠狠一踢,不偏不倚踢在郎林左小腿正中。猝不及防的郎林滚落马下。白求恩急忙下马检查,发现郎的胫骨已被踢断。他一面用夹板固定伤腿,一面叫人准备担架。到了宿营地,已是半夜时分,白给郎林做了整复手术。他和叶青山商量,郎林需要进一步观察和治疗,还不能马上离开巡视团。为了减轻他的痛苦,白亲自用木板做了一个匣式夹板,把伤腿固定在匣子里。每天晚上,白都亲自检查照料,直到伤腿的折骨开始愈合,才安排他回后方医院休养。这一期间,懂一些英文的刘柯暂时接替郎林的工作,直到另一位翻译潘凡到位。

白求恩对巡视中发现的问题,凡因不懂技术造成的失误,都亲自示范。凡属工作马虎、责任心不强造成的错误都会毫不留情地提出批评。他在检查一个单位药库时发现,20多副托马氏夹板,尺寸规格都不符合要求,他马上把负责人找来问个究竟:"要知道,这不但浪费了宝贵的经费,而且会给伤病员肢体恢复带来风险,必须马上重做。"

对基层负责同志敢于批评,对他的领导同样不留情面。一次,白求恩检查军区卫生部采购来的一批药物,发现常用的急救药采购不足,而不常用的药却积压很多。他拿着采购单找到叶青山说:"我在八路军工作的一年半中,只有一例病人我开了洋地黄(一种有效的强心药)。年轻战士一般的心跳过速不需要洋地黄来改善,那仅仅是因为紧张而产生的一种征兆。可这次采购的洋地黄足够供应一支一千万人的军队(原文如此)。但制造毕普(BIPP)软膏的液体石蜡却没有采购,我们怎么配制'毕普'?"

望着一脸怒气的白求恩,叶青山诚恳地做了自我批评。

但事情并没有结束,白求恩回去后给叶青山写了一封措辞严厉的信,从 15 个方面指出军区卫生部在药品采购、包装运输、人员管理方面存在的诸多问题,最后他再次强调:"我们必须深刻认识到,这些药品是经过多少生命危险、多少金钱、多么遥远的路途才送达这里的。必须要向各级人员强调谨慎处置和防止损耗的重要性……以后采购药品的计划,必须经你亲自校阅,统一发出药单。"⑦

叶青山回忆说:"巡视期间,白求恩每到一处,除了看病和检查工作,总要召集卫生干部讲巡视中发现的问题、解决的办法、改进的措施,还经常讲授战地医疗的各种知识。白求恩这种热忱细致和严肃认真的工作作风,使我们每个在他身旁的同志都受益不浅。"

完成冀中的巡视任务后,已是 10 月下旬,原定的工作计划即将结束。正在这时,日军发动了 1939 年的冬季大扫荡。而担任北线总指挥的是被日军称为山地作战专家的"名将之花"阿部规秀。

面对即将到来的战斗,军区卫生部奉命组织战地医疗队。10 月 28 日,一分区司令员杨成武向巡视团介绍了战场态势,指出:"这是日军发动的规模最大的一次进攻,不但出动了大批陆军和空军,而且携带了毒瓦斯。我分区决定在摩天岭一带迎击敌人。"

白求恩急不可待,他问杨成武司令员:"战斗什么时候开始?""明天!""要准备多少敷料?""500 左右。"

巡视团同志提醒白求恩:"如果到前线参战,你就不可能在 11 月初启程回国了!"大家都知道,白求恩最早的启程日期是 10 月 20 日,晋察冀军区已为他回国举行了欢送大会。后因工作繁忙,白又把启程日期推到 11 月初。

白求恩站在军事地图前面,大口吸着烟卷,看得出,他心中波澜起伏。杨成武告诉他,日军野心勃勃,准备在太平洋地区扩大战争。为了把华北作为扩大战争的军事基地和人力物力补给线,决心消灭我八路军主力,建立所谓的"模范区"。因此,粉碎敌人的"扫荡",对中国战局,及至世界战局具有重要意义。

白求恩理解了这次"反扫荡"的意义,他参战的愿望更加迫切:"如果晋察冀边区受挫,日军阴谋得逞,我这次回国就毫无意义了。我决心参加战斗,等目前的战斗结束,再启程回国。"杨成武对白求恩的举动大加赞赏:"谢谢你,白大夫,有你在前线,战士们打胜仗的信心会更足。"

和叶部长商量后,白求恩召开了一个紧急会议,宣布巡视团已变成战地医疗队,并布置大家连夜赶制1000个急救包,还用纱布和石灰制剂,制作了几百个简易的防毒口罩,这一夜,医疗队所有同志都紧张地进行着战前准备。

秋夜渐逝,繁星淡出,层峦叠嶂,朝霞辉映。白求恩策马扬鞭,踏着缀满露水的秋草,奔赴摩天岭前线。

在新的战斗来临时,白求恩再次推迟了回国行期。

三、舍生忘死的十五个昼夜

摩天岭,巍峨挺拔,高耸于太行山群峰之中。白云深处,险关隘口,八路军战士摩拳擦掌,准备迎击日寇的进犯。

日军此番扫荡,出动了五万人马。从平汉铁路以西的唐县、完县、满城,直到涞源,五路并进,对我形成了一个巨大包围圈。摩天岭一带,正是敌包围圈的中心。晋察冀军民则以小分队袭扰敌人,掩护主力转移,待敌疲惫之时,寻求有利时机,集中主力歼敌。这种屡试屡胜的战略战术,被白求恩称之为"中国式的游击战"。

10月29日上午,白求恩一行赶到距离火线七八里的涞源县孙家庄。在这里,医疗队兵分两路。叶青山带着林金亮等赶赴易县甘河净,白求恩留下组织救护站。八路军战士把他们带到距山脚不足50米高的一座破庙里。这座小庙又称万神庙,极小。佛像早已衰朽,壁画斑驳难辨。三面围墙中间只有不到10平方米的空间。小庙周围没有大树巨岩遮掩,不利防空。山脚下是一条小溪,紧靠小溪的是沙石铺就的道路,从摩天岭过来的车辆行人,都要经过此地。白求恩对这个位置很满意。

此时战斗已经打响,隆隆炮声和清脆枪声响成一片。道路上的队伍络绎不绝,支前的运输队,奔向摩天岭前线,抬着伤员的担架队,从摩天岭送到孙家庄……

小庙里摆着两张方桌,拼成一张临时手术台。头顶支起一顶白布帐幔,隔成手术室。一架电话机放在墙角,边上是一座闹钟,有节奏地发出钟摆声。消毒锅里,水汽嘶嘶地往上升。白求恩一面系上围裙,一面给助手下达命令:"伤势较轻的,就地包扎送往后方,伤势重的,立即进行手术,然后再转送后方医院。"他又强调一句,"不管有多少重伤员,全部做好手术准备。"

同往常一样,白求恩先抢救那些头部和腹部受伤的战士,陈仕华给白求恩当助手。小庙外,炮火声轰鸣山谷,手术室里,却是出奇地安静,白和助手配合默契,一个手势,一个眼神,彼此都知道什么意思。伤员一个个抬进来,又很快一个个抬走。当天阳光和煦,温度适宜。白求恩在橡皮裙下只穿了一件线衣,当最后一缕阳光洒在小庙前,映在白求恩脸上时,摄影师吴印咸抓住这难得的瞬间,拍摄了白求恩在前线的历史画面。

一个昼夜过去了,前线的战斗仍在激烈地进行,手术室里,同样也在进行着拯救生命的战斗。白求恩在给一位伤员做手术时,不慎划伤了左手的中指,殷红的鲜血从指间流出。护士赶紧给他擦上碘酒包扎了伤口。白全然不顾,又接着把手术做完。

10月30日下午,手术室响起急促的电话铃声,司令部紧急通知:"日寇分几路包围孙家庄,手术站必须立即转移。"

警卫战士迅速从小庙后面爬到山顶,从望远镜里,他发现村北的高山上有二十几个蠕动的人影,再仔细观察,这群身着便衣的人个个都手持武器。不一会儿,从高山顶上发现一闪一闪的刺刀光亮和头戴钢盔的队伍。毫无疑问,这是日军的主力部队。

原来,日军从多次扫荡失败中也吸取了教训,除了正面进攻外,也不时安排了一些"游击"动作。由伪军化装成老乡在前面带路,他们跟随在后面,妄图在不知不觉中袭击我后方机关。

警卫战士迅速向白求恩报告了敌情:"敌人袭来了,要马上转移。"

"向哪里转移?伤员怎么办?"医生们焦急地问。

白求恩不愧是历经两次世界大战的老兵,他此时的身份似乎变成了战地指挥官。他冷静地发问:

"敌人从哪里来?"

"背面山上。"

"多少人?"

"除了二十几个便衣,后面跟随着日军主力。"

"还有多少需要手术的伤员?"

"10个……"为了让白求恩停止手术,这个护士补充说,"多数是轻伤员……"

"轻伤员不是包扎完都转移了吗?"白求恩对这种善良的"欺骗"很恼火。他命令说:

"做完手术的伤员马上撤走,再增加两个手术台,一次抬进3个伤员"。

这时,电话铃再次响起:"驻在王安镇的日军也出动了,正向我们包抄过来。"白求恩问警卫战士:"敌人翻山过来需要多长时间?""快一点,40分钟。"

"那我们至少还有30分钟可以给伤员做手术,三台手术同时展开,完全可以在敌人到达之前处理完毕。"

有人还想说什么,白求恩举手制止:"我们不能把时间消耗在争论上了,马上抬进3个伤员手术。"

白求恩加快速度,全神贯注地开刀、取异物、缝合、包扎、动作快捷、准确。三个伤员抬进来,又很快地抬出去……助手们心弦紧绷,高度紧张,只有那只小闹钟,仍在有节奏地发出"嗒嗒"声。

20分钟后,最后一个伤员抬进来了,这个腿部受伤的战士叫朱德士。周围的人开始收拾器械,白求恩接过手术刀,准备手术。

"白大夫,你先走,我来接替你的手术。"他的助手一再恳求。

"白大夫,我的伤不重,把我留下或带走都可以,但您千万得快走,我不能连累你。"朱德士也挣扎着坐起来说。

"孩子,你听我的。现在手术,你的腿可以保住,现在不处理,这条腿就完了。"白求恩不由分说,把伤员抬上手术台。手术中,白求恩已经划破的左手中指再次被碎骨刺破,他全然不顾,处理完毕后,才跨上马背,和医疗队的同志们扬鞭消失在村东的大山里。

等到日军扑来时,留给他们的,只是一口正在冒着热气的铁锅……

这一夜,他们不停地在山里行军,直到10月31日上午,才赶到一分区甘河净后方医院,并和叶青山会合。

连续三天的急行军和战地手术,加上极度缺少睡眠,白求恩感冒了。那只被手术刀割破的手指,已经发生肿胀,疼痛开始加剧。叶青山坚持要他休息几天。白恳切地说:"你都看到了,这么多伤员刚从战场抬下来,我怎么能够休息呢?"说完,他开始检查病例,给伤员们动手术。当把几十名伤员的手术处理完毕后,他感到轻松了许多。"如果一切顺利,战斗结束后,也许能赶回美洲过圣诞节。"白求恩对他的新"化身"潘凡说。

然而,医疗队的同志们却高兴不起来,他们为白的健康担忧。这不仅因为他身患感冒、手指发炎,而且他一刻也不肯休息,一天也不想离开前线。

11月1日清晨,医疗队准备出发,他们的下一站是史各庄后方医院。原本这一天是白求恩启程归国的日期。

医疗队整装待发,等候在村口的大树下,而白求恩还没有赶到。他和叶青山正带着几名医生给昨天手术的伤员做最后一次检查。他发现一个伤员头部和颈部肿胀严重,仔细观察发现,是颈部丹毒,病菌已侵入头部,皮下已并发了蜂窝组织炎。白求恩知道,这是一种由链球菌侵入伤口引起的传染性急性炎症,如不及时治疗,病人就有生命危险。

"必须立即手术,开刀排脓。"白求恩发出指令。

"你手指有伤,不能再做手术了,让我来处理。"叶青山说。

"没有关系,我的手指以前也发过炎,不是都好了吗?"他转身告诉何自新,"快通知大家,出发时间后延两小时。"

"卢沟桥"重新从马背上卸下来,白求恩又回到手术台前。叶青山关注着手术,更关注白的伤指。由于手指肿胀,白没有办法戴橡皮手套。手术中,伤指无奈地向外伸着,使白一向快捷的动作显得有些迟缓。"哎哟。"白求恩低声叫了一声。原来。他的伤指碰了一下伤员的伤口,大家立刻紧张起来。白求恩把伤指在消毒液里泡了一下,继续进行手术。

伤员脱险了,白求恩的伤指却被再度感染。大家都有一种不祥的预感,同时又期盼他躲过一劫。叶青山要他就地休息,白坚持和大家前往史各庄。"你们要拿我当一挺机关枪使用。"白求恩以一句惯用的语言回答。

其实,链球菌已开始在他的体内蔓延,白求恩开始感到头晕、疲惫、发烧、没有食欲。眼窝越发深陷,神色憔悴不堪。

11月2日,史各庄后方医院,白带着伤痛为300多名伤病员做了检查。

11月3日一早,叶青山让陈仕华医生为白求恩检查伤情。陈的报告并不乐观,他说:"病毒已经通过静脉扩散了,如果要彻底根除,必须切断他的手指。"当翻译把陈的意见告诉他时,白坚决不同意:"我是个外科医生,怎么能没有手指呢?"他暗自揣测,发烧的原因可能不是败血病,而是伤寒,因为虱子也会传染这个病症。

不过,这一次白听从了叶青山的意见,留在史各庄后方医院,一面治疗,一面照顾这里的工作。陈仕华医生也被留了下来。白抱歉地看着大家,不停地用舌头湿润着干燥的嘴唇:"对不起,由于我的健康……不能和你们上前线了"。白求恩显得有些无可奈何。

然而,谁都没有想到,这一天,白求恩用裁下的橡皮手套,将伤指包好,一连为13名伤员做了手术。当最后一个手术做完时,他连说话的气力都没有了。

11月4日,白求恩靠在行军床上,修改巡视团的工作报告,并写了一份防治疟疾的讲课提纲。

11月5日,天空阴沉,下起了小雨。何自新为他生起火炉,室内显得很暖和。白披着大衣,坐在炕桌边。那只左手的伤指,浸泡在消毒液中。来到中国快两年了,白求恩几乎没日没夜奋战在手术台上,现在乍一休息,倒显得很不适应。他看了看伤指,肿胀得比正常手指粗了一倍,像个透明的胡萝卜,白求恩决定切开它。排除脓血。

身边的护士要找陈医生，白求恩赶忙阻止："我的右手是健康的，这个小手术，我完全可以自己做。"说着，他取出手术刀，让护士帮助把伤指消了毒，不用麻醉药，迅速在伤指上切开一个"十"字。看着白求恩苍老的面容，护士忍不住流下眼泪。白笑着安慰他："不用害怕，病情没那么严重，我只要有两个手指，照样可以做手术。"白把食指和拇指捏在一起，做了一个开刀的手势。

11月6日上午，陈仕华再次为白求恩检查时发现，白的左肘内侧出现了一块脓肿，左腋窝的淋巴结也开始肿大。他明白，此时挽救生命的唯一办法是截肢，这也是他从白那里学到的诊断技术。但不要说截肢，就是截掉伤指，白也不会同意。陈仕华决定向叶青山报告，但他不知道医疗队现在何处。

多少年后，人们一直在惋惜为什么不当机立断为白做截肢手术，也想不明白，白为什么拒绝可以挽救他生命，从而能使他继续为中国解放事业做出贡献的手术。实际上，推动白求恩做出这个决定的不是别的，正是早已融入其灵魂和血脉的冒险精神和战地情结。

对白求恩来说，外科医生不仅是一个职业，一种生活方式，也是他实现人生目标、赢得人生价值的唯一途径。是的，如果失去一只胳膊，他仍然可以编写教材、培训学员、募集资金，甚至做一个建言献策的顾问。但这也意味着他不再是一名战地外科医生了，白不会接受这个现实。他与生俱来的正义感和牺牲精神，使他面对战火从无惧怕，面对流血异常冷静，他在战争中找到了尊严、成功和价值。他不相信命运，一次次和命运抗争。在他内心深处，似乎抱有一丝侥幸，认为意志力可以帮助他渡过难关。就像他战胜肺结核一样。他在血液被严重感染的情况下，决心冒险一搏。

11月6日晚，聂荣臻在银坊附近准备部署一场较大的反击战，各部队连夜经过史各庄。为了能让白求恩安静休息，同志们对他"封锁"了这一消息。

11月7日，仍旧是个阴雨天。下午，正在休息的白求恩忽然听到空中传来飞机的引擎声，接着不远处又响起炮弹的爆炸声。白求恩从床上爬起来，对着翻译与何自新说：

"你们听到炮声了吗？又打仗了吗？"

"是小规模的接触，没有大仗。"翻译潘凡告诉他。

"为什么瞒着我？如果是小接触日本人会出动飞机大炮吗？北面一定有战事，小鬼，准备出发。"

潘凡急忙拦住白求恩："你是病人，你不能上前线。"

"不错，我有一个手指发炎，难道因此把我当成病人留在这里吗？"正在这时，叶青山闻讯赶了过来："白大夫，你病得不轻啊，我来就是要劝你一定要休息几天。""不，前方的战士在流血，我不能在这里休息。"白不顾劝阻，坚持要赶往前线。同志们只好整装出发。

秋雨蒙蒙，寒气袭人。

白求恩骑马走在崎岖的山路上，他全神贯注，辨别着炮声的方位，刚开过刀的左手插在军装里。何自新紧随其后，盯着身子有些摇晃的白求恩。马背上的颠簸让白的伤口隐隐作痛，他索性下马，右手抓住马鞍，顶着寒风，艰难地向山上爬去。经过一片树林时，何自新帮他砍了一根树枝，当作拐杖，白把左臂搭在何自新肩上，右手拄着拐杖艰难行进。当天晚上，他们赶到大坪地村宿营。当得悉八路军在安各庄附近伏击了400多日军，又准备再次伏击日军的增援部队时，白求恩格外兴奋，恨不得马上赶赴前线。他勉强吃了点晚餐，抓紧时间钻进睡袋休息，准备第二天赶路。

11月8日，白求恩一行冒着寒风走了70多里，到达银坊东面的王家台村。这里是一分区三团的卫生队，离银坊前线只有10里路。白求恩只觉得左臂腋窝处剧烈地疼痛，他头昏眼花，浑身战栗，几乎站不住了。三团卫生队赶紧安排他住下。

屋里生了火，何自新给白盖了两床被子，可他仍然觉得冷，不停地打着冷战。陈仕华给白量完体温，对着水银柱不禁惊叫："很高，三十九度六。"检查他的伤指，发现脓液增多。左臂肘关节下面发现转移性脓病，他的病情恶化了。一分区司令员杨成武闻讯赶来，望着昏睡中面容消瘦的白求恩，他几乎不能相信，就在十多天前，当他把缴获的日本军刀送给白求恩留作纪念时，白还兴奋地告诉他："我要拿回去告诉美国和加拿大民众，这是日本法西斯的侵略罪证。"如今，他已经病得起不来了。杨成武决定，尽快把白求恩送往花盆村后方医院,同时向聂司令员发出紧急报告。

白求恩躺在炕上,还在不停地打着寒战,当他神志清醒一点儿时,又嘱咐身边的同志说:"立即打电话通知部队,请他们把伤员直接送到王家台来,如果电话不通,立即派通讯员去。"

"第一批伤员送到时,立即手术。凡是头部和腹部受伤的,必须抬来给我看,就是我睡了,也要叫醒我。"说着,他又昏睡过去。一会儿,他醒了过来,不停地呕吐,左臂和头部开始剧烈疼痛,体温升到摄氏四十度。昏睡中,守候在身旁的人们仍然听着他断断续续发出的声音。

"快,快把头部、腹部的……一定要叫我……"陈仕华为他服用了解热剂、镇吐剂,这才平静了些。

11月9日,白求恩起床后感觉稍好一些,他要去手术室。守护他的医生告诉他,伤员昨晚送到后,立即安排了手术,现在差不多快做完了。但是他的左臂发生了转移性脓肿,必须尽快手术,把脓排出来,白同意了。手术后,护士帮他内服了非那西汀,让他又睡了几个小时。

当天上午,聂荣臻传来指令:"要不惜一切代价,把白求恩大夫送出作战区域,尽快转移到后方医院救治。"听闻白求恩病重的消息,三团卫生队的同志和村干部都来到白的住屋前,他们隔着玻璃向这位加拿大医生表达敬意。

下午,白求恩再次要求看望伤员。看他焦急的神态,两个护士只好搀扶着他走进病房。看着一步一挪的白大夫,伤员们心头涌起热浪:"白大夫,你……"

白亲昵地向伤员们打招呼,然后逐个检查他们的伤口,不停地安慰他们。白又来到手术室,看医生们做手术,不时给予指导。整个下午白都在指导医疗队的工作,任何人都没有办法劝他回房休息。终于,白求恩倒在了手术台前。大家想尽一切办法抢救,给他注射了强心剂、体内消毒剂,内服了清凉剂……医生们达成一致意见,绝不能让白求恩再继续工作了。

11月10日上午,一分区三团团长专程赶到王家台看望白求恩。"仗打得好吗?"刚刚有些清醒的白求恩问道。团长说:"我要向你报告好消息,摩天岭战役后,我军在涞源县的南部、东南部和日军发生大小战斗三十多次,日寇损兵折将,连连失利。特别是在涞源南部的上庄子,我们击毙了日军的阿部规秀中将,这可是抗战以来被中国人击毙的最高指挥官。"

听到八路军打胜仗的消息,白求恩两颊深陷的脸上,浮出一丝微笑,他说:"我希望能留下来,为战斗部队疗伤!"

三团长告诉他:"当前,有一路日军,正在从五亩地方向向王家台村袭来。聂司令员对你很关心,要我们尽快把你转移到后方医院救治,希望你跟我们一起行动。"

听说是聂的命令,白求恩不再争辩了。他用右手摸着肿胀的左臂,知道自己现在已经无法尽一个医生的职责了,他不愿意离开战斗岗位,但他更不愿意因为自己给部队再添麻烦。过了好大一阵,白用颤抖的声音说出一句话:"我服从聂将军的安排。"说完,两行热泪从眼眶涌出,他第一次因为不能工作而内疚地哭了。

天空飘起洁白的雪花,纷纷扬扬洒落在漫山遍野。白求恩躺在担架上,在医疗队的护送下默默行进。三团长走到担架旁和他告别,白紧紧握住三团长的手说:

"我十二万分忧虑的是前方流血的战士们,假使我还有一点支持的力量,我一定留在前方。"

"我们理解你,祝你早日康复,重返前线。"三团长深情地说。

白求恩的担架,在雪地里渐行渐远……

担架抬到唐县黄石口村,已是10日下午3点多钟。

一路上,白求恩寒战、颤抖,几次呕吐。大家不得不在黄石口村住下。

"没有生火吗?怎么这么冷……"

白求恩躺在暖炕上,身上盖着厚厚的毛毯。他感到很冷,牙齿发出"嘚嘚"的颤抖声,他的身体已经虚弱到极致。可恶的链球菌,已经侵入他的血液,他的淋巴……

傍晚,聂荣臻派来的林金亮医生赶到黄石口。当他走进白的住房时,白求恩脸上浮现出微笑。

"谢谢你们,这样冷的天气……""白大夫,我们马上回花盆村后方医院,那里条件比较好。"

"不必了,我是医生,我知道自己的病情……能用的办法,都用过了……"他摇摇头,断断续续地说。

房东邸俊星的妻子坚持把家里的母鸡杀了炖汤,这是农家照顾病人最好的补品。但汤刚喂进嘴里,白求恩就吐出来了。林医生见白求恩无法进食,给他输入了葡萄糖,注射了强心剂。

这一夜,大家紧紧地守在白求恩的身边,寸步不离。

11 月 11 日晨,白求恩醒来,神志清醒了很多。邸俊星妻子拿来一个橘红色的磨盘柿子,一勺勺喂到白的嘴里,又凉又甜的果肉让他有了些食欲。林金亮看了看白的左胳膊,已开始变色了。他和陈医生反复商量,建议给白求恩截肢。

白求恩摇摇头说:"不要治了,只要能挽救生命,我牺牲两只胳膊都愿意……可是……已不单是胳膊的问题了……我的血里有毒……败血症。"

空气仿佛凝固了,每个人都被一种莫名的感觉压抑着。半晌,才听到林医生说:

"治一治……也许……"

"林……你已经成为一名优秀的外科大夫了。我……因你而感到骄傲……如果有用……你来主持手术……但是谢谢你……"

"让我……安静一下……需要时,我……会叫你们的……"

白求恩挣扎着坐起来,取出纸张,从胸袋抽出自来水笔,右臂把纸压在膝盖上,费劲地给郎林写信:

亲爱的郎林:

昨天我从前线回来,我在那儿没有用处,因为我不能起床做手术。11 月 7 日,我离开冀中军区后方医院的驻地……当时我的手指中毒。虽然我们能清晰地听到枪炮声,但没法知道作战情况。夜深时到达大坪地,得悉 400 名日寇在安各庄全部被击溃,但另有 1000 名日寇增援上来进行报复。这时候,我们不知道各流动医疗队或者王大夫率领的医疗队在哪儿,便转向西方。11 月 8 日,我们在银坊以东 10 里左右的地方和三团取得联系。我整天打寒战。体温达摄氏三十九度六,烧得我不能起床。……我服用非那西汀、阿司匹林、托氏散、安替比林、咖啡因等剂,均无效……

现在我请你做几件事:

1.将这封信译出来交给叶部长,告诉他,我认为林大夫应该率领一个手术队,立即北上协助工作。到昨天为止,共有伤员300多名。村庄整天遭到轰炸。林大夫应该带助手一名、麻醉师一名、看护长一名、看护三名,组成手术队。叶部长及冀中医院带来的6袋棉花垫子和纱布,也要带来。

2.将此信抄录一份送给聂将军,请他批准。我为伤员们感到十分忧虑……假如我还有一点支持的力量,我一定回到前方去,可是我已经站不起来了。林大夫可以使用我那一套手术器械。他在前方工作后应该回到后方继续协助王大夫工作两星期。都明白了吗?今天我感觉稍好些。

我希望明天能看到你。

诺尔曼·白求恩

1939年11月11日

于唐县黄石口

这封信,段落零乱,字母歪斜,字迹模糊,每一段的最后几句话几乎无法辨认。在几张信纸上,都有笔尖划破的痕迹。

郎林后来读完这封信后失声痛哭,他不只是伤感,更是为白求恩的博大情怀所感动,在生命垂危的时刻,他还在惦记着战斗,惦记着伤员,惦记着未竟的事业。

白写完信,安静地躺在炕上休息片刻,接着,他抬抬手,示意何自新扶他坐起。他的目光停在打字机上,何习惯性地把打字机放在白求恩面前。白轻轻抚摸着……多么熟悉的键盘,在延安窑洞、在贺家川后方医院、在晋察冀乡村的炕桌上、在冀中的四公村……白求恩用它给毛泽东、聂荣臻写报告,给美国和加拿大的朋友写信,为模范医院和八路军卫生学校编写教材。今天他再也没有力量使用这架打字机了。他让何拿来几张信纸,用颤抖的手写下最后的遗言:

亲爱的聂司令员：

今天，我感觉非常不好——也许我会和你永别了！请你给蒂姆·巴克写一封信——地址是加拿大多伦多城威林顿街第十号门牌。用同样的内容给国际援华委员会和加拿大民主和平联盟会写信，告诉他们，我在这里十分快乐，我唯一的希望，就是能多做贡献。

也写信给白劳德，并寄上一把日本指挥刀和一把中国大砍刀，报告他我在这边工作的情况。这些信，可用中文写成，寄到那边去翻译。

最近两年，是我生平最愉快最有意义的时日，感觉遗憾的就是稍嫌闭塞，同时，这里的同志，对我的谈话还嫌不够……

他的右手颤抖，留在纸上的字迹，显得零乱不清。他继续写道：

"每年要买 250 磅奎宁和 300 磅铁剂，专为治疗患疟疾的病人和贫血病人用。"

"千万不要再到保定平津一带去购买药品，因为那边的价钱比沪港贵两倍。"

下午 4 点 20 分，他写下最后一句话：

"让我把千百倍的热忱送给你和其余千百万亲爱的同志！"

村里的人得知白求恩病危，自动聚集到院墙外面，倾听着，谁也不声张。

一个抬担架的战士，虔诚地对医生说："他曾经用自己的鲜血，救活过我的战友；今天，我愿意用自己的鲜血来救活他。"

"可是，他得的不是那种病，……"林金亮回答。

夜来临了，屋里燃起蜡烛。墙上映出一个巨大的身影。

"把我的箱子打开，拿出……书信……文件……日记……"他开始整理遗物，两把精致的日本军官的指挥刀，刀鞘上镂着花纹，刀柄发出闪光，这是齐会战斗中贺龙同志和前不久杨成武司令员送给他的战利品。

一把中国大砍刀，红缨鲜艳，银光闪耀，这是八路军和游击队常用的武器。见到它，就会想起那句歌词，"大刀向鬼子们的头上砍去，杀！"

白求恩原想把这些文物，连同一部关于八路军的影片，带给北美民众，可现在，这个愿望怕难以实现了。白求恩欠起身子，在大堆的文稿中艰难地翻阅着。但他没有精力读下去。

"请把这些文稿……寄给……美国共产党……报告他们……我在这里……工作的情况……"

黄昏,白求恩把写好的遗嘱交给潘凡,又解下手上的夜光表,作为最后的礼物送给他的第二个"化身"。

"请转告毛主席,感谢他和中国共产党给我的帮助。遗憾的是我不能亲眼看到中国人民的解放和新中国的诞生!"

"请转告聂司令员,建议他马上组织一支医疗队,接近火线,收容伤员。……战斗结束后,继续完成四分区的巡视工作……"

"……多么想继续……和你们……一起工作啊! ……你们还很年轻……"

在场的同志,心情十分难过。泪水挂在每个人的脸颊上。白求恩轻声安慰大家:

"不要难过……你们努力吧! ……沿着伟大的道路,勇往直前。"

他昏迷过去了。同志们进行紧急抢救,但无效……

1939 年 11 月 12 日凌晨,白求恩的呼吸明显微弱下去,直至停止。林金亮摸了摸他的脉搏,不禁哭出声来,潘凡看了一眼白求恩送给他的手表,时间定格在 5 点 20 分。

窗外夜色笼罩,北风怒吼。漫天大雪揽得周天寒彻,巍巍太行顿时银妆素裹。床头的烛光闪闪跳动,一滴滴烛泪滚落下来。⑧

注释:

① ［加大拿］拉瑞·汉纳特编著:《一个富有激情的政治活动家》,齐鲁书社,2005 年版,第 453 页。

② 同上,第 453 页。

③ 同上,第 457、459、461 页。

④ 章学新:《白求恩传略》,福建人民出版社,1984 年版,第 183 页。

⑤ 同上,第 184 页。

⑥ 同上,第 186 页。

⑦ 同①,第 448、450 页。

⑧ 同④,《最后的报告》章节。

第十三章 来自
世界的怀念

一、大有益于人民的人

噩耗传来,已经陪伴白求恩熬过两个不眠之夜的黄石口村民,把邸俊星家的小院围个水泄不通。医疗队的同志们在小屋前肃立,人群中不时传来阵阵哭泣……

一支准备设伏的八路军队伍路过黄石口村,他们被村口黑压压的人群惊呆了。"出了什么事?"一位战士跑过来问。"白求恩大夫去世了。"一位老者站起来哽咽着低声回答。

不一会儿,这支队伍停止了前进,两位八路军指挥员跟着老乡跑进小院。隔着不大的玻璃窗,看见在微弱的烛光下,白求恩静静地躺在炕上,瘦削的脸庞长满胡须,裹着纱布的左臂放在胸前,身上盖着厚厚的棉被,两人的泪水不禁夺眶而出。

他们对准备装殓的医疗队队员低声说:"白求恩大夫救过我们很多战士,我们永远不会忘记他。但是你们必须尽快把白求恩大夫转移出去,现在日军正在向黄石口村进发。"说罢跑回了队伍。

不一会儿,队伍中爆发出震天吼声:"打倒日本帝国主义,为白求恩大夫报仇。"战士们跑步疾进,消失在漫天风雪中……

医疗队决定把他的遗体转移到离黄石口村有两天路程的于家寨。狭窄的山路被白雪覆盖,有的地方结成厚厚的冰,医疗队队员和担架手抬着他的遗体在风雪中艰难跋涉,终于在 11 月 15 日到达于家寨。他们为白求恩清洗身体,穿好军装,安置在一个十分隐蔽的山洞里。11 月 17 日,晋察冀边区两千多军民,利用反"扫荡"战斗的间歇,为白求恩举行隆重的殡殓典礼。站在队伍最前面的是聂荣臻司令员,他被称为钢铁般的人物。他经历了太多的生死苦难,轻易不肯落泪。可当他凝视着白求恩憔悴消瘦的遗容时,仍然禁不住泪珠滚落……

参加悼念的医疗队队员说:"我们八路军将士的全部泪水,也表达不了对白求恩的哀悼。"很快又有人说:"就是晋察冀军民的泪水,全国人民的泪水,也不能表达我们对他永远的怀念。"

1939年12月1日下午,延安各界代表,聚集在中央大礼堂,沉痛悼念白求恩同志的逝世。

延安著名作曲家郑律成、词作者朱子奇是11月15日得知白求恩逝世消息的。朱子奇很快写出了《白求恩纪念歌》的歌词。郑律成虽然没有和白求恩直接接触过,但对他的国际主义精神和工作热忱早有耳闻。他和白求恩都是国际主义战士,虽然他的祖国朝鲜已经沦陷,但他同样坚信,祖国会有光复的明天。他读着滚烫的歌词,一曲悲壮激昂的旋律油然而生,他很快谱好了曲子。

沉静而肃穆的会场里,高悬着白求恩的画像,千百双泪眼模糊,注视着这位火一样热情的国际主义战士。《白求恩纪念歌》的歌声,从中央大礼堂奔腾而出,在清凉山的宝塔周围环绕,向着遥远的五台山徐徐扩散……

> 秋风吹着细雨,
>
> 延水奏着哀曲,
>
> 从遥远的五台山,
>
> 传来了悲痛的消息。
>
> 我们用无边的哀悼
>
> 来纪念您!
>
> 这里——
>
> 河边的石头,
>
> 山上的野草,
>
> 也在为您流泪。
>
> 但是,亲爱的白求恩大夫,
>
> 您静静地安息吧!
>
> 在您的后面,
>
> 全世界被压迫的兄弟,
>
> 已经站起来了,

我们将追随您的光辉，

高举新医学的旗帜，

向白求恩开辟的道路，

勇往直前！

......①

主席台上，毛泽东的挽词写着：

"学习白求恩同志的国际精神，学习他的牺牲精神、责任心与工作热忱。"

陕甘宁边区政府的挽联上写着：

"万里跋涉，树立国际和平，堪称共产党员模范；一腔热血，壮我抗战阵垒，应作医界北斗泰山。"

中国共产党中央委员会，向美国共产党和加拿大共产党及白求恩的亲属发出了唁电。唁电写道：

"加拿大共产党：白求恩同志不远万里来华参战，在晋察冀边区为八路军服务两年，其牺牲精神，其工作热忱，其责任心，均称模范。"

"白求恩同志的这种国际主义的精神，值得中国共产党全体党员学习，值得中华民国全国人民的尊敬。"②

吴玉章代表中共中央致哀悼词，号召大家学习白求恩的国际主义精神和牺牲精神。王稼祥和陈云也讲了话。他们指出，为了抗战的胜利，"我们要培养出几十个、几百个、几千个、几万个、几百万个白求恩来"。"国际悲歌歌一曲，狂飙为我从天落。"当雄壮的国际歌声在追悼会结束响起时，每个与会者的眼中再次噙满泪水。

延安的报纸，用头号大字，登载了白求恩逝世的沉痛消息。《八路军军政杂志》刊登了朱德的悼念文章。

朱德总司令写道："白求恩同志是一个医生，他重视自己的工作。他是加拿大三大名医之一，但他没有丝毫名医的架子。他有最大的工作热忱。他在八路军服务的两年之中，整日不停地诊断和施手术，两年如一日，经常忘掉休息，忘掉用餐。他有最高的责任心，他对每一个伤病员，都是慎重耐心地治疗，没有丝毫草率。他有最谦和的友谊态度，尽管他的工

305

作那样的辛苦、繁重,但他不忘时常给伤病员以慰问和鼓励。"

"白求恩同志是一个革命战士。他以无比的献身的热忱,投身于争取中华民族解放的伟大事业。他在工作中,完全忘掉自己,他能在最艰苦困难的环境之中,安之若素,感到最大的快乐;他曾不止一次把自己的鲜血输送给重伤的战士。他有最大的勇敢和牺牲精神。他创造了前线流动医疗队,在炮火之下迅速为伤员施手术,因而救活了无数重伤垂危的干部。他的前线手术室曾两度为敌人的焰火所毁,但他毫不畏惧。"

"白求恩同志是一个国际主义战士。他是一个加拿大人,是被加拿大共产党派遣来华参加抗战的第一人。他甘心抛弃自己过去远较舒适的生活,到华北敌后最艰苦困难的环境中来。他把争取中华民族解放的伟大事业,当作自己的事业,最后,把自己的生命献给了这个事业。"

"白求恩同志是一个共产党员。正因为他有着布尔什维克的最伟大的友爱、同情与最坚决的斗争勇气,所以才能造成他的崇高无上的革命道德。他是牺牲了,但他的行迹将永垂不朽。他不但将永为中华民族所钦敬与景仰,而且将为全世界无产阶级和一切进步人士所景仰。"③

1939 年 12 月 21 日,毛泽东发表了《学习白求恩》一文,对白求恩做了高度评价:"一个外国人,毫无利己的动机,把中国人民的解放事业当作他自己的事业,这是什么精神?这是国际主义的精神,这是共产主义的精神,每一个中国共产党党员都要学习这种精神。"

"白求恩同志毫不利己专门利人的精神,表现在他对工作的极端的负责任,对同志对人民的极端的热忱。每个共产党党员都要学习他。"

"我们大家要学习他毫无自私之心的精神。从这点出发,就可以变为大有利于人民的人。一个人能力有大小,但只要有这点精神,就是一个高尚的人,一个纯粹的人,一个有道德的人,一个脱离了低级趣味的人,一个有益于人民的人。"后来,毛泽东在审阅他的选集时,又对这篇文章做了认真修改,并改名为《纪念白求恩》。

1940 年 1 月 5 日,白求恩的遗体被迁至军城,那里为他临时修建了一座亭子。前来悼念的军民有一万多人。聂荣臻也赶来参加他的葬礼,并在灵前宣读祭文。在追悼大会上,聂郑重宣布:晋察冀军区卫生学校易名为白求恩学校,其附属医院易名为白求恩医院。白求恩学校即后来的白求恩医科大学和解放军白求恩医务士官学校,白求恩医院即今天的解放军白求恩国际和平医院。

为了永久纪念白求恩,晋察冀军区决定在唐县为他修建一座陵墓。当地村民每天夜里都要穿过日军封锁线,到曲阳县的采石场运回大理石,他们用一斤麦子换回一斤水泥的价格,终于在唐县军城南关修建了一座坚固的白求恩陵墓。

1940 年 6 月 21 日,白求恩陵墓落成,他的遗体被迁至这里。墓前是一座白求恩立像,墓座上有一个象征国际主义的地球模型。墓碑东侧有中共中央的题词:"白求恩的国际主义精神值得中国共产党全体党员学习,值得中华民国全体国民尊敬。"南侧有聂荣臻的题词:"大众的科学家和政治家。"当年 9 月,日军发起对军城地区的扫荡,当地军民再次把他的遗体藏在山里。日军把白求恩的墓地当作靶场,并在离开前将它炸毁。聂荣臻闻讯后怒不可遏,他攥紧拳头发誓:"在这种无耻的亵渎行为没有受到惩罚之前,我绝不回到那里。"

在河北石家庄,又一座为白求恩修建的陵墓在他逝世 13 年后竣工。1952 年春天,他的灵柩从唐县移至华北军区烈士陵园。在陵园西南侧一个圆形灵台上坐落着白求恩墓,这是陵园中最大的一座。墓前用中英文刻着他的名字和生卒年月,墓前汉白玉基座上矗立着白求恩的雕像。从那时起到现在,他的墓前总能见到鲜红的玫瑰和精致的纸花,瞻仰他的人们知道,这里是与白求恩最近的地方。

1952 年 5 月,与白求恩相知甚深,并和他共同经历西班牙战争的泰德·阿兰,以及另一个朋友塞德奈·戈登合著的《手术刀就是武器》一书的中文版在中国出版发行。后来的中华人民共和国名誉主席,抗战时期保卫中国同盟主席宋庆龄为此书写了序言。她曾和白求恩在香港会面,并一直关注白求恩的活动,她对白求恩的去世十分悲痛。在序言中,她这样评价白求恩:"任何时代的英雄都是这样一种人:他们以惊人的忠诚、决心、勇气和技能完成了那个时代放在人人面前的重要任务……诺尔曼·白求恩就是这样一位英雄。他曾在三个国家生活、工作和斗争……在一种特殊意义上,他属于这三个国家的人民。在更广泛的意义上,他属于和对国家对人民的压迫进行斗争的一切人。"④

在中国,白求恩并没有因为"文化大革命"而褪色。冷静下来的中国人面对经济飞速发展、许多人信仰缺失、道德滑坡的现实开始反思人生的意义,他们更加怀念这位无私利人的加拿大英雄。1979年6月,邓小平开始推动向白求恩学习的活动,他的务实题词是:"做白求恩式的革命者,做白求恩式的科学家。"他希望每一个中国人都能成为有理想、有本领的公民。1989年11月,中国的另一位领导人李瑞环在纪念白求恩逝世50周年大会上讲道:"白求恩精神已在中国人民中间形成一种风范、一种楷模、一种准则、一种传统。"他号召全国人民,特别是各级党政官员要以白求恩为榜样,为推动社会风气根本好转而率先垂范。

与此同时,延续了半个世纪的建立白求恩纪念馆和纪念地的活动也延伸到所有白求恩战斗和生活的地方。在武汉市八路军办事处纪念馆、武汉市第五医院白求恩纪念馆、鲁茨纪念馆,有关白求恩的活动遗址和珍贵历史照片向公众开放;在石家庄解放军白求恩国际和平医院、解放军白求恩医务士官学校、华北烈士陵园纪念馆,白求恩的爱马仕打印机、一些手术器械、个人生活用品、工作照片和线条画等,都陈列在玻璃柜中供人们参观;在中国摄影博物馆,白求恩用过的照相机被珍藏;在四川江津聂荣臻纪念馆,白送给他的睡袋和与他众多的历史照片吸引着远道而来的游人;在陕西的延安、神木,在山西的岚县、五台县、灵丘、左权,在河北的平山、唐县、阜平、曲阳、涞源、河间,甚至在远离他工作和生活过的北京、上海、广州、重庆、吉林、桂林等地,都可以看到白的雕像、语录和有关他生平的书籍和图片展览。每年的清明节、护士节和白求恩纪念日,都会看到一排排军人、一队队医务工作者、大批老战士和青少年来到他的墓碑和纪念地前,追思这位国际主义英雄。每当这个时候,人们自然而然会想起他在松岩口模范医院成立大会上的演讲:

"在那些牺牲战士的墓碑前,让我们说,我们一定会牢记你们的牺牲,并为我们的目标永往直前。那样,我们就可以确信,即使我们不能活到胜利的那一天,那些后来人将有一天聚集在这里,像今天一样,不只是来庆祝模范医院的成立,而是来庆祝新中国的成立。"

1991 年,中国卫生部发布第 14 号部长令,决定在卫生行业开展"白求恩奖章"评选表彰活动,迄今为止,已有 49 名医务工作者获此殊荣。1997 年 6 月,前卫生部部长钱信忠和解放军总后勤部前副部长刘明璞将军发起成立了中国白求恩精神研究会。从那时起到现在,一大批矢志弘扬白求恩精神的老同志和青年志愿者组织开展了一系列纪念活动和公益慈善活动,使白求恩精神在大江南北落地生根,在青少年一代薪火相传。2009 年,在中国中央人民广播电台评选 60 名为新中国成立做出突出贡献的外国友人活动中,白求恩名列前茅。在评选"中国缘·十大国际友人"活动中,白求恩以第一名当选。

中国人民深知,他是国际社会支援中国抗战的先驱者,是最早投身中国战场的国际友人之一。他是敌后战场救死扶伤的组织者,是战地医学的创新者。他是推进八路军卫生工作正规化、现代化的开拓者,为我们留下了一支永远带不走的医疗队。如今,他的医疗社会化的理念已经在中国变为现实,他的伟大精神,已经融入中国人民的伟大事业,融入到七百万医务工作者的职业理想和医德医风准则之中。

二、来自大洋彼岸的纪念

白求恩的去世在加拿大和美国同样引起反响。1939 年 11 月 26 日,八路军总司令朱德给纽约的美国援华会发去电报:"诺尔曼·白求恩医生由于在手术中不慎划破手指,引发败血症,不幸逝世于中国五台山。全体八路军将士将深切悼念这位英雄,并向他的家人和朋友们表示真挚的慰问。"美国和加拿大的主要报纸都简要发布了这条消息。

1939 年 12 月 20 日,加拿大共产党的同志和白求恩医院的同事,亲朋好友在蒙特利尔温莎酒店为他举行了悼念活动,追思他在加拿大、西班牙和中国做出的杰出贡献。两年前的 1937 年 6 月 17 日,白求恩就住在这个酒店,并在这座城市的竞技场向 8000 名听众发表演讲。追思活动中还举行了募捐活动,这笔款项后来寄给了晋察冀军区卫生学校。

白求恩的战友们还在几家共产党的刊物和医学杂志上发表了纪念文章。在麦吉尔大学的医学杂志上写道：

　　"白求恩的逝世，使加拿大失去了一位卓越的外科大夫，更大的损失是失去了一个充满活力的有独特性格的人：他做事彻底，对于科学研究工作和对于社会的观察，都能掌握事物的根本问题。他对于当前我们医药卫生事业的落后状态和缺乏组织，看得非常清楚。他渴望把我们的卫生事业改变成为为公民们服务的社会化的自觉组织，致力于保护和促进人民的健康，限制私人营利。白求恩告诫他的同事们，在社会化医疗小组做的工作是有榜样的，这就是他在西班牙和中国做出的事业。……我们为他的友谊感到骄傲，并将继续把他看成是这个国体中的精神领袖。"

　　另一位战友费西尔写道：

　　"真正的领导才能只赋予极少数人。白求恩名副其实地具有这种才能，是一个合格的领导人才。在各式各样的生活道路中，同事们谁也不犹豫地把他看成一个先驱者。他的多才多能引导他走上另外一种事业的道路，而平凡的人说他不务正业，白求恩稀有的才能驱使他接受异乎寻常的事业，……他是一个卓越的发明家，又是一个热爱自由的思想家。"

　　麦吉尔大学专门集会，向学生介绍白求恩的事迹。加拿大工人协会提出了为白求恩建立纪念碑的提案，决议中说：

　　"……一个伟大的加拿大人，为了人类自由给予无限的帮助并付出宝贵的生命。"

　　相对这些简单报道和小型纪念活动，大多数加拿大人对他的去世一无所知，后来白求恩的名字甚至在一段时间里销声匿迹。一个重要原因是他的共产党党员身份，很多人认为，加共不过是苏共的爪牙。1939年8月，斯大林与希特勒签署《苏德互不侵犯条约》，参与和希特勒瓜分波兰的战争，坐视德军横扫西欧，这使加共成为人们眼中的纳粹和苏联的支持者。1940年6月，加拿大政府通过议会宣布，加共为非法组织。20世纪60年代，美国继续对华冷战，并企图在外交上左右加拿大对华政策。冲破这一束缚的是时年49岁的加拿大总理特鲁多。

　　特鲁多对中国的了解可追溯到新中国诞生前后，当中共百万雄师过大江,解放南京时,他作为一个大学生正在中国旅行。1962 年,已经成为教授的特鲁多又来到中国,经过两个月的观察,他发现某些西方媒体对中国的描述与现实有很大差异。1968 年 4 月,特鲁多出任加拿大总理,一个月内,他 6 次谈到要改变对华政策。他认为,不与世界上人口最多的国家建立正常的外交关系,是不符合加拿大国家利益的。在回答《环球邮报》记者提问时他说道:"加拿大要摆脱美国的控制。在对华关系上,加拿大已经等了美国 15 个年头了,我要干一些美国人不同意的,同时也不喜欢的事情。就算是老虎尾巴,我也要捏它一下。"1970 年 10 月,加拿大成为与中国建立外交关系最早的西方大国之一。

特鲁多敏锐意识到,能让加中走到一起的历史人物是白求恩。加拿大人应该跳出冷战思维和意识形态藩篱,给白求恩一定的历史地位。1969 年冬天,加拿大外交官在斯德哥尔摩宴请中方谈判代表,并在餐后放映了电影纪录片《白求恩》。白求恩的评价问题被加拿大历史遗迹委员会反复讨论,几经周折。1972 年 8 月 17 日,这个委员会同意在白求恩的出生地举行一个仪式,正式确认白求恩是一位对加拿大有着"重要历史意义"的人物。对白求恩的支持者而言,这个荣誉当之无愧,尽管来得太迟了。而另一些人却认为,给一个共产党党员和毛泽东主义者树碑立传有违加拿大人的价值观。但是这场激烈的讨论并没有阻挡越来越多的中国商贸代表团和普通旅行者访加时,参观白求恩故居的热情。他们都想看一看白求恩出生的房子。正如后来他的故居简介中说道:"白求恩故居作为这位名人的出生地,对中国人具有不同寻常的文化意义。"

1973 年 9 月,特鲁多总理访问中国不久,加拿大政府与教会协商决定,由政府买下这栋房子,经过 3 年的翻修,搜集、复制、陈列相关物品,白求恩故居于 1976 年 8 月 30 日开始向公众开放。每年都要接待数万名来自加拿大、中国、西班牙等世界各国的参观者。

自中加建交以来,渥太华的总督府成为中加两国领导人密切交流的舞台,白求恩则是一个恒久的话题。几乎每次会见都是以白求恩开始,并以白求恩作为结束语。2005 年 9 月 9 日,前国家主席胡锦涛访问加拿大,华裔总督伍冰枝在总督府举行盛大欢迎仪式。胡锦涛和夫人乘敞篷马车抵达,在检阅仪仗队后,胡锦涛动情地讲道:"今年是世界反法西斯战争胜利60周年,我们不禁想起不远万里援华抗战的白求恩大夫,他在中国战场救死扶伤的事迹感人肺腑,他的名字在中国家喻户晓。"2010年6月26日,胡锦涛再次踏上加拿大国土,继任总督米夏埃尔以同样的方式迎接中国元首。胡锦涛又一次讲道:"从19世纪中叶,中国人就来到加拿大,参与了加拿大的开发与建设。二战时期,加拿大人民的优秀儿子白求恩万里援华,支持抗战,并献出了宝贵的生命,白求恩是中加友谊的永远象征。"两位总督都对中国人民给予白求恩的崇高礼遇衷心感谢,并向中国客人赠送了加拿大学者研究白求恩的著作和相关史料。

伍冰枝总督是第一个入驻总督府的华裔加拿大人。她对白求恩的关注可追溯到多伦多大学的学生时期,她看过加拿大国家电影局制作的《白求恩在中国》纪录片之后,就打算写一本白求恩的传记,这个传记在她卸任后得以实现。2009年,时任中国卫生部部长的陈竺访问加拿大,获悉由她撰写的《诺尔曼·白求恩》一书已经出版,萌生了在中国翻译出版此书的想法。在卫生部国际合作司任明辉等人的努力下,这本书于2012年在中国出版。

在写作过程中,她多次到北京、西安、石家庄等白求恩生活战斗过的地方走访,查阅了大量史料。她认同毛泽东对白求恩的评价,认为中国领袖人物赞扬白求恩不仅出于友谊,更是对他在反法西斯战争和推进人类进步事业中重大作用的肯定。她甚至认为,70多年来,有两个历史事件影响了加拿大,一个是以白求恩为代表的加拿大医生的援华抗战,另一个是以克利夫·查德顿上校为代表的麦肯齐—帕皮诺营。这支以退伍军人和志愿者组成的队伍,从1936年开始支持西班牙的反法西斯战争,一直到1945年法西斯国家联盟被打败。而白求恩则是先后战斗在西方战场和东方战场的少数几个加拿大人。2008年8月,加国政府为白求恩在他的故乡竖立了铜像,伍冰枝在揭幕仪式上对白求恩和他的伟大精神给予高度评价:"他的名字和事迹不仅为加拿大所了解,而且超出了国界,具有世界性的意义。白求恩所代表的国际主义精神,体现了一种宇宙般的宽阔胸怀,这种胸怀已为世人所公认。"针对加拿大一些政要和学者对白求恩的偏见与误解,她在盛赞白求恩历史功绩的同时,提醒加拿大人"白求恩是一个需要被今天的人们重新认识的历史人物"。作为总督,她的讲话反映了官方对白求恩的立场,为客观、公正、深入地研究白求恩起到积极推动作用。就在2014年5月30日,伍冰枝出席了由多伦多大学医学院"张国斌–牛根生–白求恩基金"出资修建的白求恩铜像揭幕仪式,以纪念毕业于该学院的白求恩,缅怀他对医疗事业的贡献及其国际主义精神。

现任总督戴维·约翰斯顿曾是加拿大著名的法学家、教育家,受聘过多所大学的校长。在担任麦吉尔大学校长期间,因为白求恩曾在该校医学院工作过。他一直致力于开展纪念白求恩的活动。1981年,他重启麦吉尔大学和北京协和医院的"白求恩医学交流机制",使双方的学术交流和人才培训迈上更高层次。他说:"白求恩是中加关系的纽带,他的一个重大贡献是实现了西方医学与中国医学的'联姻',这种'联姻'就是交流,至今仍然造福着两国人民。"在担任滑铁卢大学校长期间,他与南京大学建立了加拿大–中国学院,致力于北极环境、气候变化和西北航道的研究,并取得瞩目成就。2013年10月18日,他应中国领导人习近平之邀访问中国,他对习近平说:"我对中国有着历久弥新的感情,中国人民对白求恩的尊敬一直在感动我。30多年来我10多次来华访问。我看到中国每天都在变,不变的是中国人民对加拿大的热情。我有5个女儿,其中4个在北京、南京、上海、杭州留学,我希望有更多更好的加拿大青年能够理解和欣赏中国古老的文明,也欢迎更多的中国青年来加拿大学习和工作,我希望到2015年,双方的留学人数能够突破十万人。"

两位总督对白求恩的高度评价和为中加友谊的卓越贡献使我们相信,在白求恩精神的召唤下,中加两国一定会涌现出更多高尚的人、有道德的人、有益于世界人民的人,从而使我们的星球变得更加美好。

中加建交后,历任驻华大使无一例外参加中方举办的所有纪念白求恩的活动。其中马大维大使和赵朴大使每次质朴的讲话都给听众留下深刻印象。

中加建交45年来,白求恩不但得到官方认同,而且受到越来越多的加拿大人的尊敬和怀念。他的雕像出现在蒙特利尔、多伦多、格雷文赫斯特等城镇的广场和许多大学，他的名字被一些新的学院、中学命名。1971年，多伦多市的约克大学创办了第七所学院。校方提出 10 个候选名字，结果绝大多数学生投票赞同用白求恩的名字来命名。1974 年 1 月，该院举行了命名典礼。白求恩的形象还出现在电影、电视和邮票上，加拿大医学界给予他很多荣誉，1998 年，白求恩入选"加拿大医学名人堂"；2004年，在加拿大，CBC 广播公司评选的最伟大的 100 名加拿大人中，他名列第 26 位。各种纪念白求恩的学术组织如加拿大外科协会的"白求恩圆桌会议"、蒙特利尔的奥宾基金会、渥太华的"白求恩纪念协会"、麦吉尔大学的"白求恩纪念委员会"、格雷文赫斯特的"白求恩朋友会"等纷纷成立并组织开展各种纪念活动。

1979 年，是白求恩逝世 40 周年，在加拿大多伦多约克大学白求恩学院有上百名教授和学生举行了纪念活动，18 位演讲者讨论了有关白求恩的各种问题。在加拿大许多地方，也都举行了纪念活动。在中国举行的纪念活动中，来自加拿大、美国、印度、新西兰的国际友人纷纷撰文，纪念这位伟大的国际主义战士。

《手术刀就是武器》的作者泰德·阿兰认为："白求恩如果今日还在，一定会经常提醒中国朋友，千万别忘记了他们为之苦斗、为之舍身赴义的新世界……他将活在世人的永怀之中，不仅因为他是为大众服务而献身的伟大英雄，而且还因为他是无所畏惧探索真理的勇士。"

曾担任白求恩在西班牙前线联络官的亨利·索伦森写道："纵观白求恩的一生，似乎是为了他最后的一举而进行着长期的准备工作——为了中国的解放。在他的心目中有一种对未来世界的憧憬：人类都是兄弟，剥削制度和自私暴力必须唾弃，他愿意为其奉献生命。"

加拿大历史学家、多伦多大学研究白求恩的专家斯图尔特评论道："白求恩辉煌的业绩要远远超过他小节方面的缺点。如今，诺尔曼·白求恩的精神，长存在天地间的两处，他活在他故乡加拿大人民的心中，也活在他的第二故乡中国人民的心中。"

白求恩的同事，《白求恩在蒙特利尔》一书作者麦克劳德这样写道：

"正当白求恩有资格就任一项会使他扬名于世的要职的时候,中国战局恶化了……从西班牙回来后,如果他愿意从事胸腔外科,我确知至少有两位身居要职的美国外科医生愿意推荐他聘任优越的职位。但是他拒绝了,在中国人民最需要他运用他卓越的才智来为他们服务的时刻,他选择了与中国人民并肩战斗的道路。"

"他是加拿大山野中的一株玫瑰,在他热情献身中国反法西斯战争这个对他一生最伟大、最崇高、最有意义的事业的同时,在延安精神的照耀下,这朵加拿大的奇葩得以勃然盛开。"

最早向加拿大民众讲述白求恩在中国故事的加拿大麦吉尔大学华裔教授林达光认为:"白求恩精神是科学真谛与革命真谛相结合的精神","白求恩被延安时代的中国推为伟大,不仅因为他的革命精神,还在于他的科学威力,他留给中国的不仅有博大的心灵,还有精严的双手"。"如果没有一种服务他人的理想,科学和技术往往流为鄙俗,及至沦为社会的公害"。

印度援华医疗队巴苏医生在纪念活动中回忆说:"1939 年 2 月底,我们到达山西八路军总部,参加了白求恩追悼大会。朱德将军的悼词沉痛哀切,感人肺腑。后来,我们的足迹踏遍了冀中平原的抗日根据地。柯棣华继任以白求恩命名的国际和平医院第一任院长,然而,正当盛年的他后来也牺牲了。中国人民、印度人民和全世界进步人民将永远怀念白求恩大夫和柯棣华大夫。"

新西兰作家路易·艾黎与白求恩同为中国人民的伟大朋友,他写道:"白求恩这位加拿大伟人磊落忠诚的精神,恰似一盏明灯临照世界。在他离开我们 40 周年之际,中国人民再一次向这位在中华民族危难之际与之融为一体的人物表达敬意与爱忧,这让我们看到,中国的青年后继者正在以白求恩为榜样,为人类的美好前景而奋斗。"

1936 年来到延安保安参加中国革命,后任新中国卫生部顾问的马海德在纪念文章中写道:"白求恩是许多援华抗战国际医务人员的先驱者。他的事迹在中国尽人皆知。今天,我和我们的医疗队每到一地,人们都认为我是白求恩的同国人,虽然我一再说明我不是加拿大人,但总是徒费唇舌。我只好不胜感激地接受加在我身上的这一殊荣。"⑤

"正像朱德同志在 1939 年悼念白求恩大夫时所说的：不仅是整个中华民族将怀着尊敬的心情来纪念他，而且有朝一日全世界的进步人民也都会来纪念他的。我欣慰地看到这一天终于来到了。""白求恩的国际主义，献身精神，讲究实效、精益求精的精神当然不以医学界为限，也是没有国界的。"

1990 年，中加两国为纪念白求恩 100 周年诞辰发行的两枚邮票现在陈放在加拿大渥太华的文明博物馆，使参观者不禁想起二战时期奔走在东西方两个反法西斯战场上的加拿大英雄。引人注目的还有一枚白求恩金币，这是 2011 年 6 月 17 日，由渥太华造币厂为纪念白求恩发明世界上第一辆战地流动输血车 75 周年铸造的。金币下面是白求恩挂着听诊器的半身像，旁边有战地流动输血车，背面是英国女王伊丽莎白二世头像，全球发行 5000 枚，面值 5 加元（人民币 33 元），市场售价 319.95 加元（人民币 2113 元），只可惜时过境迁，我们无缘收集。在渥太华国家档案馆还珍藏着许多有关白求恩的史料，在这里，经常会遇到说着法语、英语和中文的学者在认真检索研读，我们熟悉的加拿大学者罗德里克·斯图尔特、拉瑞·汉纳特、温德尔·麦克劳德、那士荣等，都曾在这里深耕史料，并在白求恩研究方面取得硕果。

记得 2012 年 7 月 12 日，我们与《不死鸟——诺尔曼·白求恩的一生》的作者斯图尔特先生相聚在白求恩故乡马斯科卡湖畔的那天晚上，他坦率地告诉我们："我了解白求恩在中国人心中的崇高地位，因此我担心中国人是否会接受在本书中描写的白求恩。"他说："我们既不要创造一个英雄，也不要毁灭一个英雄，我只是把他当作一个最有魅力的人去讲述他的故事。"他特别讲道："白求恩是一个勇敢者，从一开始，他就不计后果地承认自己的信仰是共产主义（当时共产党在加拿大是非法的），他其实是在放弃对上帝的信仰之后，选择了共产主义作为信仰的。""现在，许多人只看到他的一面，中国人认为他是一个完美的英雄，而有些加拿大人，则仅仅因为他是共产党人就对他关上大门。事实上，他的生命低潮期是从西班牙回到加拿大，他找不到工作，又不愿意去美国。中国是他唯一的出路,正是在中国,白求恩书写了一生中最完美的篇章。"他希望中国读者能够接受一个有缺点、弱点,比如坏脾气、无法与人合作、有时酗酒的白求恩。

我们告诉他:"世界上哪个英雄堪称完美呢?白求恩有一些中国人不了解的过去,不太熟悉的缺点、弱点,这很正常。正像一棵参天大树,即使有一些曲干枯枝,但它仍然是一棵大树;也可以把他比作一块璞玉,尽管有一些杂质,但他仍然是一块美玉。"

在加拿大,大山的故事同样令人感动。一般中国民众,对作为笑星的大山非常熟悉,但对作为学者和社会活动家的大山,特别是作为和白求恩有历史渊源家庭一员的大山缺乏了解。

大山的加拿大名字是马克·亨利·罗斯韦尔。1965 年 5 月 23 日出生于渥太华,18 岁之前一直在这里学习生活。他在多伦多大学学习期间,对中国文化产生了浓厚兴趣,1988 年来到北京大学中文系学习。他从父亲那里得知,他的祖父在 20 世纪 20 年代曾带着 3 个孩子在中国教会医院工作,并和同白求恩共赴晋察冀的理查德·布朗医生是同事。2001 年,在《商丘晚报》女记者秋影帮助下,终于在河南商丘第一人民医院(当时称圣保罗医院)找到了他祖父曾经住过的小楼和一家人的照片。后来,大山陪同父母"寻根"来到商丘,父亲指着照片告诉他:"这是你的爷爷、奶奶、两个伯父和大姑姑的合影,这和家中收藏的照片是同一张底版,只可惜连我都不曾见过两个哥哥。"

相关史料证实,大山的祖父 1923 年来到河南商丘圣保罗医院,他既是一位出色的外科医生,也是一个虔诚的基督徒,被当地民众亲切称为饶医生。抗战爆发后,圣保罗医院的许多传教士医生十分同情中国人民的遭遇,想方设法为中国抗战做一些事情。1938 年 2 月,该院眼科医生理查德·布朗到武汉办事,见到了刚从香港飞抵武汉的白求恩和琼·尤恩,得知他们要去帮助坚持敌后抗战的八路军,当即表示愿意前往。后来,他在晋察冀和白求恩工作了 3 个月,做了 365 例手术。当他返回医院时,得知已被除名,因为他"被打上了共产党的印记"。大山在商丘不但实现了问祖寻根的梦想,也了解到加拿大有很多像白求恩、布朗、尤恩这样的医生为中国无私奉献，后来，他专门来到石家庄解放军白求恩国际和平医院，参观了白求恩纪念馆，产生了研究和宣传白求恩的兴趣。2006 年 6 月，上海话剧艺术中心把斯诺的《西行漫记》《红星照耀中国》搬上话剧舞台，大山出演斯诺，其传神的演技得到观众好评。这些年，他在渥太华和北京两地多次主持中加两国元首和政府领导人参加的纪念活动，出于工作需要和研究兴趣，他对白求恩有了更具体、更深入地了解。他期望有一天能够在舞台上、银屏上出演白求恩的角色。

在加拿大，有一群热心研究白求恩，宣传白求恩的学者。加拿大滑铁卢大学的罗莎琳教授，对白求恩坚守信仰、矢志献身的伟大精神十分景仰，几十个寒暑都在向学生们讲述白求恩的故事。每当蒙特利尔、多伦多、魁北克城等地举办纪念白求恩的活动，她都会在白求恩雕像前献上第一枝圣洁的百合花，她的后面跟随着一长串队伍，几乎都是她的学生。加拿大作家米雪，1968 年就读于麦吉尔大学，她第一次听到该校东亚研究中心林达光教授讲述白求恩的故事。从那时起到现在，她尝试着从不同角度去研究作为社会活动家、战地医生、人道主义者、艺术家、科学家的白求恩，取得了令人瞩目的学术成果。在加拿大，还有一批中国移民中的学者在积极从事研究和宣传白求恩的工作，滑铁卢大学孔子学院院长李彦，温哥华私人医生、加拿大白求恩协会副会长谷世安等，多年来努力推进中加两国合作，促成了一系列有重大影响的纪念活动、学术活动和公益活动，吸引了越来越多的加拿大、西班牙、中国等各国朋友投身到这一崇高事业中。2014 年 10 月在中国石家庄举办的"纪念白求恩逝世 75 周年暨中加国际论坛"，就是谷世安先生与中国白求恩精神研究会合力促成的。将于 2015 年 8 月在中国举行的"沿着白求恩足迹"大型系列活动，同样是李彦女士与中国华夏文化遗产基金会、中国白求恩精神研究会、中国出版集团公司通力合作的结果。

三、最具世界影响力的加拿大人

西班牙没有忘记曾经给予他们无私帮助的以白求恩为代表的加拿大

人。1995 年 11 月 28 日,西班牙国会一致同意授予所有参加反法西斯国际纵队的退伍军人西班牙公民身份,而当时西班牙授予白求恩的军衔是少校。2004 年 5 月,西班牙马拉加市的一条街道以白求恩的名字命名。2005 年,西班牙阿尔梅特红十字会技术培训中心以白求恩的名字命名。2006 年 2 月 7 日,在 3000 多名市民的签名请愿下,马拉加市政府将海滨的一条道路冠名为"加拿大人之路"。道路旁的铜质铭牌上写着:"加拿大大道",以纪念白求恩等一些加拿大人对马拉加难民的帮助。一位名叫赫苏斯·麦哈德的西班牙教师偶然发现白求恩当年在"马拉加-阿尔梅里亚逃亡之路"上拍下的震撼人心的照片,他深深为之感动,决心为这位人道主义者著书立传。几度寒暑,数易其稿,终于在 2006 年完成了《白求恩在西班牙》一书,同时出版的还有《白求恩:悲天悯人的轨迹》的历史画册,不但唤起了人们对这位英雄的追思,也在中国、加拿大、西班牙和世界各国产生很大影响。它使人相信:"在西班牙内战期间,许多国际主义战士为西班牙民主的战斗献出了宝贵的生命。但在活着的外国人中,只有极少数能像白求恩那样为反抗法西斯做出这么大的贡献。"⑥

在更年轻的一代中,白求恩的事迹被重新传颂,在马拉加市的小学里,孩子们通过举办的展览认识了这位加拿大英雄。作为纪念活动的延伸,他们还与中国和加拿大的孩子们一同参与到一个绘画交流活动中。我们在 2012 年 7 月 12 日,出席加拿大白求恩纪念馆新馆落成典礼时,看到孩子们的绘画作品挂在纪念馆周边的木栅栏上。白求恩当年播下的联结三国人民的友谊种子,已经绽放出鲜艳的花朵。

白求恩不但在中国、加拿大和西班牙具有非凡的影响力,在美国特别是美国医界也有很高的声望。

如今每一个志愿来中国服务的美国人,都希望被冠以"白求恩式的美国人"的称号。阳早 1945 年来华,其夫人寒春是美国著名物理学家,参加过曼哈顿工程。1949 年,他们在延安窑洞结婚,是在《团结就是力量》的歌声中举行婚礼的。阳早、寒春是中国革命的见证者,是真正高尚和纯粹的人。他们以毕生精力向世界宣传中国。寒春 2010 年 6 月 8 日以 89 岁高龄去世,她的挽联同丈夫一样:"中国人民的好朋友,白求恩式的国际主义战士。"⑦

美国人大卫被称为"纺织车间里的白求恩"。他 1981 年离开波士顿,舍弃 10 万美元的年薪来到中国,到 2014 年已在中国工作了 33 年。大卫专门研究中国纺织工人接触棉尘与慢性肺功能下降的关系,他对上海国棉一厂、二厂、丝绸厂 447 名棉纺工人和 472 名丝绸工人棉尘污染情况(包括退休后)进行长达 31 年的专题调研,还对中国 20 多个城市,几百家纺织厂进行不间断跟踪调研,经过对大量数据的统计分析,得出车间棉尘最高容许浓度的科学数值,现在这一成果已被国家卫生计生委确定为新的卫生标准。他也为自己能像白求恩一样获得中国人民的认可而自豪。⑧

加利福尼亚大学医学院狄家诺教授被新闻界称为美国版的白求恩。2008 年,他建立了美中心脏健康检查中心,为云南群众免费检查治疗高血压,他的团队还对一万名儿童进行健康体检,发现 200 多名先心病患儿,到 2013 年,他自筹经费,先后把 103 名儿童送到有关医院完成了手术。狄家诺教授和早年投身中国革命的美国医生马海德一样,不但在中国扎根,而且在中国收获了爱情,他和中国姑娘陈珊珊因慈善事业走到一起的故事成为中美友谊的佳话。⑨

白求恩能够成为最具世界影响力的加拿大人,与中国作为远东最大的反法西斯战场受到世界关注密切相关。在八路军、新四军队伍中,来自世界各国援华抗战的医生护士,无不以被称为"白求恩式的医生护士"而感到荣幸。

印度援华医疗队柯棣华因担任白求恩国际和平医院第一任院长,被聂荣臻称为"白求恩第二"而在家乡成为名人。出生于奥地利的医生罗生特,1939 年夏天来到中国,1941 年 3 月参加新四军,他因战地救护和多次救治罗荣桓而"立有大功"。1949 年 2 月经上海回国探亲,时任上海市市长的陈毅称赞他是"活着的白求恩"、"新四军中的白求恩",这使罗生特坚定了重返中国、继续为中国人民服务的信念。罗马尼亚医生杨库、柯列然、柯兰芝被称为援华医疗"三剑客",柯兰芝 1943 年 3 月 19 日在云南去世,中国人民为她举行了隆重葬礼。2004 年,时任中国国家主席的胡锦涛,在罗马尼亚议会发表演讲,再次提到"罗马尼亚的白求恩"。1940年初,20 名来自波兰、罗马尼亚、匈牙利、保加利亚、德国、奥地利、前苏联、捷克等国家,参加过西班牙反法西斯战争的医护人员辗转抵达贵州图云关。由于他们的共产党党员身份,引起国民党的警惕,他们的护照和私人文件在夜间被人偷走,过了几天又还给他们。这使"西班牙医生"感受到冷漠。于是,德国医生白乐天(中文名)和奥地利医生严裴德(中文名)代表"西班牙医生"到重庆找到周恩来,他们说,我们要求像白求恩那样到八路军领导的抗日根据地工作。周恩来最后说服他们留在国统区参加抗日。保加利亚医生甘扬道在战地救护工作中结识了中国护士张荪芬并结为夫妻,回国后他被政府授予"共和国勋章"。1983 年,甘扬道夫妇来华探亲,将他们珍藏的文物和历史照片捐赠给中国历史博物馆,他说:"我虽然没有像白求恩那样工作在解放区,但我对中国人民的感情和白求恩是一样的。"

前面提到的燕京大学英籍教授林迈可,1945 年回国后,写下了《抗战中的中共:图文见证八路军抗战史》《抗战中的红色根据地》等书,真实记录了他与白求恩的交往过程,在西方产生很大影响。英国物理学家威廉·班德也是燕京大学教授,1943 年 9 月突破日军封锁来到晋察冀前线,开办无线电技术培训班,为八路军培养了一批技术人才。抗战胜利后,他在英国出版了《与中共相处的两年》《新西行漫记》等书,其中专门介绍了八路军的医疗工作和白求恩事迹。新西兰工业合作技术专家路易·艾黎与白求恩都被誉为"中国国际十大友人"。他在中国生活了 60年,直到去世。1938 年 2 月,艾黎在武汉陪同白求恩拜访了中国冶金专家叶渚沛(菲律宾华侨),后者帮助白求恩置办了全套手术器械。艾黎曾在自传中记录了这件事情。在中国人民纪念白求恩逝世 40 周年的活动上,艾黎赞扬了白求恩与八路军同呼吸、共命运的人道精神,让与会者为之动容。

日本军国主义发动的侵华战争不仅给中国和世界带来巨大灾难,而且使一些日军医务人员泯灭人性。他们对中国军民实施细菌战,拿活人做试验。日军 731 部队就是其恶行的代表。但是中国人民从来把日本人民和日本军国主义相区别,在日本军队中也确有一些同情和支援中国人民的反战官兵和医务人员,其中一些加入到八路军、新四军的行列。仅抗战时期,就有上百名日本医护人员,在八路军、新四军后方医院工作,有的还献出了宝贵生命。

日本外科医生安达次郎(中文名字安达仁)1940年在石家庄创办医学专科学校。他同情中国的抗日战争,引起日军不满。后来,他应邀参观了八路军后方医院,第一次听到白求恩援华抗战以身殉职的事迹,深为他的崇高理想和人道主义精神所感动,不久,他携全家九口投奔八路军。同时参加八路军的还有他同为外科医生的弟弟安达繁,日本著名医学专家稗田宽太郎等60多名日本医务工作者。稗田宽太郎后来成为察南医学院、华北医科大学(白求恩医科大学)的病理学教授。他回忆说:"白求恩是那个时期学习的榜样,更是医务工作者心中的圣徒。聂荣臻司令员1943年为我们学校题词:'要有医学丰富的知识,要有人类高尚的道德,才配称白求恩的弟子。'这句话一直鼓舞着我,我也一直以'白求恩的弟子'而自豪。"日本医生山田一郎,毕业于东京大学医学部,1938年从东京同爱纪念医院应召入伍。1939年7月,作为华北派遣军长田部队高级军医的他在"扫荡"时被八路军俘获,被送到河北涉县王家堡村晋鲁豫军区司令部(八路军129师部)后方医院。在他病重时,八路军医护人员全力抢救,刘伯承司令员闻讯后从100多公里外赶来看望他,并留下慰问品,尽管只是一篓保定的槐茂酱菜。山田一郎被八路军的人道精神所感动,加入到反战行列。后来他担任了后方医院的医务部主任。日军女军医佐香渥洋子1939年5月来到南京,目睹了日军暴行给中国人民带来的苦难,非常理解中国人民的抗战立场。特别是她丈夫死于战场后,更坚定了她的反战决心。为支援新四军,她把当时稀缺的盘尼西林、青霉素、链霉素通过秘密渠道送到苏北解放区。佐香渥洋子后遭日军迫害,不幸病故于南京。⑩

在八路军医院中,还有许多日籍女护士。2005年8月30日,日本两位88岁高龄的老人重返石家庄解放军白求恩国际和平医院,一位叫高比良,一位叫小石正穗。她们介绍说,1937年"七七事变"后,她们应征入伍,成为日本关东军驻延吉陆军医院的护士。目睹了日军对中国人民的疯狂虐杀,产生了强烈的反战情绪。1945年8月,她们参加八路军,来到了白求恩国际和平医院。她们回忆说,参加八路军有两件事印象特别深。一是学会了《三大纪律八项注意》这首歌,也看到了八路军纪律严明,不拿群众一针一线,受到老百姓欢迎。二是知道了白求恩和柯棣华,有了学习的榜样。高比良说:"医院领导经常给我们讲白求恩、柯棣华的事迹,鼓励我们做一个优秀的国际主义者。当时医院有日籍人员100多名,经常讨论为什么白求恩能在战场救人,我们却在杀人,为什么白求恩对日俘一视同仁,我们却杀害无辜平民。久而久之,使我们看清了日本军国主义的反动本质。"1957年1月回国后,两人加入日中友好协会,先后10次来中国访问。白求恩、柯棣华纪念馆落成后,每次访华,都要在纪念馆停留很长时间,她们感慨地说:"是白求恩让我们懂得,一个医生如果没有人道精神,就会变成魔鬼。白求恩是我们弃恶从善的导师。"离开解放军白求恩国际和平医院时,她们捡起两块石头,深情地告诉陪同人员:"我们年事已高,也许不能再来中国,但看到它,就会想到第二故乡,想起白求恩。"

还有一位让人不能忘怀的日本医生叫山口辰太郎。他毕业于东京帝国大学医学部,1936年来上海行医。南京大屠杀发生后,他的灵魂受到拷问,无论怎样都不能接受日军的暴行。1939年春,他来到紫金山凭吊遇难的南京市民,看到一片片不知名的野草开着紫色的花朵,他取名紫金花,誓言要让它开遍日本原野,要让日本人民知道,每朵花都是一个冤魂和一笔血债。从1940年开始,他每年秋天都会背着一袋袋伴着泥土的紫金花种,乘火车从南到北,沿途洒在日本的土地上,直到他1966年去世。他的儿子山口裕先生继承父业,每年都要在日本播撒紫金花种,并成立了紫金草合唱团,用歌声纪念逝去的亡灵,永远不忘这段历史……

白求恩在世界,特别是在非洲的广泛影响,缘于半个多世纪以来,中国援外医疗队以实际行动弘扬白求恩精神。从20世纪60年代开始,中国先后向亚洲、非洲、拉丁美洲、大洋洲等66个国家和地区派出医疗队员

2.3万人次,累计诊治患者2.7亿人次,得到了受援国人民的充分信任和高度赞扬。在阿尔及利亚,他们用数百名患者重见光明的事实展示了中西医结合治疗白内障的技术,用接生3000名婴儿无事故的成绩向非洲兄弟传递爱心。中国医疗队队员在艰苦环境下一干就是两年三年,由于受援国的挽留,他们的归期常常一拖再拖。半个世纪以来,因战乱、疾病和意外事故,有60多名医疗队队员献出了生命。他们和白求恩一样安葬异国,永远和受援国人民相厮相守。1985年,中国医疗队队员程纪中在中非因公殉职,17岁的儿子擦干眼泪,立志从医。他于2000年成为援非医疗队队员。在后来的援外医疗队中,子承父业者大有人在。这种源源不断的大爱,向世界传递着白求恩精神。2014年,埃博拉疫情在非洲蔓延,夺走了数千人的生命。又是中国医疗队挺身而出。2015年,他们在异国他乡迎来了中国羊年,伴随着祖国报春的钟声,他们又一次唱起了《中国医疗队之歌》:

> 满怀天使的善良,
>
> 迈进不同的国门,
>
> 驱走无情的病魔,
>
> 让所有人不再呻吟。
>
> 我们是中国的医疗队,
>
> 我们是中国的白求恩,
>
> 风雨挡不住跋涉的脚步,
>
> 一个脚印就是一颗中国心……

注释:

① 《延安各界人士沉痛追悼白求恩》,《新中华报》,1939年12月6日。

② 《新中华报》,1939年11月25日。

③ 《八路军军政杂志》,第1卷第12期。

④ 毛泽东:《纪念白求恩》,人民出版社,1979年版,第9页。

⑤ 同上,第209页。

⑥ [加拿大]罗德里克·斯图尔特、赫苏斯·麦哈德:《白求恩在西班牙》,人民出版社,

2014 年版,第 183 页。

⑦　《白求恩式的美国夫妇在中国》,《作家文摘》,2001 年,第 63 期。

⑧　《大卫——车间里的美国白求恩》,《文汇报》,2012 年 6 月 18 日。

⑨　《洋雷锋狄家诺　云南版白求恩》,《时代周报》,2012 年 4 月 26 日。

⑩　《中国永远的朋友——日籍老八路安达家族的故事》,鱼腥草的博客:http://blog.si-na.com.cn/ikei1234321。

白求恩援华抗战大事年表

1937 年

6 月 7 日

　　白求恩从西班牙回到纽约。在新闻发布会上,他第一次提到日本对中国的侵略,他说:"世界大战已经打响……先是在中国东北(满洲),然后是埃塞俄比亚,现在轮到西班牙。"

7 月 30 日

　　白求恩应邀参加美国洛杉矶医疗局举行的欢迎西班牙之友招待会,见到在美国为呼吁世界支持中国抗战演讲的中国教育家陶行知。他表示:"如果中国需要医疗队,我愿意到中国去。"

8 月 12 日

　　白求恩在加拿大不列颠哥伦比亚省萨蒙湾向加拿大援助西班牙委员会建议组织医疗队去中国,并表示愿赴中国支援抗日战争。随后,他将这个想法报告给加共总书记蒂姆·巴克。

10 月 10 日

　　加拿大共产党与美国共产党在多伦多召开会议,决定联合派出医疗队援助中国。白求恩受邀成为其中一员。

10 月底至 12 月底

　　白求恩去纽约与美国援华委员会、和平民主同盟商谈并筹组加美援华医疗队,完成了医疗设备和药品的购置,为奔赴中国支援抗日战争做好了准备。

1938 年

1 月 1 日

离开纽约返回加拿大。

1 月 8 日

加美医疗队自温哥华启程,白求恩乘"亚洲皇后"号邮轮赴中国。同行的有美国医生帕森斯、加拿大护士琼·尤恩。白求恩在邮轮上邂逅英籍学者林迈可。后者后来给予他很多帮助。

1 月 19 日

"亚洲皇后"号邮轮停靠横滨港。白求恩第一次路上日本土地。此后几天,白求恩先后在神户、长崎上岸观光。

1 月 24 日

加美医疗队一行三人抵达上海。白求恩第一次看到了日军占领下的上海。

1 月 27 日

白求恩一行抵达香港,住在西维尔亚酒店。

1 月底

宋庆龄在八路军驻港办事处负责人廖承志、中共联络员李云陪同下,会见了加美医疗队成员,对白求恩要求去游击区参加抗战的决心高度赞赏。

2 月 7 日

白求恩一行乘飞机抵达武汉。史沫特莱将白求恩一行安排在汉口圣公会教堂主教鲁茨家中居住,并于当晚陪同白求恩一行会见了中国红十字会负责人林可胜。

2 月 8 日

中共中央军委副主席周恩来于八路军驻武汉办事处会见了白求恩,并为他去延安做了安排。

2 月 9 日

在白求恩一再要求下,林可胜安排加美医疗队到汉阳高隆庞修女会诊所,参加抢救日机大轰炸造成的大批伤员。此后一个星期,白求恩与尤恩在这家诊所完成了 100 多例手术,救治了大批伤员。

2月16日

白求恩通过鲁茨主教和史沫特莱介绍,认识了在河南商丘圣保罗医院工作的加拿大传教士医生理查德·布朗。

2月22日

白求恩与尤恩乘火车离武汉去延安。经郑州、潼关、风陵渡,于2月26日到达山西省临汾,途中遭遇敌机轰炸。

2月28日至3月3日

换乘骡车,渡汾河,经绛州,到达山西省河津县,途中又遭遇敌机轰炸。

3月7日至3月12日

渡过黄河,抵韩城。在八路军后方医院连续7天为伤病员做手术。

3月19日

乘八路军驻西安办事处派来的卡车西行,两天后抵达西安。

3月22日

八路军总司令朱德会见了白求恩一行。随后他们乘卡车于3月30日出发去延安。八路军卫生部部长姜齐贤、顾问马海德看望了白求恩。

4月2日

毛泽东于当晚会见了白求恩和尤恩。在延安期间,白求恩参观医院,诊治伤员,为抗日军政大学、延安工学院、东北干部训练团学员做报告。

4月11日

布朗医生抵达延安。后来几天,毛泽东在一次集会上向延安军民介绍了他们的情况。

5月2日至22日

白求恩率加美医疗队从延安出发,赴晋察冀军区。途经二十里铺、延川、绥德、米脂、贺家川等地,白求恩视察了所经之地各后方医院,并为当地军民做了几十例手术,还于17日、22日在贺家川给延安写了工作报告。

5月30日至6月7日

到达山西岚县八路军120师驻地,视察医院并为伤员做手术。6月7

日,贺龙师长、关向应政委为白求恩和布朗送行。

6月17日

到达山西省五台县金刚库村,受到晋察冀军区聂荣臻司令员和当地军民欢迎,聂荣臻聘请白求恩为军区卫生顾问。

6月18日

在军区卫生部部长叶青山陪同下,到达五台县耿镇河北村军区卫生部。白求恩要求立即去医院看望伤员,他对叶青山说:"我是来工作的,不是来休息的。你们不要把我当成老古董,要把我当成一挺机关枪使用。"

6月19日

在五台县松岩口军区后方医院开始紧张的救治工作。在四周内共做手术147例,检诊伤病员520多名。

7月1日

到晋察冀军区后向聂荣臻和毛泽东呈送了一份报告。

7月6日

在耿镇河北村军区卫生部驻地举行军医班开学典礼。聂荣臻司令员、边区主任宋劭文、军区政治部主任舒同出席大会。白求恩讲了话。

7月17日

白求恩给聂荣臻和毛泽东写信,提出要为八路军建设一所最好的示范医院。建议在松岩口后方医院二所开展"五星期运动"。

7月20日

再次就建设模范医院及应当着手进行的工作及所需经费等问题给毛泽东写出工作报告。

8月7日

应聂荣臻司令员邀请,白求恩到五台山参加活动。沿途访问了边区妇女抗日救国会、边区政府驻地台麓寺、边区银行驻地普济寺、边区政府印刷所所在地古佛寺等地。

8月8日

访问边区农村干部学校,参观《抗敌三日刊》报社。

8月9日

白求恩向晋察冀军政干校师生做了西班牙与反法西斯斗争形势的报告。

8月11日

中央军委复电聂荣臻司令员,同意聘任白求恩为晋察冀军区卫生顾问及白求恩的建院计划,并指示军区每月给白求恩100元津贴。

8月12日

白求恩致电延安八路军军事委员会,除报告工作外,对每月发给他的100元津贴表示拒绝。

8月15日

到距离松岩口40公里处的后方医院一所视察。

8月16日

在后方医院一所连续工作数日,为75名伤员进行了检查和手术。其中为晋察冀三分区朱新元团长成功完成了脑部手术。

8月21日

在冀西巡回医疗途中,做了10例手术,其中5例为重伤手术。

8月25日

白求恩为军区骑兵营连长李盛财做了腿部重伤手术。

9月1日

赶往五台县于家庄二分区医院,连续8小时为伤员做手术。

9月15日

在晋察冀军区"模范医院"开幕典礼上发表了著名讲演,同时做了手术、换药等示范演示。

9月20日

参加了军区卫生部在山西五台县耿镇河北村召开的第一次军区卫生工作会议。

9月25日

在空军配合下,日军五万余人向边区"扫荡",白求恩离开模范医院。次日,模范医院被日军烧毁。

9 月 28 日

到四分区后方医院参加洪子店战斗的战地救护工作,为 60 多名伤员做检查和手术。

10 月 18 日

到达四分区司令部驻地洪子店村,参加军区祝捷大会,应邀在会上讲话。

10 月 22 日

给聂荣臻司令员写信提出 8 条工作建议。

10 月 25 日

到平山县秋卜洞、花木村等地的几个休养所巡回医疗。

10 月 27 日

在花木村为腿部受重伤的日军军官和头部受轻伤的日军士兵做手术,并拍摄了林金亮大夫与日军战俘的合影。

10 月 29 日

回到军区司令部向聂荣臻司令员报告参加反"扫荡"的经过。

10 月 30 日

到军区卫生部驻地常峪村,为负伤的军区副参谋长唐延杰做手术,使其很快痊愈。

11 月 2 日

向聂荣臻司令员报告为两名日军战俘做手术经过,并提出对日军开展宣传工作建议。

11 月 9 日

率医疗队到山西灵丘县杨家庄军区后方医院。

11 月 11 日至 20 日

在灵丘县河浙村和曲回寺检查伤员 200 多名,做手术 7 例。在旅卫生部驻地下石坊检查伤员 20 余名,在转岭口检查伤员 27 名。11 月 19 日,为 359 旅 717 团参谋长左齐做截肢手术。11 月 20 日,为 719 团一营教导员彭清云做截肢手术。后来,彭清云和左齐成为著名的"独臂将军"。

11 月 22 日

在转岭口 359 旅驻地,通宵为从涞源转来的 35 名伤员做手术。

11 月 23 日

视察后方医院。

11 月 25 日

率医疗队由五台返回灵丘杨家庄后方医院一所。

11 月 26 日

在杨家庄后方医院检查 60 名伤员,对其中的 40 名伤员施行手术。向军区卫生部提出建立志愿输血队的建议。

11 月 27 日

在杨家庄接王震旅长急信,请他于 29 日晨赶赴灵丘北参加战地救护。

11 月 29 日

在离前线 6 公里的黑寺小庙里连续工作 40 小时,做手术 71 例。

11 月 30 日

连夜为伤员做手术,并为伤员献血 300 毫升。

12 月 1 日

和王震旅长一起到八团检查医疗工作。

12 月 2 日

回曲回寺后方医院检查术后伤员恢复情况。

12 月 4 日

参加 359 旅召开的庆功大会,并在大会上讲话。

12 月 5 日

检查伤员术后统计,救治率达到了 85%,远远超过西班牙战场的救治水平。

12 月 7 日

在杨家庄给聂荣臻司令员写工作报告,提出"医生等待病人到来的时代已经结束,医生必须去找病人,而且越早越好"。

12 月 10 日

根据白求恩建议,聂荣臻批准于杨家庄军区后方医院一所成立了"特种外科医院"。

12 月 20 日

在白求恩倡导下,杨家庄成立了群众志愿输血队。

12 月底

在河北曲阳县宋家庄结识了新西兰传教士护士凯瑟琳·霍尔。后者为白求恩和军区后方医院做了大量工作。

1939 年

1 月 3 日至 10 日

在"特种外科医院"举办"特种外科实习周",培训学员 30 余名。

1 月中下旬

到一、三分区巡视 10 余天。石盆口战斗打响后,立即赶回军区后方医院,施行大小手术 300 多例。

2 月 3 日

参加边区党代表大会,并在大会上发言:"我决心和中国同志并肩战斗,直到抗战最后胜利。"

2 月 7 日

军区卫生部奉命组建东征医疗队。

2 月 15 日

聂荣臻批准东征医疗队到冀中前线开展工作。

2 月 22 日

白求恩率领医疗队到冀中后,受到吕正操、贺龙的欢迎。在冀中 4 个多月时间里,先后参加了吕汉、大团丁、齐会、朱家庄等战斗的救治工作,总计行程 1500 余华里,施行手术 315 次。其间抢救了由于日寇施放毒气而中毒的贺龙师长和部分指战员。

3 月 3 日

在冀中河间县度过了 49 岁生日。这一天连续做了 19 个手术,直到第二天早晨 6 点才休息。

3 月 14 至 19 日

先后参加了吕汉、大团丁、留韩村战斗的战地急救工作。

4 月 26 至 29 日凌晨

参加齐会战斗,在距前线仅 7 华里的屯庄设立救护站。白求恩在两个医生协助下,连续 69 个小时进行战地手术,完成手术 115 例。

4 月 30 日

到离敌据点 30 华里的河间县四公村,检查隐蔽在那里的八路军伤员。

5 月 18 日

率医疗队参加了宋家庄战斗的救护工作。

6 月 21 日

参加莲子口村战地救护工作,为 50 多名伤员做了手术。6 月,在冀中后方医院巡回医疗,开办两期医护人员训练班。

6 月 28 日

回到唐县神北村晋察冀军区司令部。

7 月 1 日

在神北村给聂荣臻写出《加美流动医疗队四个月的工作报告》,汇报中提到四个月中总计行军 1504 华里,新组织手术队 2 个,建立手术包扎所 13 处,实施战地手术 315 次,举办医护人员训练班 2 期。

7 月

因脚部感染住在唐县和家庄军区司令部养病,期间编写了《游击战中师野战医院的组织和技术》一书,还参加了晋察冀边区党代会,并在会上发言。

7 月 31 日

参加由唐河东岸搬至唐河西岸物资渡河运输工作,为医护人员演示了战地医院的开展和急救手术。

8 月 1 日

于唐县和家庄写出《加美流动医疗队月报》,并对军区卫生工作提出建设性意见。

9 月初

参加军区卫生部部长会议,检查军区卫生部药库工作,并制定出适应游击战争的药材分类保管、运输、供应制度;为后方医院医护人员讲课,医治伤员。英国学者林迈可第二次来到晋察冀看望白求恩。

9 月中旬

巡视了一、三分区后方休养所,二团、骑兵团卫生队,冀中军区后方休养所等单位。

9 月 15 日

到唐县牛眼沟村检查军区卫生学校筹备工作,提出许多意见。

9 月 18 日

在唐县牛眼沟村军区卫生学校开学典礼上讲话,鼓励学员努力学习。向学校赠送显微镜一台、X 光机一架和一部分内外科书籍。

9 月 20 日

参加军区卫生巡视团。检查督促卫生工作,并协助解决医疗中的疑难问题。

9 月 25 日

到于家寨村三分区休养所巡视,自编教材给卫生人员讲课。

9 月 29 日

到灵山郎家庄三分区二团检查工作,了解发病情况,检查伙食和环境等。

10 月 1 日

同巡视团到党城调查指战员健康状况。

10 月 5 日

到达三分区老姑庙休养所,完成 10 余例手术。此时延安派袁牧之、吴印咸来拍摄白求恩讲课、诊疗、手术等活动的纪录片和照片。

10 月 9 日

到定县神南村检查骑兵营卫生工作。

10 月 10 日

到完县三所后方医院巡视,做了 10 余例教学手术。准备于 10 月 20 日返回加拿大,为八路军募集经费、药品和医疗器械等。

10 月 16 日

到一分区检查一团、三团、独立支队等单位的卫生工作;为防止日寇施放毒瓦斯,组织赶制出一批防毒器具,并向部队讲授中毒后的救治技术。

10 月 20 日

日寇突然发动大规模"冬季扫荡",白求恩毅然留下参加反"扫荡"。

10 月 28 日

晋察冀一分区司令员杨成武向军区卫生部巡视团介绍战场形势,白求恩受命连夜组织赶制急救包和防毒口罩。

10 月 29 日

白求恩率医疗队赶赴涞源县孙家庄,在一座小庙里建立了急救站,并马上投入战地救护。吴印咸于下午拍摄了白求恩在前线手术的历史画面。

10 月 30 日

日军向孙家庄扑来,上级命令急救站转移。白求恩在给伤员朱德士手术时,左手中指再次被碎骨刺破。

10 月 31 日

经一夜行军,于当天上午赶到一分区甘河净后方医院。

11 月 1 日

在甘河净为一名丹毒合并蜂窝组织炎患者做手术,致使受伤的手指被感染。

11 月 2 日

在史各庄后方医院,为 300 多名伤病员做了检查。

11 月 3 日

因伤情加重,叶青山部长安排白求恩留在史各庄后方医院疗伤。白求恩又为 13 名伤员做了手术。

11 月 4 日

修改军区卫生部巡视团工作报告,撰写防治疟疾的讲课提纲。

11 月 5 日

在护士协助下,白求恩为自己的伤指做了手术。

11 月 6 日

白求恩感染加剧。为让他休息,同志们对他封锁了在银坊附近即将展开作战行动的消息。

11 月 7 日

白求恩得知附近爆发战斗,坚持赶赴前线。当晚在大坪地村宿营。

11 月 8 日

在寒风中行军 70 多里,到达距银坊前线 10 华里的王家台村。白求恩体温已达 39.6℃,他命令医生:"遇有头部或腹部受伤的,必须给我看,就是我睡着了也要叫醒我。"

11 月 9 日

在护士搀扶下,白求恩为伤员检查伤口,并到手术室指导医生手术。

11 月 10 日

聂荣臻要求"不惜一切代价,把白求恩送出作战区域,尽快转移到后方医院救治"。白求恩告别送行的三团团长:"我十二分忧虑的是前方流血的战士们,假使我还有一点支持的力量,我一定留在前方。"下午,转移至黄石口村,林金亮医生赶到。

11 月 11 日

与林金亮医生谈工作。给翻译郎林写信。给聂荣臻写下最后的遗书。下午,对书信、文件、日记做了清理,请翻译潘凡转交聂荣臻,并把手表送给潘凡。

11 月 12 日

凌晨,白求恩呼吸明显微弱,直至停止。潘凡看了一眼白求恩送给他的手表,时间定格在 5 点 20 分。伟大的国际主义战士白求恩逝世于河北唐县黄石口村村民邸俊星家北屋。终年 49 岁。

后　记

　　为纪念中国人民抗日战争暨世界反法西斯战争胜利 70 周年,中国出版集团公司于 2014 年 3 月着手筹划出版事宜,并邀请白求恩精神研究会撰写和编辑相关著作。经研究,白求恩精神研究会会长袁永林决定由作者负责本书的撰写工作。在一年多的调研、讨论和撰写工作中,下列同志给作者提供了无私帮助和指导。

　　袁永林会长对本书提纲做了认真审定并提出修改意见。栗龙池常务副会长兼秘书长为作者提供了 20 余册相关书箱和大量珍贵史料,并对全书的框架结构、各章的提纲要点提出很好意见。副秘书长蔡国军为作者提供了相关史料、图片并对本书提出很好的修改建议。解放军白求恩国际和平医院、白求恩柯棣华纪念馆馆长闫玉凯热情接待作者的多次查询,并提供了大量的历史资料、图片和相关书籍。解放军白求恩医务士官学校的梅清海教授、齐明教授也对本书的写作提供了史料帮助。白求恩精神研究会刘红丽秘书负责全书的打印工作,在此一并表示衷心的感谢。

　　负责本书编辑工作的人民文学出版社宋强主任,给予作者全程的指导与帮助,不但和作者共同研究和确定了写作提纲,还实地考察了白求恩生前工作战斗过的地方,并对各章节的修改完善提出了很好的指导意见,对全书的文字、图片做了大量修订,表现出很高的职业素养。宋强主任的敬业、精业精神给作者留下深刻印象。

　　本书的出版,得益于党的十八大以后良好的舆论环境和出版导向,中国出版集团公司为筹划出版一批反映中国抗战和世界反法西斯战争题材的作品,投入了大量人力物力,表现出强烈的使命担当,这对鼓舞作者全心身投入创作提供了强大精神动力。

　　本书的出版,还得益于中外史学界对白求恩相关史料的发掘与研究,大量最新史料的发现,使作者能够更真实地还原历史真相,深入白求恩的精神世界去揭示他的成长轨迹和走向人生光辉顶点的真正动力。作者在写作过程中,常常为他的崇高理想和奉献精神所感动。真正感受到写作的过程,就是一个不断接受精神洗礼的过程。真诚希望这本书能够对人们,特别是年轻一代了解白求恩、学习白求恩有所帮助。

尽管作者为本书付出了心血,但在观点确立、事件描述、史料取舍等方面一定还存在诸多问题,恳请读者提出宝贵意见。

白求恩精神研究会　马国庆

二〇一五年七月十五日